泰和泰律師事務所 TAHOTA LAW FIRM | 二十周年庆文丛

THE GROUP INCIDENTS AND CRISIS MANAGEMENT IN REAL ESTATE ENTERPRISES

房地产企业群体性事件与危机管理

刘涛◎编著

法律出版社 LAW PRESS · CHINA

图书在版编目(CIP)数据

房地产企业群体性事件与危机管理 / 刘涛编著. --
北京 : 法律出版社, 2020
ISBN 978 -7 -5197 -4473 -1

Ⅰ.①房… Ⅱ.①刘… Ⅲ.①房地产企业－群体性－
突发事件－公共管理－研究－中国 Ⅳ.①D63

中国版本图书馆 CIP 数据核字(2020)第 074193 号

房地产企业群体性事件与危机管理
FANGDICHAN QIYE QUNTIXING SHIJIAN YU WEIJI GUANLI

刘 涛 编著

策划编辑 蒋 橙
责任编辑 蒋 橙
装帧设计 汪奇峰 臧晓飞

出版 法律出版社
总发行 中国法律图书有限公司
经销 新华书店
印刷 天津嘉恒印务有限公司
责任校对 马 丽
责任印制 吕亚莉

编辑统筹 法律应用出版分社
开本 710 毫米×1000 毫米 1/16
印张 16
字数 270 千
版本 2020 年 6 月第 1 版
印次 2020 年 6 月第 1 次印刷

法律出版社/北京市丰台区莲花池西里 7 号(100073)
网址/www. lawpress. com. cn
投稿邮箱/info@ lawpress. com. cn
举报维权邮箱/jbwq@ lawpress. com. cn
销售热线/400 -660 -8393
咨询电话/010 -63939796

中国法律图书有限公司/北京市丰台区莲花池西里 7 号(100073)
全国各地中法图分、子公司销售电话:
统一销售客服/400 -660 -8393/6393
第一法律书店/010 -83938432/8433 西安分公司/029 -85330678 重庆分公司/023 -67453036
上海分公司/021 -62071639/1636 深圳分公司/0755 -83072995

书号:ISBN 978 -7 -5197 -4473 -1 **定价**:62.00 元
(如有缺页或倒装,中国法律图书有限公司负责退换)

总 序

2000年,泰和泰律师事务所(以下简称泰和泰)创立。20载岁月峥嵘,泰和泰布局全国,展业全球,演绎出区域崛起突围的传奇故事。2020年,泰和泰创立20周年,时节如流,我们回眸20年,著书立言,凝练思想、沉淀方略,探索理论、互融经验,实践的艰苦磨砺与思想的精彩绽放,泰和泰期翼以"卓越、专业、远见、合作"的精神赢得未来。

改革开放42年,泰和泰半程陪伴,倍感荣光。"法者,治之端也。"全面推进依法治国、努力建设法治中国,泰和泰全体同仁将秉持法治理念、坚守法治理想,培养专业人才、打造专业精神,风雨兼程,与国家同向,与时代同行。

深耕专业20年,泰和泰持续发力,深为自豪。"功以才成,业由才广。"泰和泰始终坚信品质提升和专业培养是落实发展规划的基石,不断升级人才培养战略,积极融入"一带一路"倡议大格局,致力于打造更加完善的全球法律服务网络体系。

过去20年,泰和泰以专业突破赢得了现在;未来,泰和泰以专业传承继往开来。20周年庆文丛的出版,是泰和泰人的经验总结、理性思考和执业探索,是泰和泰以专业虚心谋求行业互鉴的品格呈现,更是泰和泰建设百年律所进程中文化积淀的重要里程碑。

有字谜云:春夜喜雨。谜底为"泰"。好雨知时节,20华诞,泰风正劲、和帆正稳,泰和泰正全力构建全新云端知识管理体系,正强力布设以法律服务为引领的国际化、高端化、文化密集型服务产业生态集群,融于时代之变。

理查德·萨斯坎德写道:“法律机构和律师们正站在十字路口,20 年之内将会遭遇剧烈变革,其变化程度将超过过去两个世纪的总和。”值此文丛付梓之时,2020 年疫情仍在全球蔓延,世界经济格局和法律服务行业发展趋势已受到颠覆性影响,危机与机遇并存,戢鳞潜翼,思属风云,泰和泰已然提前布局,进行深度思考。

我们深知:“志之所趋,无远弗届。志之所向,无坚不入。”泰和泰,志愈坚,行愈远,将在巨变中迎接未来。

泰和泰律师事务所

二〇二〇年五月

前 言

房地产企业群体性事件与危机管理包含两层含义,一方面是针对房地产企业群体性事件,另一方面是针对群体性事件进行危机管理。就第一方面而言,本书主要从房地产企业群体性事件概念、特征、主要风险等方面进行分析,让房地产企业管理者对房地产企业在群体性事件中面临的风险有清晰、全面、深刻的认识。就第二方面而言,本书主要针对如何解决房地产企业群体性事件带来的危机,将危机处置提升到危机管理层面,从律师角度为危机管理提供整体解决方案。

只有详细分析并理解房地产企业群体性事件特征等相关情况,才能分析出企业面临的各种重大危机风险,比如:民事经济法律风险、刑事法律风险、社会政治风险、社会信誉风险等等,进而有目的的针对危机风险制定危机管理整体解决方案,不是头痛医头,脚痛医脚,误打误撞。本书总结性的首次提出危机管理四步法,即第一步:危机识别;第二步:风险识别;第三步:制定危机管理方案;第四步:危机管理执行。作者以实务案例分析的方式梳理出应对与管理房地产企业群体性危机的实操整体解决方案,为房地产企业合法、合理、专业,高效地处理群体性危机提供了有效指引。

依法和切实的危机管理整体解决方案可以有效、彻底解决企业面临群体性事件所代来的危机风险;同时还可以避免企业不再出现群体性事件提供借鉴经验,防止再次发生群体性事件以及所代来的危机风险。

本书提炼的危机管理四步法不仅适用于群体性事件危机管理,也适用于其他危机事件的危机管理,比如:社会事件危机管理、公共事件危机管理(包括公共安全事件、公共卫生事件等);不仅适用于企业危机管理,也适用于政府部门危机管理,它是危机管理的方法论。

目　录

上篇　房地产企业群体性事件

上

上篇

房地产企业群体性事件

第一章 房地产企业群体性事件概述

第二章 房地产企业群体性事件特征

第三章 房地产企业群体性事件主要危机风险

第一章　房地产企业群体性事件概述

第一节
群体性事件释义

群体性事件存在于社会形态之中，属于社会事件的一种，我国通过立法的形式对群体性事件进行依法管理，对群体性事件进行定义、解释，明确界定其内涵、外在行为表现形式，丰富了对群体性事件的释义。不少社会学者也专门针对群体性事件深入研究，针对性提出了自己的概念与理解。

一、政府部门对群体性事件的定义

（一）部门规章的定义

公安部2000年4月5日颁布《公安机关处置群体性治安事件规定》（公发〔2000〕5号）第2条规定：本规定所称群体性治安事件，是指聚众共同实施的违反国家法律、法规、规章，扰乱社会秩序，危害公共安全，侵犯公民人身安全和公私财产安全的行为。主要包括：（1）人数较多的非法集会、游行、示威；（2）集会、游行、示威和集体上访活动中出现的严重扰乱社会秩序或者危害公共安全的行为；（3）严重影响社会稳定的罢工、罢课、罢市；（4）非法组织和邪教等组织的较大规模聚集活动；（5）聚众围堵、冲击党政机关、司法机关、军事机关、重要警卫目标、广播电台、电视台、通讯枢纽、外国驻华使馆、领馆以及其他要害部位或者单位;(6)聚众堵塞公共交通枢纽、交通干线、破坏公共交通秩序或者非法占据公共场所;(7)在大型体育比赛、文娱、商贸、庆典等活动中出现的聚众滋事或者骚乱;(8)聚众哄抢国家仓库、重点工程物资以及其他公私财产;(9)较大规模的聚众械斗;(10)严重危害公共安全、社会秩序的其他群体性行为。

公安部颁布的《公安机关处置群体性治安事件规定》属于部门规章主要从社会危害性、行为表现形式方面进行定义。

该定义具有以下几个特点:第一,主要从行为规范上对群体性治安事件进行界定,采用列举形式罗列了十种群体性事件的具体行为。第二,对以上群体性行为界定为治安事件,认定其具有一定社会危害性,但尚未触犯《刑法》的危害严重程度,[1]则适用《治安管理处罚法》,一旦涉嫌刑事犯罪的就适用《刑法》。

以上第一个特点从社会管理角度明确了群体性事件的行为表现形式,便于明确执法;第二个特点从社会危害程度的角度进行划分,将其定性为社会危害不是很严重的治安事件,与《刑法》规定的刑事犯罪进行区分,但若涉及触犯刑法的,则依法构成刑事犯罪。从国家法治管理层面,将尚未触犯《刑法》的群体性事件划归为治安案件,即称为:群体性治安事件,从治安管理的角度对群体性事件进行了定义。

(二)中央政策文件层面的定义

中共中央办公厅2004年制定的《关于积极预防和妥善处置群体性事件的工作意见》中称群体性事件是"由人民内部矛盾引发、群众认为自身权益受到侵害,通过非法聚集、围堵等方式,向有关机关或单位表达意愿、提出要求等事件及其酝酿、形成过程中的串联、聚集等活动"[2]。

该工作意见主要从政治性质、事件原因及诉求的角度进行定义。主要体现以下特点,第一,事件原因为群众认为自身利益受到侵害。对于群众利益是否真实受到侵害或是否在法律保护范围内,我们暂且不作讨论,现实中往往是群众自己认为其权益受到侵害。第二,从政治上将群体性事件性质界定为人民内部矛盾,非敌我矛盾,在人民内部矛盾范围内解决群体性事件。

---

[1] 2012年修订的《治安管理处罚法》第2条规定:扰乱公共秩序,妨害公共安全,侵犯人身权利、财产权利,妨害社会管理,具有社会危害性,依照《中华人民共和国刑法》的规定构成犯罪的,依法追究刑事责任;尚不够刑事处罚的,由公安机关依照本法给予治安管理处罚。

[2] 转引自朱力:《中国社会风险解析——群体性事件的社会冲突性质》,载《学海》2009年第1期。

因此,该工作意见更多的为政治指导文件,从政治思想上对群体性事件进行定义,在政治上具有重大意义。

二、社会学者的定义及理解

(一)《科学发展观百科辞典》的定义

《科学发展观百科辞典》将群体性事件定义为:可能引发危害社会治安的非法集体活动。一种危机性社会事件。缘于某些利益要求相同或相近的群众个体或团体、组织,在利益受损或不能得到满足并受到策动后,采取非法集会、游行,集体上访、静坐请愿,或集体罢课、罢市、罢工,集体围攻冲击党政机关、重点建设工程和其他要害部门,导致集体阻断交通,集体械斗甚至集体打、砸、烧、杀、抢。

具体特征是:(1)有一定数量和规模;(2)涉及的部门行业多,主体成分多元化;(3)城乡群体性事件的指向对象不同,维权内容不同;(4)表现方式激烈,为内部矛盾对抗;(5)组织程度高,经济矛盾趋向政治化;(6)各种矛盾相互交织,处置难度加大。是一定政治、经济、文化、教育等多种社会矛盾的综合反映;一种不利于社会和谐的社会现象。绝大多数的群体性事件都同社会弱势群体有着直接的关系,而且越是严重的群体性事件,其相关性越强。表现为:参与主体大部分是社会弱势群体;大多缘于社会弱势群体的利益诉求;数量的日益增多与社会弱势群体弱势化程度的不断加深密切相关。中共十六届六中全会提出:坚持依法办事、按政策办事,发挥思想政治工作优势,积极预防和妥善处置人民内部矛盾引发的群体性事件,维护群众利益和社会稳定。[1]

奚洁人主要从群体性事件的危害性以及参与者的社会弱势地位角度解释,认为其存在以下特点:第一,突出社会危害性,采用列举形式罗列了群体性事件的具体非法行为;第二,对参与群体性事件的群体特征进行详细界定,如涉及的部门行业多,主体成分多元化的特征;第三,强调参与群体大部分是社会弱势群体,表达社会弱势群体的集体性利益诉求。

---

〔1〕 转引自百度百科,载百度百科:https://baike. baidu. com/reference/1116140/23e9VymUbKGsYHEVLoUUW79EwDI9wuuIvZ4DotDe0nLL2eRiAdui5GtKCWEKqFtxOJCcHUyvaEMM9oYySz3 - vMPKNGw58d - HDo0DGAc KGg1q_y6Ortdk,最后访问日期:2020 年 2 月 3 日。奚洁人主编:《科学发展观百科辞典》,上海辞书出版社 2007 年 10 月版。

(二)其他社会学者的理解

有的学者强调突发性或未知性,如李良栋认为,群体性事件是指预先没有预料到的突如其来的或事先没有向主管机关申请登记获得批准的非法游行、静坐、示威和其他各种类型的大规模的人群聚集活动。

有的学者强调社会影响,如孔丽霞认为,群体性事件,是指某些利益要求相同或相近的群众或团体、组织,在利益受损或不能满足时,受人策动,经过酝酿,或在某一细小事件的刺激下,最终采取集会、打砸等形式,以求解决问题,并造成甚至引发某种治安后果的非法的集体活动。

还有的学者则从强调非法性、形成原因、舆情因素、中介因素、目的等方面分别界定这一概念。也有学者从主体、原因、性质、方式、目的、影响六个方面对群体性事件进行明确界定。[1]

第二节 群体性事件分类

一、国内学者对群体性事件的分类

根据不同的划分标准,可以对不同的群体性事件进行分类。国内主要有以下几种分类:

1. 以传播媒介为标准划分。曾庆香、李蔚将群体性事件分为现实群体性事件和网络群体性事件。[2]

2. 以不同利益诉求为标准划分。有学者将其分为不同利益群体之间的矛盾引发的、不同民族不同宗教信仰之间的群体矛盾引发的、群众与政府之间的矛盾

[1] 《国内群体性事件研究现状来源》,载三亿论文网:http://www.eeelw.com/xiezuo/66085.html,2018年2月24日,最后访问日期:2020年2月3日。

[2] 《国内群体性事件研究现状来源》,载三亿论文网:http://www.eeelw.com/xiezuo/66085.html,2018年2月24日,最后访问日期:2020年2月3日。

引发的群体性事件三类。[1]

3. 以群体事件涉及领域为标准划分。也有学者将其分为政治领域的、经济领域的、社会领域的、法治领域的、思想文化领域的群体性事件。[2]

4. 以社会危害程度为标准划分。还有学者将其分为尚未违法的、一般违法的、严重犯罪的群体性事件。[3]

5. 在众多分类中,中国社科院的于建嵘先生对群体性事件的分类独树一帜,他认为中国的群体性事件基本可以分为三类:维权行为、社会泄愤和骚乱性群体性事件。[4]

笔者认为还可以从群体性事件性质为标准进行划分,可以将群体性事件分为涉嫌政治群体性事件、公共安全群体性事件、社会群体性事件、企业群体性事件四大类型。

二、从群体性事件性质为标准分类

(一)政治群体性事件

政治群体性事件带有较强的政治目的,此类群体性事件很有可能由境外敌对政治势力发动,蛊惑一小部分群体发动更大群体人员参与,通过群体人员表达他们的政治诉求,达到其政治目的。该类群体性事件除具有群体性事件的基本行为特征外,同时还具有政治属性,带有政治诉求。

比如因 2019 年中国香港特别行政区《逃犯条例》修订引发的香港特别行政区社会群体性事件,单纯的《逃犯条例》修订反对意见完全可以通过正当途径提交不同意见,但该《逃犯条例》修订事件却演变为明显带有政治意图的群体性事件。在近期的游行示威和暴力活动中,一些人鼓吹“港独”,喊出“光复香港、时代革命”的口号,包围和冲击中联办,肆意侮辱国旗、国徽和区徽。这些行为严

---

〔1〕《国内群体性事件研究现状来源》,载三亿论文网:http://www.eeelw.com/xiezuo/66085.html,2018 年 2 月 24 日,最后访问日期:2020 年 2 月 3 日。

〔2〕《国内群体性事件研究现状来源》,载三亿论文网:http://www.eeelw.com/xiezuo/66085.html,2018 年 2 月 24 日,最后访问日期:2020 年 2 月 3 日。

〔3〕《国内群体性事件研究现状来源》,载三亿论文网:http://www.eeelw.com/xiezuo/66085.html,2018 年 2 月 24 日,最后访问日期:2020 年 2 月 3 日。

〔4〕《国内群体性事件研究现状来源》,载三亿论文网:http://www.eeelw.com/xiezuo/66085.html,2018 年 2 月 24 日,最后访问日期:2020 年 2 月 3 日。

重挑战“一国两制”原则底线，正如中国香港特别行政区不少人士所说，修例事件已经变质，带有明显的“颜色革命”特征。[1]

（二）公共安全群体性事件

公共安全群体性事件除具有群体性事件行为特征外，还具有影响公共安全的特征，如厦门 PX 事件，连云港“反核事件”等。群体性人员认为某些事件可能影响到地区性公共安全，如环保安全、身体健康安全等。群体性人员对公共安全的担忧而引起群体性事件。

（三）社会群体性事件

社会群体性事件主要表现为以社会属性为特征的群体性事件，如供给侧结构性改革的政策引发了大量与工人有关的群体性事件；军队改革引发了部分退伍军人为安置问题而进行的群体性事件；教育政策内在微调引发了江苏省、湖北省等多省群体性事件；[2]某住宅小区内修建养老院及太平间引发的群体性事件；土地拆迁引发的群体性事件等。

这些群体性事件都体现为社会性问题，反映出社会矛盾，包括因政府的某些政策触及了一定群体的利益，以及社会利益群体之间的冲突，最终引发群体性事件。

（四）企业群体性事件

企业群体性事件为企业与相对方发生某种法律纠纷而引发的群体性事件，企业群体性事件在群体性事件基本定义基础上，增添了合同法律纠纷属性。根据企业所属行业可将企业群体性事件细分为以下具体行业群体性事件：

（1）房地产企业群体性事件；

（2）教育企业群体性事件；

（3）医疗企业群体性事件；

（4）……（其他行业的群体性事件）。

---

〔1〕 周扬：《中央发声：香港修例事件“颜色革命”特征明显》，载上观新闻：http://www.myzaker.com/article/5d4b44a58e9f091fae0e34f8/，2019 年 8 月 8 日，最后访问日期：2020 年 2 月 3 日。

〔2〕 张明军、刘晓亮：《2016 年中国社会群体性事件分析报告》，载《中国社会公共安全研究报告》2017 年第 1 期。

比如房地产企业涉及的商业房产售后委托租赁不能兑现租金的违约纠纷群体性事件，商品房质量纠纷群体性事件；教育企业涉及的学校食堂食品卫生安全保障纠纷群体性事件；医疗企业涉及的医疗事故纠纷群体性事件。

企业群体性事件最为显著的特征为企业与群体人员存在某种合同法律关系，群体人员认为企业方存在合同违约行为，导致其遭受损失，集体提出索赔等各种诉求。如商品房质量纠纷群体性事件，存在商品房买卖法律关系；学校食堂食品安全群体性事件，存在安全保障法律关系；医疗企业群体性事件，存在医疗事故纠纷法律关系。

第三节
房地产企业群体性事件释义

房地产企业群体性事件属于企业群体性事件的分类之一，企业群体性事件又属于群体性事件的分类之一，因此房地产企业群体性事件属于群体性事件中一个细分的子类型。

根据公安部2000年4月5日颁布的《公安机关处置群体性治安事件规定》（公发〔2000〕5号）第2条规定关于群体性治安事件的定义，以及中共中央办公厅2004年制定的《关于积极预防和妥善处置群体性事件的工作意见》关于群体性事件的定义，以及《科学发展观百科辞典》关于群体性事件的解释，综合分析后可梳理为以下要点：

1. 事件起因：为社会矛盾，人民内部矛盾，因存在社会矛盾而引发；

2. 参与主体：特定群体或不特定多数人聚合临时形成的偶合群体；

3. 合法性：通常通过非法的形式规模性聚集表达诉求；

4. 表现形式：游行、示威、静坐等方式，发生多数人语言行为或肢体行为上的冲突等；

5. 目的：表达自认为权益受到侵害的诉求和主张；

6. 后果：对社会秩序和社会稳定造成较大的危害性。

房地产企业群体性事件与群体性事件具有很多共同性，也有部分区别，目前还没有关于房地产企业群体性事件的官方定义，本书试着通过对群体性事件的释义来解释房地产企业群体性事件，参照群体性事件释义作以下比较：

1. 事件起因：房地产企业与群体人员存在合同法律纠纷，房地产企业通常存在一定程度的违约行为，属于合同法律纠纷范畴；

2. 参与主体：与房地产企业存在合同法律关系的关联主体，如业主（商家）、银行、施工单位等；

3. 合法性：(1)通过没有合法依据的规模性聚集；(2)通过合法的司法途径提起诉讼、仲裁、强制执行；

4. 表现形式：(1)游行、示威、静坐等方式，对社会造成危害性、发生多数人语言行为或肢体行为上的冲突等；(2)通过司法途径提起诉讼、仲裁、强制执行；(3)通过政府搭建平台促成各方协商谈判；

5. 目的：通过群体性表达诉求和主张，维护自认为受到侵害的权益；

6. 后果：(1)对社会秩序和社会稳定造成较大的危害性；(2)房地产企业、股东可能承担相应法律责任（包括民事赔偿责任、刑事责任）。

从以上对比可以看出，两者除了第 5 项相同之外，第 1、3、4、6 项在群体性事件基础上增加了合同法律因素，第 2 项增加了关联主体，因此房地产企业群体性事件比通常的群体性事件更复杂，更具有法律性，两者具有一定的差异化。具体介绍如下。

一、两者释义的共同性比较

无论是群体性事件的参与人员还是房地产企业群体性事件参与人员，在前述第 5 项上具有共同性，均有表达诉求和主张的愿望，都直接争取和维护自身利益。此项两者具有高度的一致性，参与人员均是为了自身利益，维护自己认为合法、合理的利益，为了获取更多的利益。

所有参与人员会毫无置疑并且毫不动摇地认为自己主张及诉求具有绝对的合法性、合理性，相对方主张为绝对的非法性、过错性。认为自己利益受到严重侵害，自己权利受到严重剥夺，必须全部实现自己提出的诉求，才能维护自身利益，维护自己权利。

二、两者释义的差异性比较

(一)关于第1项事件起因的差异化分析

群体性事件主要由社会矛盾引起,社会矛盾是指社会各阶级或阶层基于不同的利益关系或财产分配关系所产生的种种冲突和不和谐现象,具有各种各样的性质和类型,可以是受到限制和调节的,也可以是利益对抗和彼此冲突的。它起源于人们对生产资料的不同关系。阶级矛盾是社会矛盾的集中体现。在阶级社会里,阶级矛盾是最根本的矛盾,其他矛盾是阶级矛盾的补充或延伸。[1]

房地产企业群体性事件通常基于某种法律行为引起,一般由双方争议的合同纠纷导致,本质上属于法律纠纷。在法律纠纷中,房地产企业或关联企业与业主(商家)存在合同法律关系,如委托经营管理合同纠纷、商品房买卖合同纠纷等。

根据以上简要对比,可以看出群体性事件带有强烈的社会属性,房地产企业群体性事件带有强烈的法律属性,这是两者较为主要的区别。

(二)关于第2项事件参与主体的差异化分析

群体性事件参与主体主要为特定群体或不特定多数人聚合临时形成的偶合群体。参与人群具有特定性或偶合性,通常属于某一阶层或某一利益群体,甚至某些群体性事件部分关系主体、部分阶层,只要愿意参与就可以参与其中,不受限制。

而房地产企业群体性事件参与主体通常以特定法律关系为核心,产生法律关系的各方群体为参与主体,如商品房买卖法律关系中的买受人(业主)、施工承包建设法律关系中的施工单位、贷款法律关系中的银行等。

房地产企业群体性事件中的参与主体主要是通过法律关系进行划分,参与主体应具有相应的法律关系,否则不属于参与主体。群体性事件的参与主体不以法律关系为核心划分,其特定群体可能具有阶层性、利益性,也可能不具有关联关系,更多样化。

---

〔1〕 邓伟志主编:《社会学辞典》,上海辞书出版社2009年9月版,第5页,载百度百科:https://baike.baidu.com/item/社会矛盾/5454001,最后访问日期:2020年2月3日。

(三)关于第 3 项事件合法性的差异化分析

群体性事件参与主体规模性聚集如涉及集会、游行、示威的,其聚集行为通常为非法性。根据《游行示威法》第 7 条规定,举行集会、游行、示威,必须依照本法规定向主管机关提出申请并获得许可。因此,若没有获得主管机关许可,其集会、游行、示威的聚集行为则具有非法性。

房地产企业群体性事件的合法性相对复杂,需要分情况而定,对于聚集性而言,通常也涉及以上行为,一般也具有非法性,没有获得主管机关的许可,此点上具有相同性。但除此之外,还有不同性,如通过司法途径提起诉讼、仲裁、强制执行等合法行为。

基于房地产企业群体性法律纠纷事件产生的原因为法律行为,因此,其参与主体不仅有以上非法的聚集行为,还会采取合法的法律手段。

(四)关于第 4 项事件表现形式的差异化分析

群体性事件的表现形式通常为游行、示威、静坐等方式,对社会造成负面影响、发生多数人语言行为或肢体行为上的冲突等。而房地产企业群体性事件通常除了以上表现形式外,还有通过司法途径提起诉讼、仲裁、强制执行,以及通过政府搭建平台促成各方协商解决,其表现形式更为多样化。

房地产企业群体性事件中的群体人员还会通过诉讼、仲裁等方式主张权利,是非常好的一种维权手段,在法治社会下,也应当提倡采用此种方式维护维护自身权利。对于通过政府搭建平台促成各方协商解决的方式,仍然是一种较好的表现方式,具有较好的实践操作性,往往可以起到高效率、高和谐、高度一致的效果。

因此,房地产企业群体性事件的表现形式更为多样化、复杂化。

(五)关于第 6 项事件后果的差异化分析

群体性事件与房地产企业群体性事件中,两者均可能对社会秩序和社会稳定造成重大负面影响。但房地产企业群体性事件中,房地产企业、股东还可能承担相应的法律责任。因为在法律事件中,基于法律关系,房地产企业可能存在某种违约行为,基于该违约行为将可能面临承担相应的法律责任。

不同的法律关系将承担不同的法律责任,房地产企业可能承担民事经济赔偿责任，若触犯刑法甚至可能承担刑事责任；作为股东，同样可能因为某种法律后果而承担民事经济赔偿责任，若触犯刑法甚至可能承担刑事责任。

综上，从以上群体性事件与房地产企业群体性事件的对比分析，我们可以知晓两者由不同的事件起因引起，有着部分不同的表现形式，有着不同的参与人群，有着部分不同的法律后果，属于不同的事件，根本性区别在于前者更偏重于社会属性，后者更偏重于法律属性。

两者又具有一定范围的共同性，有着相同的目的，有着部分相同的表现形式，有着部分相同的后果，两者根本性的共同点在于都具有群体性。因此，两者既有区别又有共同点，这也决定了两者属于不同的概念、有着不同的释义。

但是，群体性事件概念是房地产企业群体性事件释义的基础，房地产企业群体性事件释义是在群体性事件释义的基础上发展而来。

三、房地产企业群体性事件释义

群体性事件这一名称已有法定、政策、学理解释，但房地产企业群体性事件这一名称目前在法律政策、学理或房地产领域中没有对应的明确解释或概念，该名称是近几年伴随着房地产市场快速发展，新出现的一种群体性事态。

笔者依据多年从事房地产企业法律服务的实践经验，从大量的案例中总结提炼，并结合群体性事件释义，以及相关法律合同关系，各项社会因素等综合分析、归纳、总结出房地产企业群体性事件定义。

房地产企业群体性事件通常指：房地产企业在工程施工、销售、招商及运营管理等环节中，因某些法律行为、合同行为引发群体人员以维护自认为合法的权益，为表达多项诉求和主张，通常采取非法聚集，如游行示威、静坐、冲击政府机关、阻断交通等对社会造成一定危害的非法群体性活动；同时也会伴随诉讼、仲裁、上访，由政府搭建沟通平台进行协商、谈判等合法的行为。房地产开发企业、股东可能面临重大社会责任，巨额经济赔偿，甚至被追究刑事责任的紧急严重事件。

第四节

房地产企业群体性事件主要发生阶段

房地产企业群体性事件发生阶段主要根据房地产企业开发建设阶段节点划分,贯穿于房地产开发的整个过程,包括施工、销售、招商及运营管理等环节。每个环节若处理不慎都有可能出现群体性事件或为后期某一时点出现群体性事件埋下隐患。

如建设工程施工阶段主要发生工程质量类群体性事件;房产销售阶段主要发生虚假宣传、夸大宣传的群体性事件;商业物业招商及运营环节(售后返租类商业)主要发生不能招商、不能兑付租金的群体性事件;商业物业租赁管理环节主要发生租赁运营的群体性事件。根据房地产企业开发建设的不同阶段可以划分为不同的群体性事件类型。

一、建设工程施工阶段

房地产企业建设工程施工阶段群体性事件主要由于工程施工阶段出现的技术质量问题,当即引发的群体性事件或留下重大质量隐患,在后期因某个突发情况引发潜在的质量问题,进而引发大规模的群体性事件。

(一)深基坑施工环节

在施工期间就立即出现的质量问题,危及不特定多数人的人身、财产安全,引发群体性事件。

比如,深基坑施工作业在技术及施工环节如果处理不当,很容易导致周边区域地面或墙体出现裂缝。特别是在城市密集区域进行深基坑施工,施工区域周边通常会紧临房屋、写字楼等建筑,非常容易导致邻近房屋墙体开裂、地面裂缝,导致房屋出现安全隐患。此时可能侵害不特定众多人数的利益,引发群体性事件。

(二)地下室施工环节

在地下室施工当时未出现质量问题,但遗留下质量隐患,在后期因某外力的作用下,突发性地出现质量问题,引发群体性事件,危及不特定多数人的人身、财产安全。正常情况下是不会出现工程质量问题,但在偶发的某一外力因素作用下质量问题就会显现出来,如达到一定程度的地震、暴雨等外力因素,但在符合施工设计及质量要求的情况下,该程度的地震、暴雨等不会导致房屋出现质量安全隐患。

比如,地下室施工过程中,未发现任何质量问题,但实际上施工环节存在处理不当,留下安全隐患。后期因某一外力偶发因素导致地下室结构柱出现裂缝,引起地面、紧临房屋出现裂缝,房屋出现安全隐患,可能危及小区整体业主的安全,最终导致出现群体性事件。

二、房地产销售阶段

房地产销售阶段是出现群体性事件的高峰阶段,很多群体性事件的隐患都在销售阶段埋下,在该阶段或后期阶段发生。主要为以下类型:

(一)业主认为房地产企业存在虚假宣传、不实宣传群体性事件

房屋销售是房地产企业获取利润的最直接方式,因房屋销售基本都采取期房销售,为了促进房屋销售,房地产企业通常会对房屋及小区设计、配套,以及各种设施设备进行美好宣传,印刷各种宣传单,样板房展示,或作出各种承诺。业主冲着各种宣传展示、承诺选择购买房屋,充满希望地购买房屋。

但在房屋交付时,却发现现实状况与购买房屋时的各种宣传、承诺、样板房展示相差巨大,无法实现其购买房屋时的预期目的,进而引发大规模的群体性事件。

(二)精装修房屋销售中,因收取房屋装修价款引发群体性事件

在房屋限价销售的大背景下,政府为了调控房地产市场,对房地产企业推出的商品房最高销售价格进行限制,销售价格不得高于政府控制的最高限价。为

此,部分房地产开发企业为了突破政府限价规定,分别采取精装房销售的模式,变相提高销售价格,然后在精装房销售过程中,出现了许多问题,引发了规模较大的群体性事件。

开发商的房屋精装修模式为,以房屋精装修为名义,尽可能地达到政府限价的最高销售价格,精装修房屋的限价销售价格远高于清水房屋限价销售价格。但房屋精装修标准、材料、品牌,以及计算装修价款的面积单位(建筑面积或套内建筑面积)这些因素都将影响后期的精装修效果。

比如,业主支付了建筑面积每平方米3000元的装修费,实际装修出来的效果可能只有建筑面积每平方米1000元。再如,按照建筑面积计算装修单价就包括了公摊面积,而公摊面积的装修并非业主购买房屋需要承担的装修费用,由此导致业主可能承担更多的装修费用,但按照套内建筑面积计算装修单价又可能导致每平方米的装修单价超过政府主管部门限制的最高装修限价等,这些情况都将可能影响众多不特定业主的切身利益。

精装修房屋群体性纠纷既可能发生在销售环节当时,也可能发生在房屋竣工验收之后房屋交付环节。

(三)房地产企业股权转让群体性事件

此类房地产企业在业主心中通常具有较好的口碑,具有较好的品牌影响力。发生该群体性事件的房地产项目通常为合作开发项目,由一个品牌影响力较好的房地产企业与另一品牌影响力不是很好的房地产企业合作开发,即一方提供品牌、管理,另一方提供资金,双方合作开发建设。开发的房地产项目对外宣传广告中会非常突出品牌影响力较好的房地产企业,买受人购买房屋大多奔着品牌影响力较好的房地产企业去购买其开发的楼盘。

在房屋销售完毕,但开发建设项目房屋尚未交付业主的情况下,品牌影响力较好的房地产企业将其持有房地产项目股权全部转让给另一合作方时,当初基于品牌影响力较好的房地产企业才购买房屋的业主认为其受到欺诈,坚决反对股权转让,引起上千名业主集体反对,进而引发群体性事件。

三、商业物业整体招商运营阶段

商业物业整体招商运营环节发生群体性事件的类型相对较少，但是一旦发生则是颠覆性的群体性事件，稍微处理不好，很可能导致房地产企业从此一蹶不振，贱价出售房地产企业，甚至破产清算倒闭。

该环节主要可能发生的群体性事件为售后委托租赁经营类纠纷，此类房地产企业群体性事件仅为商业地产项目有可能发生，政府在出售土地使用权时，根据城市规划建设需求，通常会出让单独的商业用地，或者住宅兼容部分商业用地（住宅较少，商业用地较多）。但近几年商业物业销售疲软，市场购买力较差，很多开发有商业项目的房地产企业通常会采取售后委托租赁经营的方式销售商业物业。此种销售模式吸引了巨大的投资人群，商业物业销售由疲软变为强劲，可以在较短的期限内销售完毕全部商业物业。

此种销售模式无论对于房地产企业还是购买业主，都存在较大的法律风险、商业风险。售后委托保底经营销售模式为房地产企业将商业物业销售给业主，业主购买房屋后将商业物业委托另外一家商业管理公司，由商业管理公司接受业主委托并进行商业经营，如出租等方式，并承诺每年向业主支付固定的保底租金。某些房地产企业还会为商业管理公司支付租金承担连带保证责任，担保商业管理公司能够按时足额向业主支付租金，若商业管理公司不能支付租金，则由房地产企业代为支付。在房地产企业承担保证的前提下，大多数业主就认为风险可控，可以放心购买商业物业并坐享收取租金，但事实并非如此，仍然存在较大的风险。

商业房地产项目通过售后委托租赁经营模式销售完毕后，商业管理公司通常会积极招商运营，争取能够将商业物业全部出租，并向商家收取租金，然后通过收取的租金向购买物业的业主支付固定保底租金。对于房地产企业而言，这是避免发生群体性事件的最佳方案，也是最为良性循环的商业经营方案，一旦招商运营成功，则可避免发生群体性事件。

但往往事与愿违，近几年很多采取此种销售模式销售商业物业的商业项目大多未能有效招商，有的项目未能成功招商一家商业，有的项目仅招商很少数量的商家，根本达不到整体商业开业的条件，即使完成部分招商，勉强整体商业开业，但也难以收取足够多的租金支撑需要向业主支付的巨额租金。此环节往往是发生售后委托租赁经营群体性事件的高发环节。

售后委托租赁经营群体性事件是在销售环节埋下隐患,在招商运营环节集中爆发。因为销售期间由于销售业绩较好,房地产企业有足够的资金通过商业管理公司向业主支付固定保底租金。但在销售结束,没有销售资金流水的情况下,开发商、商业管理公司则可能向业主停止支付租金。此时商业管理公司、房地产企业将出现严重违约,并且严重影响众多业主的经济利益,群体性事件就此爆发。销售环节采取此种销售模式是产生群体性事件的根本原因,招商环节不能向业主支付固定保底租金是直接原因。

四、商业物业整体租赁运营阶段

该环节发生的群体性事件类型相对单一,房地产企业将整体商业物业出租给某品牌商业运营公司,该运营公司通过自己的品牌号召力,召集商家入场经营。由商业运营公司向商家收取租金,然后向房地产企业支付租金,商业运营公司赚取两者租金的差价,往往差额利润较为丰厚。

该阶段下群体性事件通常发生在房屋竣工验收,并出租给商业运营公司经营若干年之后,因商业运营公司与承租商家之间发生的纠纷而牵连房地产企业。此时房地产企业属于被动进入群体性事件中,但因房地产企业属于商业物业出租方,也将难善其身。

该环节下的群体性事件产生在第三方品牌经营管理公司的运营过程中,如品牌经营管理公司与房地产企业之间的租赁期限、条件与若干小商家之间的租赁期限、条件不对称,以及商业运营公司向若干小商家作出不实承诺或隐瞒重大事实等情况,导致产生大量纠纷,出现大规模的群体性事件。

此种情形下的群体性事件与售后委托保底经营类群体性事件具有本质区别,两者属于不同类别的群体性事件。主要区别如下。

1. 两种商业运营模式的目的不同

售后委托租赁经营模式的主要目的更看重以此促进房屋销售,对于后期能否成功招商运营则看后期情况而定。如果能够成功招商,形成良好的经营渠道,拥有较好的租金收益,就能按时向业主支付固定租金回报。若后期无法成功招商,则只有面对后期业主群体性事件。

商业物业整体租赁运营的主要目的在于真实的租赁经营整体商业物业,通常可以通过其较强的品牌号召力,成功招商并运营,且能够实际收取较好的租金收益,并且能够长期性的运营。

2. 两种商业模式运营主体不同

售后委托租赁经营模式的运营主体为房地产企业,用于委托经营的商业管理公司通常为房地产企业关联公司或被实际控制公司。商业管理公司并不能独立、真实地作出决策或开展商业运营,通常也没有自有品牌,难以有效招商运营。

商业物业整体租赁运营的主体为独立的商业运营主体,与该项目房地产企业没有关联关系。该商业运营公司通常为独立的全国性或区域性具有一定知名度的商业运营品牌,能够独立招商运营,具有较为成熟完整的商业运营模式,具有较强的市场号召力及渠道运营能力,占有一定的市场份额。

3. 两者商业模式盈利途径不同

售后委托租赁经营模式的盈利途径主要为通过商业物业销售获取销售回款,以此作为其经营利润。招商经营收取租金主要为确保能够向业主支付固定保底租金,通常不作为盈利途径。

商业物业整体租赁运营的商业管理公司主要通过商业物业整体运营获取利益,赚取向房地产企业支付租金与向商家收取租金之间的差额作为商业管理公司的盈利。

第二章　房地产企业群体性事件特征

笔者在大量房地产群体性事件中，通过梳理、分析、归纳不同类别或不同阶段发生的群体性事件，并总结出特征。实践中主要体现为以下四类特征：一是涉及多方关联利益群体；二是涉及多重法律关系；三是表现形式既有非法行为，也有合法行为；四是解决周期较长。

以上每一类特征又是通过特定的外在形式予以体现，分析房地产企业群体性事件特征，就必须深入剖析其内在表现形式。本书重点针对房地产企业群体性事件特征的内在表现形式进行分析，并通过内在表现形式尽可能地展现其特征。

第一节 涉及多方关联利益群体

房地产企业群体性事件涉及多方关联利益群体，主要包括：第一，业主（商家）群体；第二，银行群体；第三，施工承包人群体；第四，政府部门群体。每个群体的法律地位不同、主体数量不同、起到的作用也不相同，他们都会影响整个群体性事件危机管理整体解决方案的制定以及解决效果。

房地产企业群体性事件该项特征区别于其他群体性事件，如公共安全群体性事件、政治群体性事件等。其他群体性事件通常没有如此多的关联利益群体，且数量也没有如此庞大。其他群体性事件通常不会同时涉及银行群体、施工承包人群体，政府部门群体，且银行数量也不会同时涉及多家银行，施工承包人也不会同时涉及数十家，政府部门也不会同时涉及数个甚至超过十个政府职能部门参与，且各个利益群体在群体性事件中都有各自的利益诉求。比如，业主（商家）群体、银行群体、施工承包人群体的诉求大多为经济利益诉求，政府部门群体主要是表达政治利益诉求，维护社会稳定，维护良好的社会秩序。各利益群体特征具体表现形式如下。

一、业主（商家）群体

业主（商家）群体是房地产企业群体性事件涉及人员最为核心的群体，也是人数最多的群体。他们主要是通过购买房地产企业销售的房屋或与房地产企业关联公司建立委托租赁关系等法律形式产生关联性，成为群体性事件最为核心的人员群体。

房地产企业一个楼盘通常几十亩到上百亩土地，销售房屋通常在上千套至数千套房屋。购买房屋的业主自然也有上千名甚至数千名。每名业主又有一个家庭，一个家庭又由数人组成，因此通常会牵连到数千人乃至上万人参与其中。业主（商家）群体会组建一个业主（商家）维权委员会或业主代表委员会。

通过对近几年较多项目出现的房地产企业群体性事件涉及人员群体分析，业主（商家）群体通常会非常自然地分为以下三大类型人员群体，每一类型人员群体数量不等。每一类型人员群体会在整体维权委员会之下，另行组建属于自己群体的维权委员会，他们的行为通常不会受制于整体维权委员会，自行其事，不受其约束。房地产开发企业通常会同时面临不同群体类别的多个业主代表维权委员会，并需要针对性采取不同的应对处理方案。

实践中，决定该群体人员分类的因素主要是由项目楼盘区域位置、购买人员身份、职业、人员性格、价值观念等多种因素综合决定，大致可以分为以下几类人员群体：

（一）“主战派”

之所以称为“主战派”，在于该部分人员较为激进，通常会积极主张与房地产企业僵持到底，不同意妥协和解或提出现实难以实现的不合理条件，对其提出的诉求坚决不予让步，主张通过一些较为激进的方式解决其诉求。其主张诉求的方式通常表现为：

1. 制造较大的社会负面影响

通过网络媒体大范围地公开他们认为是真实、客观、有法律依据、有道理的事件情况，大多数通过集体向当地政府上访、甚至游行、静坐方式表达其诉求，制造广泛的社会影响，希望通过此种方式向房地产企业施加压力，以达到其诉求的目的。现实中，在某项目出现群体性事件后，往往在网络媒体上可以看到相关的各种新闻，是真是假难以分辨。

2. 采取部分极端行为

更为极端的极少数个别人员会出现打砸抢，以及跳楼、自杀的极端行为。他们对房地产企业以及关联人员充满了恨意，有时会采取围殴、恐吓、辱骂、拘禁的非法行为。如在某房产项目上发生的群体性事件，数百名业主（商家）在当地派出所外面，将在派出所里面协商、谈判的公司员工围困至半夜，当地政府出动上百名特警并采取强制手段的情况下，才将房地产企业工作人员解救出来，该员工当时已出现生理虚脱，并及时送医院治疗。但从近两年的实践来看，出现以上类似极端行为的情形越来越少，这是一个相对较好的现象。

房地产企业与主战派人员群体协商、谈判非常艰难，通常情况下难以取得成效。比如，有些群体性事件房产项目的业主（商家）主战派，他们对房地产开发企业完全不信任，对房地产开发企业提出的招商引资方案、补偿方案等解决措施均不予信任，非常坚定地认为存在巨大陷阱，或认为没有任何希望，除了无条件地满足他们提出的条件外，没有可协商余地。该部分人员群体的主张为群体性事件有效解决带来了巨大障碍。

（二）“主和派”

之所以称为“主和派”，在于该部分人员较为理性，能够冷静分析现状事态，以及事态发展趋势，主张与房地产企业协商、和解，从现实可行的角度提出诉求或能够与房地产企业达成基本一致的解决方案。“主和派”的表现形式通常为：

1. 具有依法、依约提出诉求的意识

部分房地产群体性事件中，“主和派”业主会聘请律师参与草拟诉求，会向律师咨询诉求的可行性、合法性、合理性。实践中，业主聘请律师的专业领域以及专业程度，将决定诉求的合法性、合理性程度。如聘请多年从事房地产行业法律服务的专业律师，其向业主提供的法律咨询通常能够结合项目实际情况，提出合法性、合理性、可行性较强的法律咨询建议；相反，聘请的律师若非房地产行业法律服务的专业律师，其提出的法律咨询往往脱离项目实际情况，难以有效落地，甚至有时将业主诉求指引偏离正确方向。

现实中，也有“主和派”业主不向专业律师咨询，由业主代表内部讨论提出诉求。因业主代表不具有相应法律专业知识，导致其提出诉求中，大多带有明显个人主观意愿，脱离项目实际情况，脱离法律、合同约定，难以实现。

总体而言，“主和派”提出的诉求具有一定协商、谈判空间，通常可以和房地产企业较好地协商、谈判。

2. 能够理性协商谈

理性协商谈判是处理房地产企业群体性事件较好的一种处理方式。出现房地产群体性事件后，“主和派”业主通常会选出少量人数的业主代表，首先会通过书面方式向房地产企业提出若干诉求，并要求房地产企业在一定期限内予以书面回复，并就提出诉求要求与房地产企业相关领导当面协商、谈判。他们通常不会采取游行、拉横幅的方式，不会采取攻击、打砸等极端方式，能够较为理性地协商。

此种情况下，房地产企业通常能够较为切实可行地针对业主代表进行书面回复，并针对业主诉求提出最大诚意的解决方案。而业主代表也能够较为理性地面对房地产企业提出的解决方案，共同寻求最好、最切实可行的解决途径，彼此之间能够形成一种相对理解的默契与配合。

（三）“观望派”

之所以称为“观望派”，在于该部分人员没有主动、明确的诉求。既不参与“主战派”，也不参与“主和派”，他们根据事态发展情况而定，随大势。无论最终是何种结果，他们都能接受、面对。若项目最终破产拍卖，他们也可以面对，若项目最终协商和解成功，他们仍然接受并参与。“观望派”表现形式通常为：

1. 不站队

“观望派”最主要特点就是不站队，他们选择中立，哪边出现较好的成果，他们就加入哪边。平时他们不太经常性关注事态进展情况，忙自己的工作、事情，但会间隔性了解项目进展情况，一旦知晓项目发展有实质性进展时，就会加入提出诉求。

2. 对最终结果都能接受

“观望派”因为没有明确、主动的诉求，所以他们对项目最终的处理结果都能接受，即使最终处理结果不是很符合其愿望，也能勉强认可。

综上所述，之所以项目业主（商家）会自然地划分为以上三大类，主要取决于以下因素：一是社会生活经历，不同的社会生活经历将决定人处理重大突发事件的方式方法；二是性格及价值观念，不同性格、价值观念，包括接受不同程度教育的人对待重大突发事件的处理方式、态度也不尽相同；三是地理区域，根据业主（商家）与发生群体性事件房地产项目的地理距离远近不同，也会导致处理事件的态度不同。比如商业项目附近当地业主（商家）因在本地区域，具有时间、空间上的便利条件，关注度就比较高；而处于外地的业主（商家）往往没有充足的时间、空间，关注度就相对较低。

以上人员群体的划分为通常情况下的群体分类，根据房地产企业群体性事件的实际情况不同，以上群体类型、每个群体的人数比例也会不同。有的项目“主战派”人数较多，有的项目“主和派”人数较多，有的项目“观望派”人数较多，甚至人数大致相等；而人数数量也不是一成不变，随着事态发展，各派系的人数也在随之变化。

二、银行群体

银行群体在房地产企业群体性事件处理中非常重要，能够稳定房产项目，稳定人心。绝大多数房地产企业开发房地产项目均存在大量资金贷款，少则数亿元，多则数十亿元贷款资金。贷款形式也多样化，如土地使用权抵押贷款、在建工程抵押贷款、股权质押贷款、信托贷款等其他多种形式的融资。若房地产企业融资金额较大的情况下，往往会涉及多家银行融资，牵涉多家银行，并非单一一家银行。

银行群体在房地产企业群体性事件中主要表现为以下几种形式：

（一）提前收回贷款，依法实现抵押权等其他权利

房地产项目出现群体性事件时，除了业主较为恐慌外，银行业是比较担忧的

群体。对于难以盘活的项目，难以寻找投资人的项目，没有优良资产的项目，银行大多会选择提前收回贷款，实现抵押权等其他权利。若银行采取法律措施，如提前收回贷款、拍卖抵押（质押）物等，必将给房地产项目盘活造成毁灭性影响，往往会导致房地产企业进入破产程序，甚至宣告破产。

银行一旦决定提前收回贷款，将通过诉讼方式向法院提起诉讼，要求实现抵押权等其他权利，要求保证人承担保证责任，会申请法院拍卖抵押（质押）物，实现其优先受偿权。

《担保法》第33条规定：本法所称抵押，是指债务人或者第三人不转移对本法第34条所列财产的占有，将该财产作为债权的担保。债务人不履行债务时，债权人有权依照本法规定以该财产折价或者以拍卖、变卖该财产的价款优先受偿。《担保法》第63条规定：本法所称动产质押，是指债务人或者第三人将其动产移交债权人占有，将该动产作为债权的担保。债务人不履行债务时，债权人有权依照本法规定以该动产折价或者以拍卖、变卖该动产的价款优先受偿。以上条款明确规定了抵押权人对抵押财产处置后的价款享有优先受偿的权利。银行完全有权依法处置抵押财产，且优先受偿。

但银行享有的优先权也有例外情形，该优先权仅优先于普通债权，不是绝对优先权，是相对优先权，在与其他特定权利发生冲突时，抵押权只能次后实现，不享有优先权。当银行享有的抵押权与工程承包人、房屋买受人（买受人已支付完毕全部或大部分购房款）优先权冲突的情况下，银行享有的抵押权不能对抗建设施工承包人的优先权，不能对抗已支付完毕全部或大部分购房款买受人的优先权。即施工承包人、买受人的优先权优先于银行的优先权。

最高人民法院在2002年6月27日颁布的《关于建设工程价款优先受偿权问题的批复》（法释〔2002〕16号）规定：（1）人民法院在审理房地产纠纷案件和办理执行案件中，应当依照《合同法》第286条的规定，认定建筑工程的承包人的优先受偿权优于抵押权和其他债权。（2）消费者交付购买商品房的全部或者大部分款项后，承包人就该商品房享有的工程价款优先受偿权不得对抗买受人。

以上最高人民法院《关于建设工程价款优先受偿权问题的批复》第1条规定了抵押权与施工承包人的优先权冲突解决问题，明确了工程承包人的优先权优先于抵押权。第2条规定了抵押权、施工承包人、支付完毕全款或大部分房款的买受人之间的优先权冲突解决问题，明确了支付完毕全款或大部分房款的买受人的优先权优先于工程承包人优先权、抵押权。

(二)暂缓实现抵押权,静观其变

出现房地产企业群体性事件后,银行并非一定立即行使抵押权,也有银行根据项目实际情况暂缓实现抵押权,期待房地产企业能够盘活项目,有效解决群体性事件,能够顺利收回贷款及利息,实现其利益的最大化。

当房地产企业出现群体性事件时,其资金链已断裂,即使银行依法实现抵押权等权利,也并不一定能够确保及时收回全部贷款,避免遭受损失。若一些较好的房产项目,具有盘活的希望,对于银行而言,实现其利益最大化,也可以暂缓实现抵押权。此时,银行主要会考虑以下因素:

1. 房产项目盘活的可能性

若出现群体性事件的房地产项目,具有较好地发展前景,能够有效解决业主(商家)问题,能够较好地盘活项目,寻找投资人。此时银行并不会急于实现抵押权,拍卖抵押物。

如某商业项目房地产企业群体性事件中,该房地产企业出现资金链断裂,无力向商家支付到期租金,引发了群体性事件。该房地产企业向银行申请约 4 亿元的贷款未归还,且共计向 5 家银行申请贷款,商业项目资产远远大于银行贷款。经房地产企业与多家银行沟通后,银行认可该项目存在较大的盘活可能,能够及时寻找到投资人,所以银行选择了暂缓提前收回贷款,暂缓实现抵押权,给予房地产企业重整的充裕时间。

在银行的宽容下,该房地产企业多方寻找投资人,最后成功地引入股权投资人,将项目股权全部出售第三方。第三方进入后,首先归还了银行的全部贷款,然后是欠付的工程款,并逐步解决商家法律问题。该项目最终盘活成功,银行的债权利益得以最大化实现。相反,本案中,若银行立即提起诉讼,实现抵押权,对银行、对房地产企业都不是最佳选择。

另一商业项目房地产企业群体性事件中,该房地产企业通过信托贷款约 8 亿元,工程欠款约 4 亿元,项目资产约 15 亿元。银行经过综合分析判断,认为该商业项目没有盘活的可能性,为能够及时收回贷款,银行在房地产企业出现群体性事件后,立即提起诉讼,查封商业项目资产。由此导致该商业项目群体性事件进一步恶化。

2. 房产项目资产是否足够优良

房地产项目本身是否具有优良资产,资产价值是否远远大于各方债务(包括银行贷款)，银行实现抵押权时会考虑抵押物价值是否能够充分覆盖债务，是否能够顺利变现收回贷款。若项目资产远远大于负债，且存在较大盘活的可能性时，银行可以考虑暂缓实现抵押权。

如某商业项目房地产群体性事件中，该项目为商业项目，资产较为优良，整个房地产项目仅销售30%房屋(约10亿元)，房地产企业自持70%房屋(约20亿元)，且项目已竣工验收，并办理完毕初始产权登记，正在办理分户不动产登记，银行贷款约4亿元，其他债务不足2亿元。

就以上资产情况，对于银行而言是非常优良的，银行的债权完全可以随时实现，不用过于担心资不抵债的法律风险。因此该房地产项目从2016年发生群体性事件以来，到2019年银行仍然没有实现抵押权，没有向法院提起诉讼、没有申请强制执行。银行的暂缓诉讼，给了房地产企业充足的生存空间，给予了项目充分的盘活时间。

实践中，在房地产企业出现群体性事件后，根据项目实际情况，有的银行会立即采取诉讼措施，拍卖抵押物；也有银行暂时未采取法律手段，静观其变，须视情况而定。

三、施工承包人群体

施工承包人群体在房地产企业群体性事件中的地位较高，但实际话语权相对较低。现实中，房地产企业通常会拖欠大额工程款，少则几千万元，多则数亿元。施工承包人通常会涉及数家承包人，如总包承包人、各分包施工承包人，通常可以达到数十家施工承包人，每家施工承包人有上百人至上千人的施工工人，该群体非常庞大。

在房地产企业群体性事件中，施工企业通常表现为以下两方面：

(一)提起诉讼，实现工程款优先受偿权

因施工承包人在群体性事件处理中，没有太多的话语权，为了能获得工程款，部分施工承包人会选择通过诉讼方式解决工程欠款问题。

1. 优先受偿权

最高人民法院在2002年实施的《关于建设工程价款优先受偿权问题的批

复》(法释〔2002〕16 号)规定:(1)人民法院在审理房地产纠纷案件和办理执行案件中,应当依照《合同法》第 286 条的规定,认定建筑工程的承包人的优先受偿权优于抵押权和其他债权。

该批复规定了建筑工程承包人享有优先受偿权,且优先于抵押权,体现了法律对建设工程施工单位工程款优先保护的立法思想。

《合同法》第 286 条规定:发包人未按照约定支付价款的,承包人可以催告发包人在合理期限内支付价款。发包人逾期不支付的,除按照建设工程的性质不宜折价、拍卖的以外,承包人可以与发包人协议将该工程折价,也可以申请人民法院将该工程依法拍卖。建设工程的价款就该工程折价或者拍卖的价款优先受偿。

该法律规定了承包人实现优先受偿权的方式及途径,包括折价、拍卖。施工承包人有权依据法律规定,与发包人协议将该工程折价处理,或申请法院将该工程依法拍卖,同时享有优先受偿权。

2019 年 2 月 1 日实施的最高人民法院《关于审理建设工程施工合同纠纷案件适用法律问题的解释(二)》(法释〔2018〕20 号,以下简称《建设工程司法解释(二)》)第 18 条规定:装饰装修工程的承包人,请求装饰装修工程价款就该装饰装修工程折价或者拍卖的价款优先受偿的,人民法院应予支持,但装饰装修工程的发包人不是该建筑物的所有权人的除外。该条款规定由开发建设单位直接发包的装饰装修工程施工承包人也可以主张优先受偿权。

该司法解释规定了装饰装修工程承包人的优先受偿权,但适用的前提条件必须为发包人是建设工程的所有权人,即必须是建设工程的所有权人直接发包给装饰装修工程的承包人才能适用优先受偿权。若装饰装修工程的承包人是从总包或其他承包人分包的装饰装修工程,承包人则不能享有优先受偿权。

最高人民法院《建设工程司法解释(二)》第 19 条规定:建设工程质量合格,承包人请求其承建工程的价款就工程折价或者拍卖的价款优先受偿的,人民法院应予支持。第 20 条规定:未竣工的建设工程质量合格,承包人请求其承建工程的价款就其承建工程部分折价或者拍卖的价款优先受偿的,人民法院应予支持。

根据以上规定,建设工程承包人享有优先受偿权必须是建设工程质量合格。包括竣工验收质量合格情形与未竣工验收的部分工程质量合格两种情形。即必须是质量合格才能就合格部分工程价款享有优先受偿权，未合格工程建设的价款不能享有优先受偿权。

2. 优先受偿权的范围

最高人民法院《关于建设工程价款优先受偿权问题的批复》第 3 条规定：建筑工程价款包括承包人为建设工程应当支付的工作人员报酬、材料款等实际支出的费用，不包括承包人因发包人违约所造成的损失。该条款明确限定了工程价款的范围包括施工工作人员的报酬、材料购买款等实际支出的费用，对于发包人应支付的违约金、损失赔偿则不作为优先受偿的工程价款。

最高人民法院《建设工程司法解释（二）》第 21 条规定：承包人建设工程价款优先受偿的范围依照国务院有关行政主管部门关于建设工程价款范围的规定确定。1999 年 1 月住房和城乡建设部（原建设部）发布的《建设工程施工发包与承包价格管理暂行规定》（建标〔1999〕1 号）第 5 条规定，工程价格的构成。工程价格由成本（直接成本、间接成本）、利润（酬金）和税金构成。……工程价款可以分为四个部分，一是直接成本，又称直接费用，包括定额直接费、其他直接费、现场管理费和材料价差。其中定额费又包括人工费、材料费和施工机构使用费三部分。二是间接成本或称企业管理费，包括管理人员工资、劳动保护费等十多项。三是利润，由发包人按工程造价的差别利率计付给承包人。四是税金，包括增值税、城市建设税、教育费附加税三种。这四部分构成工程价款的整体，缺一不可。实践中，建设工程价款的表现形式有工程估算价、设计概算价、施工图预算价、施工预算（概算）价和竣工结算价五种。[1]

3. 优先受偿权的行使期限

2019 年 2 月 1 日实施的最高人民法院《建设工程司法解释（二）》第 22 条规定：承包人行使建设工程价款优先受偿权的期限为 6 个月，自发包人应当给付建设工程价款之日起算。该司法解释对明确规定了 6 个月的起算时间为自发包人应当给付建设工程价款之日起算，对工程施工承包人较为有利，以应当支付工程价款的时间开始计算。

此前最高人民法院《关于建设工程价款优先受偿权问题的批复》中第 4 条规定，起算时间为自建设工程竣工之日或者建设工程合同约定的竣工之日起计

〔1〕 张学增：《建设工程价款优先受偿的工程款范围》，载北京清算律师网：http://www.quanlily.com/page91?article_id=757，最后访问日期：2020 年 2 月 3 日。

算。该批复规定的起算时间对工程承包人较为不利,基于实践中的各种复杂情况,承包人往往会超过6个月的优先受偿权主张的保护期限。

《建设工程司法解释(二)》为2019年2月1日实施,且明确规定最高人民法院以前发布的司法解释与本解释不一致的,不再适用。该批复在2002年实施,远早于《建设工程司法解释(二)》,因此应以《建设工程司法解释(二)》为准。《建设工程司法解释(二)》规定的优先权行使起算时间在实践中更符合实际施工结算情况,更能较好地保护施工承包人行使优先受偿权利。

实践中,在房地产企业出现群体性事件后,少数施工承包人会采取诉讼措施实现优先受偿权,或通过普通诉讼要求支付欠付的工程价款。

(二)暂缓提起诉讼,静观其变

实践中,出现房地产企业群体性事件后,因施工承包人的话语权地位较低,同时与发包人(房地产开发企业)存在千丝万缕的关系,施工承包人真正提起诉讼实现优先受偿权的情况较少。大多情况下,施工企业会与房地产开发企业协商、沟通,希望房产项目能够盘活,继续承包施工,实现其利益最大化。在加上2019年2月《建设工程司法解释(二)》实施之前,规定6个月优先权的起算时间为自建设工程竣工之日或者建设工程合同约定的竣工之日开始计算,实践中,导致很多施工承包人很容易超过该期间,而无法提起优先权诉讼。

为此,施工承包人通常首先会考虑给予房地产企业一定的盘活重整时间,若一些较好的房产项目,具有盘活的希望,对于施工承包人而言,完全可以暂缓诉讼,等待项目盘活,以获取利益最大化。此时,施工承包人主要会考虑以下因素:

1. 房产项目有可能盘活

若出现群体性事件的房地产项目,具有一定发展前景,具有盘活可能性,施工承包人可以看到一定希望,此时施工承包人并不会急于诉讼。

如某商业物业项目,房地产企业共计欠付施工工程价款约2.4亿元,涉及施工承包人共计约20家,起诉的仅有约7家,大部分施工承包人均认为该项目具有盘活的可能性,等待重整成功。事实上,该项目确实也重整成功,新的投资人进入后,对欠付的工程款分批次逐一支付。施工承包人暂缓诉讼,给予了房地产企业重整成功较大的支持,给予了充裕时间。

2. 房产项目资产是否足够优良

施工承包人暂缓起诉，也会同银行一样，考虑房地产企业项目资产是否优良，是否能够足额覆盖其欠付的工程款。

实践中，有些房地产企业因没有处理好与施工承包人的关系，没有足够优良的项目资产，导致施工承包人群体纷纷向法院提起诉讼，甚至有些施工承包人向法院申请房地产企业破产，进入破产程序。此时，房地产企业盘活重整的难度将加大，被宣告破产的可能性也加大。

四、政府部门群体

房地产企业群体性事件往往涉及政府多个部门，非单个部门。如当地区（县）级政府、市级政府，以及政府下属的各职能部门，如公安局、房管局、规划局、住房和城乡建设局、招商局、维稳办、信访局等，所以在此称为政府部门群体。这些政府机构及部门在房地产群体性事件中充分表达了他们的利益诉求，即履行维持社会稳定的重要职责，确保牵涉的业主（商家）群体、银行群体、施工承包人群体等能够依法维权、理性维权，确保社会正常运行秩序。

政府部门群体在房地产企业群体性事件中，属于第三方群体，独立于房地产企业与业主（商家）等群体，属于第三方平台，促使争议双方能够协商、稳定地处理群体性纠纷，引导业主（商家）群体依法、依约处理纠纷。实践中，由于各地政府部门群体处理类似群体性纠纷的经验、立场的差异化，导致面对房地产群体性事件的处理方式也出现差异化，甚至有着明显的不同。政府部门群体通常采取以下方式处理：

（一）搭建第三方公平协商平台

政府部门群体通常会在发生群体性事件时，第一时间出现到现场，包括当地维稳办、公安局、房管局等部门的主要负责人。他们将召集房地产企业主要负责人员，以及业主（商家）代表、银行群体代表、施工承包人代表召开协调会，搭建第三方公平协商平台，由各方平等、理性、依法协商解决。若最终不能协商解决，政府相关部门会引导权利诉求方通过依法诉讼的方式向法院或仲裁机构提出诉讼，由法院依法裁决并执行。

实践中，政府部门群体均采取以上方式进行处理，政府部门作为中立者，倾听各方诉求，由各方提出解决方案，然后各方再协商处理；若不能解决则引导各方通过法院诉讼裁决。

（二）受理信访

2005 年 5 月实施的《信访条例》第 6 条规定，县级以上人民政府应当设立信访工作机构；县级以上人民政府工作部门及乡、镇人民政府应当按照有利工作、方便信访人的原则，确定负责信访工作的机构（以下简称信访工作机构）或者人员，具体负责信访工作。

房地产企业群体性事件出现后，业主（商家）除了参会政府部门搭建的第三方平台协商处理之外，通常还会通过信访渠道，向政府信访工作机构申请信访。对业主（商家）认为房地产企业存在的违法违规行为进行投诉、控告，要求政府职能部门追究相应责任。

《信访条例》第 18 条第 2 款规定，多人采用走访形式提出共同的信访事项的，应当推选代表，代表人数不得超过 5 人。

实践中，业主（商家）代表通常会按照《信访条例》要求选取不超过 5 人的代表进行信访，政府信访机构收到信访诉求后，会第一时间对信访事项进行调查、了解，并回复业主（商家）代表。

（三）依法采取行政强制措施

前面已经提到业主（商家）代表中，通常会有一部分“主战派”代表，他们会采取较为激进的方式表达诉求，如到政府机构办公地点静坐、上街游行、堵塞交通，甚至打砸房地产企业办公场所、售楼部等非法行为，严重影响了社会正常秩序。为此，政府执法部门通常会出动警力对实施过激行为的少数人员采取强制措施，并对大部分跟随人员进行劝离现场。对于构成犯罪行为的人员，将依法追究刑事责任。

政府部门群体在房地产企业群体性事件中，既非涉事关联方，也非主体方，却对群体性事件有效解决起着至关重要的作用。

第二节
涉及多重法律关系

房地产企业群体性事件区别于其他群体性事件的一个主要特征就是其涉及多重法律关系,且较为复杂。其他群体性事件一般不会涉及多重法律关系,甚至没有法律关系,群体人员通过群体性表达其社会诉求,该项诉求难以通过法律关系体现。比如社会类群性事件中的退伍军人群体性事件,住宅小区修建医院及太平间群体性事件;公共安全类群体性事件中的厦门 PX 事件等。这些群体性事件的社会主体之间通常没有合同法律关联性,更多的是群体人员基于自身的社会需求作出的利益表达,他们之间不具有合同法律关系,甚至不具有法律关联性,不存在一方违约或一方从法律上侵害了另一方合法利益。

而房地产群体性事件则存在多重法律关系,且法律关系较为复杂,主要体现为以下四个方面。

一、建设工程施工类群体性事件涉及法律关系

建设工程施工类群体性事件大多为工程质量问题引发,在该群体性事件下,通常存在以下法律关系:

(一)商品房买卖法律关系

房地产企业销售商品房,业主(买受人)购买商品房,双方通过签署商品房买卖合同建立了商品房买卖法律关系。在该法律关系下,房地产企业作为出卖人,应向买受人交付符合合同约定质量标准的商品房,如房屋应当具备验收合格,具有安全性,保证房屋质量符合国家要求规范的标准。买受人同样也应根据合同约定履行支付购房款的义务。

比如,前面提到的深基坑施工环节,房地产企业在深基坑施工过程中由于涉及施工质量问题,在遇到偶发性的外力因素时,就导致部分地面、房屋墙体出现裂缝。若房地产企业未能履行商品房买卖合同中约定的交付安全、符合国家设

计、施工标准的房屋,就存在违约行为,甚至出现根本性违约行为。由此将导致房地产企业应当根据合同约定向业主承担相应的违约责任、损失赔偿责任,甚至退房退款。

房地产企业是否需要向业主承担责任,承担何种责任都需要依据商品房买卖合同进行分析、判断,该法律关系起着作为基础、重要的法律作用。

(二)施工承包法律关系

房地产企业作为项目开发主体,工程施工并不需要房地产企业直接施工,房地产企业会聘请具有相应施工资质等级的施工承包单位进行工程施工建设,双方会签署施工承包合同,由房地产企业与工程施工单位双方成立施工承包法律关系。施工类法律关系非常繁多,涉及数十个施工承包单位,需要签署不同的施工合同。本书仅就施工阶段可能出现群体性事件环节涉及的施工法律关系进行列举:

1. 基坑施工环节:土石方施工合同;由房地产企业与土石方施工企业签署,进行基坑施工,双方建立土石方施工合同法律关系。

2. 建筑主体施工环节包括两种:一种为施工、设计、采购一体化(也可以包括基坑施工环节)总承包法律关系(EPC),双方建立EPC总承包施工合同法律关系;另一种为施工总承包法律关系,仅包括主体施工,不含设计、采购项目。

一旦发生该阶段的群体性事件,首先需要查看的就是承包施工合同,并结合群体性事件具体事项分析合同责任,查明是房地产企业的过错责任还是施工承包单位的过程责任或属于其他主体的过错责任。

该法律关系决定房地产企业与施工承包单位之间的法律责任划分,是决定房地产企业是否可以向施工承包单位追偿的法律依据。

(三)按揭贷款法律关系

由业主(买受人)与银行、房地产企业之间形成按揭法律关系,该阶段的群体性事件往往会涉及业主与银行、房地产企业之间的按揭贷款法律关系。

房地产企业与业主、银行三方签署有按揭贷款保证合同,在此法律关系下,房地产企业作为业主申请按揭贷款的保证人,提供连带偿还购房款的法律责任。

发生群体性事件之后,若在房屋预售阶段,银行将停止发放尚未发放的按揭贷款,由此将导致房地产企业不能收回购房款,将出现资金流问题。若群体性事件发生在按揭贷款发放之后，房屋抵押登记至贷款银行之前，业主如停止归还按揭贷款，将导致银行要求房地产企业承担连带担保责任，代替业主偿还按揭贷款。

该法律关系之下，房地产企业没有任何抗辩权利，银行的态度将影响房地产企业以及群体性事件的发展，该法律关系对房地产企业有着重大影响。

（四）贷款法律关系

房地产企业与银行之间双方形成贷款法律关系。房地产企业在获取房地产项目之后，通常会将土地、在建工程向银行申请抵押，并获取巨额贷款，此种法律关系为贷款法律关系。在发生群体性事件之后，银行作为大债权人通常会考虑是否提前收回贷款，如果银行决定提前收回贷款，无疑将给房地产企业雪上加霜，为群体性事件解决增添变数。

该法律关系之下，房地产企业仍然没有任何抗辩权利，是否提前收回贷款完全由银行决定，该法律关系对房地产企业有重大影响。

二、房地产销售类群体性事件涉及法律关系

（一）广告宣传、承诺法律关系

该法律关系主要是由业主（买受人）与房地产企业在商品房买卖法律关系基础上建立的广告宣传、承诺等法律关系。这里存在双层法律关系，第一层为商品房买卖法律关系，由业主与房地产企业之间签订商品房买卖合同建立；第二层为广告宣传、承诺法律关系，房地产开发企业通过各种 DM 单、网络媒体、报刊媒体等进行广告宣传，甚至作出单方承诺。在单方承诺具体明确的情况下，也会被视为属于商品房买卖合同的一部分，对于房产企业具有约束力。

在此种法律关系下，房地产企业是否应当完全按照具体明确的广告宣传交付房屋，如园林景观打造、配套设施建设、其他各种承诺等，若没有完全遵守承诺是否就构成违约，在违约的情况下，是否产生违约责任，以及承担多大的责任，这些都需要在该法律关系下根据相应资料、文件并结合群体性事件进行法律分析得出。此环节的法律关系更为复杂，准确地分析出法律关系对群体性事件管理有着极为重要的作用。

(二)商品房交付法律关系

房地产企业与业主(买受人)之间成立商品房交付法律关系。该阶段群体性事件大多发生在房屋交付业主时以及交付之前的预售阶段,当发生群体性事件之后,业主认为房地产企业交付房屋不符合宣传承诺的条件,拒绝接受房屋。

在该法律关系下,首先需要分析房地产企业是否构成违约行为,业主是否有权拒绝收房,对于业主拒绝收房的法律处理方式等,都需要依法进行处理。该环节法律关系仍然起着较为重要的作用。

(三)其他可能存在的各项法律关系

此环节发生的群体性事件与工程施工环节群体性事件在法律事实基础上稍有不同,该环节群体性事件一般不会影响业主停止支付按揭贷款、银行提前收回贷款等较为严重的法律后果。因此,其他法律关系,需要根据具体群体性事件进行分析。

三、商业物业整体招商运营类群体性事件涉及法律关系

该阶段下的群体性事件较为复杂,影响后果较为深远,涉及法律关系较多,也更为复杂。主要体现在以下几个方面:

(一)商品房买卖法律关系

业主与房地产企业之间形成商品房买卖法律关系,为该阶段群体性事件的基础法律关系,该群体性事件并非直接在商品房买卖法律关系下产生,而商品房买卖法律关系是产生其他法律关系的前提、基础。

在该法律关系下,单独就商品房买卖法律关系而言,其法律关系较为简单,通常为房屋交付法律问题、不动产登记证书办理法律问题。是否能够交付房屋、是否能够办理不动产登记证书都比较显而易见,能够清晰判断。

但业主群体通常会将该法律关系与业主同商业管理公司之间的委托经营法律关系混合,认为先有委托经营才会购买房屋。即认为先存在委托经营法律关系,才存在商品房买卖法律关系,当委托经营目的不能实现时,即在不能获取固

定租金收益的情况下，他们就不会购买商铺，也就不成立商品房买卖法律关系，因此要求退房退款。两者法律关系一旦混合就比较复杂，争议较大，需要专业律师分析梳理其中的法律关系。

（二）委托经营法律关系

业主与商业管理公司之间建立委托经营法律关系。业主将购买房屋委托商业管理公司经营管理，由商业管理公司向业主承诺给予每月固定租金回报，因商业管理公司停止向业主支付约定的固定租金回报而引发群体性事件。该法律关系为这一阶段群体性事件的核心法律关系，具有极为重要的地位。

该法律关系下，业主通常会将商品房买卖法律关系交叉，认为没有委托经营法律关系，就不存在商品房买卖法律关系，也就不可能出现购买房屋，业主要求退房、退款的情况。对于此种法律关系下是否存在业主诉求的行为，其要求退房、退款的主张是否能够成立，则需要通过专业的法律思维对各种法律关系以及事实依据进行梳理，并提出最符合法理的法律关系。

（三）连带保证法律关系

房地产企业与业主之间建立连带保证法律关系。连带保证法律关系附属于商品房买卖法律关系，以及委托经营法律关系之下。基于业主与商业管理公司签署的物业委托经营协议，同时，为了确保商业管理公司能够向业主支付固定租金回报，房地产企业通常会自愿承担连带支付保证，在商业管理公司不能支付租金的情况下，房地产企业承担支付责任。

该法律关系将房地产企业与商业管理公司、业主三者的法律关系进行连接，使房地产企业产生陷入泥潭，不能自拔的法律后果，让房地产企业承担不能承受之重。

（四）贷款法律关系

房地产企业与贷款银行之间建立贷款法律关系。房地产企业通常都向银行申请贷款，如果爆发群体性事件，贷款银行是非常有可能要求提前收回贷款，此时房地产企业还将面对银行的贷款偿还问题，双方具有贷款法律关系。

(五)工程承包施工法律关系

房地产企业与施工承包单位之间建立工程承包施工法律关系。房地产企业属于高资金周转、高资金压力的行业,房地产企业拖欠施工承包单位的工程款是非常常态的事情,在没有出现群体性事件的情况下,承包施工单位对于拖欠工程款事宜不会太过于在意,虽然拖延,但总会支付。但是在出现群体性事件之后,银行提前收回贷款,房地产经营停止等诸多困境的情况下,施工承包单位就没有任何耐心和信心等待,通常也会基于工程承包施工法律关系催促房地产企业支付工程欠款。

(六)刑事法律关系

房地产企业及相关人员可能涉及刑事法律关系。该阶段出现的群体性事件,往往可能引发房地产企业及相关人员,如股东、法定代表人涉及刑事法律关系。相关罪名可能涉嫌非法经营罪、非法吸收公众存款罪、挪用资金罪等相关罪名。

该刑事法律关系很可能导致房地产企业以及相关人员遭受巨大打击,从某种程度上讲是影响力最大的法律关系。

四、商业物业整体租赁运营类群体性事件涉及法律关系

(一)房屋租赁法律关系

商业运营管理公司与房地产企业签署商业物业整体租赁合同,由商业运营管理公司向房地产公司整体承租商业物业,一般为整栋商业楼整体承租,双方成立租赁法律关系。

在租赁法律关系下,商业运营管理公司向房地产公司按照合同约定时间及金额支付租金,房地产企业向商业运营管理公司按照约定的租赁期限提供租赁房屋。

(二)摊位租赁法律关系

房屋租赁法律关系与摊位租赁法律关系,从法律关系角度分析,两者的法律

关系是相同的，属于同一法律关系。区别在于产生该法律关系的主体不一致。

房屋租赁法律关系由商业运营管理公司与房地产企业之间产生，摊位租赁法律关系在商业运营管理公司与小商家之间产生。

商业运营管理公司与小商家签署摊位租赁合同，双方建立商铺租赁法律关系，由小商家向商业运营管理公司承租小块区域的商业物业，并向商业运营管理公司支付租金。

摊位租赁法律关系是由商业运营管理公司向房地产企业整体承租商业物业后，再拆分为若干小单元物业，然后分别出租给若干个小商家经营。商业运营管理公司向小商家提供拆分后的小单元物业，小商家向商业运营管理公司支付租金。商业运营管理公司必须确保小商家在租赁期限内享有租赁使用权，不得提前终止摊位租赁合同。

房地产企业与商业运营管理公司之间的房屋租赁法律关系与商业运营管理公司与小商家之间的摊位租赁法律关系，在租赁期限、租赁物业使用等方面必须保持一致性，若存在冲突则很可能影响群体小商家利益，引发群体性事件，房地产企业也将被牵连成为群体性事件中的一方主体。比如，房地产企业将商业物业整体出租给商业运营管理公司的租赁期限为10年，商业运营管理公司向小商家承诺租赁期限为10年，但后期房地产企业与商业管理公司协商补充将整体商业物业租赁期限变更为8年，然而商业运营管理公司却没有将整体租赁期限缩短为8年的事实告知小商家，导致小商家投入继续投入大量装修、采购物资等行为。房地产企业在8年到期后，就要求收回租赁房屋，由此引发小商家认为租赁期限还没有到期，要求继续租赁到10年期限届满才同意退租的群体性事件。

第三节
表现形式既有非法行为，也有合法行为

房地产企业群体性事件的表现形式既具有其他群体性事件非法的表现形式，如非法集会、游行、堵塞交通、静坐、打砸等非法行为，也具有合法行为，而其他群体性事件通常少有合法表现行为。比如，房地产企业群体性事件中关联利

益主体特别是业主(商家)群体在从事以上非法行为之后,往往会由激动转变为理性,通过司法途径维护其认为合法的权利,通过数人一同或单独向法院提起诉讼,要求法院支持其诉讼主张,同时也会选派业主(商家)代表与房地产企业代表在政府主持下进行协商、谈判。本书主要就群体性事件中的合法行为进行阐述,具体表现为以下行为内容。

一、诉讼

房地产企业群体性事件的诉讼行为通常是指关联主体向有管辖权的法院提起法律诉讼,要求法院判决支持其诉讼主张的行为。该行为是基于房地产群体性事件某一法律关系而产生。不同的房地产企业群体性事件产生不同的法律关系,不同的法律关系之下因不同的关联主体产生不同的诉讼行为以及不同的诉讼主张。

(一)建设工程施工阶段

1. 业主(买受人)群体的诉讼行为

(1)诉讼群体

建设工程质量类群体性事件在商品房买卖法律关系下,业主(买受人)群体是非常巨大的,通常一个小区有上千户居民,涉及数千人,甚至上万人的人身安全及经济利益。

业主群体会分为几大类别,一般包括:①积极主张诉讼的为一类;②保持观望,不采取任何措施,观望哪边有利,就偏向哪边为一类;③不相信诉讼,认为诉讼没有任何作用的为一类。

其中积极主张诉讼的一类业主又可以分为不同的群体:①因诉讼主张的不同,而自然地划分为多个诉讼群体,以相同诉讼主张的为一个群体;②因诉讼经济成本考虑不愿意聘请律师的与聘请律师的又分为不同的群体;③聘请律师的群体又会因为对不同律师的信任度不同,而聘请不同的律师进而又分为不同的诉讼群体。

(2)诉讼数量

因此,虽然涉及工程质量类群体性事件的主体人数巨多,但真正能够一次性集中向法院提起诉讼的原告人数并不多，通常少数几户业主一起向法院提起诉讼，有时多的也就几十户业主一起起诉。

(3)诉讼主张

选择提起诉讼的业主群体，其诉讼主张通常包括以下几类：第一类为要求退房、退款；第二类为要求赔偿各类经济损失。

受诉法院通常会根据诉讼业主群体提出的诉讼主张以及法律关系、查明的事实情况，征求业主以及房地产企业是否同意和解的意见，若任一方不同意和解，法院则依法作出判决。

2. 工程施工承包单位的诉讼行为

(1)诉讼群体

工程施工承包单位的诉讼主体一般为总承包单位、各类专业分包施工单位，如幕墙施工单位、消防、总平园林、强弱电施工，这些施工单位被房地产企业长时期拖延工程款项，资金非常紧张，这些群体将成为诉讼群体。

(2)诉讼数量

这些单位通常不会直接群体性起诉，均为单独分别起诉。施工承包单位虽然较多，在房地产企业没有到最后破产边缘的情况下，一般不会提起起诉。通常情况下，房地产企业会采取各种方式稳定施工承包单位不提起诉讼，尽量拖延被起诉的时间。

(3)诉讼主张

施工承包单位在群体性事件中，其诉求均为要求支付拖欠的工程款以及违约金。对于已经办理完毕工程价款结算的工程欠款，工程施工单位的诉讼较为顺利，法院可以较快地作出判决，判决房地产企业支付款项。但对于尚未办理完毕结算的工程欠款，诉讼过程将比较复杂，周期也会相应延长，房地产企业通常会就工程价款提出各种异议，双方需要对工程价款进行鉴定审核计算，最终才能确定欠付款项。

3. 贷款群体的诉讼行为

(1)诉讼群体

该群体为银行群体，房地产企业通常会向多家银行申请贷款，少则一两家贷款银行，多则数家贷款银行。银行通常是较大的债权人，对房地产企业拥有较多的话语权、控制权。因为银行在发放贷款时，必定要求房地产企业提供土地使用权、在建工程及房产作抵押担保、股权作质押担保、股东个人连带保证等形式担保,因此贷款银行是在群体性事件关联主体中最为稳定的群体。

房地产企业群体性事件中,银行群体通常不会起诉实现抵押权,只有到企业濒临破产的时候才会采取相应诉讼措施。即使房地产企业进入破产程序,其也不会担心,因为其拥有足够多的担保财产可以优先受偿,完全不用过于担心债权不能实现。

(2)诉讼数量

若贷款银行在群体性事件中提起诉讼,将会给房地产企业造成雪上加霜的巨大打击,让房地产企业在群体性事件中加速倒闭,令群体性事件更为恶化。通常情况下,房地产企业都会通过各种方式稳定贷款银行不提起诉讼。

(3)诉讼主张

贷款银行若提起诉讼,必将宣布贷款提前到期,要求房地产企业提前偿还贷款及利息。同时会将承担连带保证责任的股东、各种担保人一同作为被告提起诉讼,要求担保人承担担保法律责任,并对各类抵押、质押财产进行查封,并根据生效判决申请强制执行,将担保财产全部进行拍卖。

(二)房地产销售阶段

业主群体诉讼行为:

1. 诉讼群体

该阶段群体性事件主要由涉嫌虚假广告宣传、承诺不实等行为引发,原告诉讼群体通常为房屋买受人。该类诉讼群体可以分为以下两类:一是积极要求维护自身认为合法权利的一类,并且也会实际采取诉讼的一部分群体;二是仅参与提出主张、要求,但基于诉讼经济成本、证据收集等因素考虑往往不会实际向法院提起诉讼的一部分群体。

2. 诉讼数量

该群体性事件中,实际提起诉讼的业主数量相对较少。因为涉及虚假广告宣传、承诺不实等行为在诉讼证据收集、证据认定等方面存在较大争议,并非像工程施工质量类、售后委托租赁停付租金类群体性事件中房地产企业违约行为那么明显,业主往往难以收集到非常有利的证据。因此诉讼人数相比较其他群体性事件中诉讼人数相对较少。

3. 诉讼主张

业主诉讼主张通常为要求赔偿损失,但在司法实践中,对于业主损失具体金额难以具体量化，业主也难以提出有力证据证明遭受了具体金额的损失。当然在具体案件中，也可能存在能够量化的具体损失金额，需要根据具体证据认定。

(三)商业物业整体招商运营阶段

1. 售后委托经营群体的诉讼行为

(1)诉讼群体

售后委托经营诉讼群体是因为商业管理公司不能按照业主与商业管理公司签署的委托经营协议约定，按时支付固定租金回报引发的诉讼。从法律关系上分析，商业管理公司属于违约行为，且属于根本性违约。房地产企业基于为商业管理公司支付固定租金回报承担连带保证责任而同样需要承担向业主支付固定租金的义务。

本类诉讼群体中的原告是比较单一的业主群体，被告群体相对复杂，根据不同的诉讼主张可分为以下三类：①单独起诉商业管理公司；②单独起诉房地产企业；③将商业管理公司与房地产企业作为共同被告一同起诉。以上被告诉讼群体是房地产企业群体性事件中最为复杂的诉讼群体。

(2)诉讼数量

本类群体性事件中业主作为原告的诉讼案件，在房地产企业群体性事件诉讼案件中是数量比较大的群体，有以下几个因素导致诉讼数量比较多：

①法律关系比较明确，房地产企业或商业管理公司违约行为比较明确，容易收集整理证据；

②房地产企业、商业管理公司的违约行为给业主造成的损失可以直接通过经济数据量化；通常在合同中有明确约定，需要支付多少租金、多少违约金，诉讼请求比较明确；

③认为尽早起诉更能实现自己的诉讼主张，诉讼业主担心房地产企业、商业管理公司没有更多资产可供执行，尽早起诉可以查封、保全相应的财产，便于后期强制执行，获取经济利益，弥补损失；

④业主遭受的损失较为严重，诉讼业主大多将所有积蓄投入购买商业物业，希望获得固定租金回报，他们非常急迫地希望通过诉讼来弥补损失。

基于以上情况，该类诉讼群体数量相比其他诉讼群体要庞大、人数要多。

(3)诉讼主张

诉讼业主根据自身需求、顾虑以及对事态的判断提出不同的诉讼主张，主要可以分为以下几类：

①起诉房地产企业，基于业主与房地产企业之间签署的商品房买卖合同，要求解除商品房买卖合同，退还房屋、退还购房款；

②起诉商业管理公司，基于与商业管理公司之间签署的委托经营协议，要求商业管理公司支付到期的固定租金及违约金；

③起诉房地产企业与商业管理公司，基于房地产企业向业主出具的担保承诺书或类似连带担保的法律文件，由房地产企业为商业管理公司向业主支付固定租金及违约金承担连带保证责任。

2. 银行群体诉讼行为

(1)诉讼群体

本阶段诉讼群体主要为银行群体，房地产企业通常会分别向多家银行申请开发贷款，将土地使用权、在建工程、股权进行抵押、质押担保。在发生群体性事件之后，银行通常会首先提起诉讼，要求实现抵押、质押优先权。

但房地产企业根据危机管理的需要，通常会进行各种协商，稳定银行暂缓起诉，给予房地产企业重整盘活的机会。贷款银行享有各种抵押、质押财产的担保，并享有优先受偿权，因此不排除考虑暂缓起诉的可能性，给予房地产企业更多的机会。

(2)诉讼数量

该群体诉讼的数量不会太大，房地产企业申请贷款的银行一般为几家，最多也不会超过10家。实践中，房地产企业如果有多家贷款银行的，一旦有一家银行起诉，其他银行都会跟随起诉；如果不起诉，所有银行暂时都不起诉。

(3)诉讼主张

贷款银行的诉讼主张较为明确、简单，都是要求提前收回贷款，并要求支付利息、罚息等，并对抵押的土地使用权、在建工程、质押股权享有优先受偿权，然后就是进入强制执行阶段，对抵押、质押财物进行拍卖变现。

3. 工程承包施工单位群体诉讼行为

(1)诉讼群体

工程承包施工单位诉讼群体较多，可以达到数十家，以总承包施工单位为主，其余为专项分包施工单位。这一施工群体通常与房地产企业具有较好的沟通关系，基于房地产企业的稳定政策，一般情况下，不到房地产企业濒临破产的境地，只要还有一线希望，他们都不会直接起诉，特别是总承包施工单位。

(2)诉讼数量

这一诉讼群体与银行群体有些类似,一旦诉讼,所有的施工单位都会进入诉讼,大多会观望总承包施工单位;若总承包施工单位没有诉讼,其他分包单位一般也不会诉讼,将继续观望房地产企业后续发展情况而定。但也不排除一些小的分包单位也会直接起诉,但数量不多。

(3)诉讼主张

施工承包单位群体诉讼主张与银行类似,诉请比较单一,要求房地产企业支付工程款、违约金。但有一点区别在于银行证据收集明确、单一、诉讼周期较短;施工承包单位需要收集大量证据、办理造价核算等,根据诉求金额加以证明,证据收集非常复杂且繁多,诉讼周期可能非常漫长,这也是施工承包单位一般不起诉的原因之一。

4. 刑事案件举报群体行为

(1)刑事案件举报群体

该群体不是诉讼群体,该类群体性事件,若涉及刑事案件,通常为公诉案件,不由业主向法院提起诉讼,而是由公安机关侦查、检察院提起公诉、法院审理的程序进行。

业主在刑事案件举报群体中扮演举报人的角色,业主认为房地产企业存在哪些违法行为,并积极向公安机关举报,由公安机关立案进行侦查,收集证据。

(2)刑事案件举报群体数量

大部分比较激动的业主均会向公安机关报案,要求公安机关立案侦查房地产企业以及相关人员是否构成犯罪,要求追究刑事责任。

但也有小部分理性业主认为,暂时不能将房地产企业以及相关人员处以刑事责任,他们还希望房地产企业能够盘活成功,最终由房地产企业向业主支付租金回报。因此他们认为一旦房地产企业及相关人员被追究刑事责任后,就没有人员处理房地产企业重组、盘活,业主遭受的经济损失将永远无法得以清偿。因此他们认为在目前不能追究房地产企业及相关人员的刑事责任,应给予房地产企业及相关人员时间及空间,由他们寻找投资人、力争将房地产企业重组盘活,并继续向业主支付固定租金回报。

(3)举报罪名

从司法实践分析,业主向公安机关举报的涉嫌罪名大多为:非法吸收公众存款罪、非法经营罪、挪用资金罪、虚开发票罪等。房地产企业部分相关责任人员也有因为这些罪名被立案侦查、判处有期徒刑的。

(四)商业物业整体租赁运营阶段

摊位租赁商家群体的诉讼行为:

1. 诉讼群体

该群体性事件中,诉讼群体为小商家。小商家分别向商业运营管理公司承租若干小单元物业,双方建立摊位租赁法律关系。小商家群体为承租经营商户,摊位经营收益为商户全家的经济来源,是商户唯一的工作。一旦发生商业管理公司不能继续在其原认为可以租赁的期限内继续使用租赁房屋,存在提前收回租赁物业的情形下,该类小商家将作为一个诉讼群体,通过诉讼的方式实现其诉求。

在特定的法律关系下,房地产企业通常也会与商业运营管理公司一同作为共同被告参与诉讼。

2. 诉讼数量

在司法实践中,基于各种法律关系、证据收集、诉讼经济成本,实际向法院提起诉讼的商家并不多,通常只有小规模的试探性起诉。大多数小商家处于观望状态,一旦发现前面试探性诉讼效果较好,后面就会跟随起诉;若试探性诉讼结果对小商家不利,他们则不会选择诉讼。

3. 诉讼主张

在特定法律关系下,根据特定的事实关系,小商家诉讼主张主要分为以下两类:(1)要求继续履行商铺租赁合同;(2)要求给予退租搬迁的宽限期、赔偿商铺装修损失等。

二、信访

(一)信访制度介绍

信访也是房地产企业群体性事件存在合法化行为的表现方式之一。根据2005年5月1日实施的《信访条例》第2条规定:本条例所称信访,是指公民、法人或者其他组织采用书信、电子邮件、传真、电话、走访等形式,向各级人民政府、县级以上人民政府工作部门反映情况,提出建议、意见或者投诉请求,依法由有关行政机关处理的活动。采用前款规定的形式,反映情况,提出建议、意见或者投诉请求的公民、法人或者其他组织,称信访人。

本条款对是对“信访”的法定解释,实际上早在1995年10月28日国务院就颁布了《信访条例》,后来在2005年5月1日又重新颁布实施了《信访条例》,原1995年10月28日颁布的《信访条例》就同时废止。现在适用的是2005年5月1日实施的《信访条例》。

人民信访制度是我国民主政治的重要组成部分,是人民当家作主的重要表现形式,也是社会主义优越性的具体制度体现。一直以来,信访工作为老百姓与党和政府间的良性沟通,为维护政治和社会稳定作出了突出的贡献。[1]

信访制度并非中国首创,类似的信访制度在国外也大量存在,同样是以法定的形式存在。比如,胡冰认为,加拿大公民向立法机构和政府部门反映意愿,提出诉求、意见、建议的途径主要有三种:一是通过所在地区的各级议员代为反映;二是通过联邦政府各部门、各省政府部门专设的投诉机构,就这些部门职权范围内的事项进行投诉;三是通过联邦和各省政府分别设立的专门受理公民对政府及其公务进行投诉的机构进行投诉。[2]

再如法国,法国设立有法国总统府通信局和共和国协调员制度,专门负责处理公民给总统的来信来电。依据《共和国协调员法》于1973年建立了共和国协调员制度。[3]

无论中国的信访制度还是加拿大、法国的信访制度,其制度的本质都在于收集公民对政府、社会的意见、建议、诉求,由政府专门机构负责处理、解决,以化解公民与政府、社会的矛盾,维护国家政权、维护社会和谐与稳定。群体性事件是影响社会和谐与稳定的重要因素,而房地产企业群体性事件又是群体性事件中比较突出的群体性事件之一。

因此,在出现房地产企业群体性事件之后,包括本书以上分析的房地产开发过程中四个阶段:(1)建设工程施工阶段;(2)房地产销售阶段;(3)商业物业整体招商运营阶段;(4)商业物业整体租赁运营阶段中的群体业主均会通过信访的方式向政府表达诉求、意见。此种信访方式也是国家积极鼓励群体性事件解

---

〔1〕 胡冰:《国外民愿表达机制与我国信访体制改革》,载《特区理论与实践》2003年第12期。
〔2〕 胡冰:《国外民愿表达机制与我国信访体制改革》,载《特区理论与实践》2003年第12期。
〔3〕 胡冰:《国外民愿表达机制与我国信访体制改革》,载《特区理论与实践》2003年第12期。

决的合法方式之一。

(二)信访渠道

1. 信访方式

《信访条例》第 9 条规定：各级人民政府、县级以上人民政府工作部门应当向社会公布信访工作机构的通信地址、电子信箱、投诉电话、信访接待的时间和地点、查询信访事项处理进展及结果的方式等相关事项。各级人民政府、县级以上人民政府工作部门应当在其信访接待场所或者网站公布与信访工作有关的法律、法规、规章，信访事项的处理程序，以及其他为信访人提供便利的相关事项。

房地产企业群体性事件发生后，业主群体通常会通过市长公开电话、公开信箱、信访接待办公室反映所遇到房地产企业的违法、违约行为，要求政府协调处理。希望通过政府向房地产企业施加压力，使其诉求得以实现。

2. 信访事项

《信访条例》第 14 条规定：信访人对下列组织、人员的职务行为反映情况，提出建议、意见，或者不服下列组织、人员的职务行为，可以向有关行政机关提出信访事项：

(1)行政机关及其工作人员；

(2)法律、法规授权的具有管理公共事务职能的组织及其工作人员；

(3)提供公共服务的企业、事业单位及其工作人员；

(4)社会团体或者其他企业、事业单位中由国家行政机关任命、派出的人员；

(5)村民委员会、居民委员会及其成员。

对依法应当通过诉讼、仲裁、行政复议等法定途径解决的投诉请求，信访人应当依照有关法律、行政法规规定的程序向有关机关提出。

根据以上关于信访事项范围的规定，可以看出信访是针对公权机关或者履行公权职责的主体及人员实施的职务行为提出意见、建议。比如，行政机关、事业单位，提供公共服务的企业、社会团体、村民(居民)委员会及其成员以及任命、指派到其他企业的人员。对于民营企业及人员或个人的行为则不属于信访范畴。

实践中，群体业主一般认为信访是只要遇到不能解决的事情都可以信访，都可以要求政府处理，实际上这种理解存在偏差，没有正确理解信访制度的受理事项范围。房地产企业群体性事件中,绝大部分业主群体同样对信访受理事项理解错误,将要求民营房地产企业及人员承担经济赔偿、举报犯罪等事项进行信访,对不符合《信访条例》规定的信访事项,信访机关有权不予以受理。

但在实践中,为了维护社会稳定,化解人民内部矛盾,对于群体业主提出的非《信访条例》第14条规定的事项,比如对民营房地产企业要求的各项经济赔偿等诉求,没有严格适用《信访条例》规定不予受理,反而召集业主代表、房地产企业进行协商处理。从维稳角度分析,信访机构的协调行为无可厚非,对维护社会秩序有积极作用;但从法治角度分析,此种方式是否合法、合适还有较大讨论、分析空间。

3. 信访人数

《信访条例》第18条第2款规定:多人采用走访形式提出共同的信访事项的,应当推选代表,代表人数不得超过5人。

房地产企业群体性事件初期,业主群体并不一定能够理性地进行信访,有时候到政府部门信访的人数可能在数百人以上,聚集围观在政府部门周围,给政府施加压力。此种聚集行为就存在涉嫌非法信访,很可能构成《公安机关处置群体性治安事件规定》中界定的群体性事件,属于治安事件,将会依法受到处置。

在房地产企业群体性事件中后期,业主群体渐渐趋于理性,开始严格按照信访条例所要求的人数,选出不超过5人的代表进行信访。政府信访机构收到信访诉求后,会第一时间对信访事项进行调查、了解,并回复业主(商家)代表。

三、协商、谈判

房地产企业群体性事件中协商、谈判解决纠纷并非容易之事,由于双方矛盾异常尖锐,加之业主群体中部分业主非常激动,往往会作出超出理性的事情,甚至作出非法行为。因此群体性事件的协商、谈判不能按照通常的思维去处理,必须按照特殊的协商、谈判方式处理。

在房地产开发建设过程中以下阶段:(1)建设工程施工阶段;(2)房地产销售阶段;(3)商业物业整体招商运营阶段;(4)商业物业整体租赁运营阶段出现的群体性事件中,业主群体、房地产企业通常会采取以下特殊的协商、谈判方式进行处理。

（一）由政府搭建协商、沟通平台

1. 在政府主持下进行协商、沟通的必要性

（1）双方已失去互信

房地产企业群体性事件发生后，部分业主群体为发泄心中的愤怒，不可能心平气和地与房地产企业进行协商，且双方都已失去信任，特别是业主群体对房地产企业存在各种猜疑，没有任何信任可言。此时就需要寻找双方都认可的，最具有公信力的第三方作为支持方，搭建双方协商、沟通平台，增进互信，进行和平对话，力求寻找到解决房地产群体性事件的思路及实施方案。

（2）政府具有公权力

政府机关具有强大的公权力，包括公安执法权、住房和城乡建设局行政管理权、国土资源局行政管理权、税务局行政管理权等各职能部门的行政管理权。

政府可以运营以上权力对行为主体违反法律法规的行为追究相应法律责任，比如，业主群体在协商、沟通过程中若对房地产企业人员进行人身攻击等行为，政府公权力可以提前预防，或事后立即追究相应责任的权力。可以对肇事者起到警示、威慑、惩戒的作用，促使违反法律法规人员在合法的范围内进行协商、沟通，确保协商、沟通能够有效继续进行，不至于被中断或终断。

（3）政府具有公信力

政府机关属于社会管理机关，是社会秩序的维护者，是法律的执行者。它不偏向业主群体，也不偏向房地产企业。业主群体对政府具有一定的信任度，相信政府能够保持中立，能够维护社会秩序，维护业主群体的正当利益。现实案例中，业主群体是比较相信政府所具有的公信力。

实践中，群体性事件的业主群体与房地产企业进行平等的协商、沟通，必须要政府介入主持下才能实现，否则单独双方进行协商是不可能达到协商、沟通的目的和效果，只能适得其反。

2. 政府主持协商、沟通的实践意义

政府部门是社会秩序的维护者，群体性事件是对社会秩序的威胁、破坏，政府有责任引导业主群体采取合法方式维护自身权利，确保不发生群体性事件。合法处理社会群体性事件的方式，除了诉讼之外，还有信访，协商、沟通解决方式。

信访方式处理群体性事件，从《信访条例》角度分析，业主群体提出的大部

分诉求均不符合《信访条例》的受理事项范围，但为了化解矛盾，维护社会稳定，政府仍然在出面主持房地产企业群体性事件的协商、沟通事宜，将信访受理转化为政府主持协调处理社会群体性矛盾。从政府依法行政的角度分析，法律没有明确规定的行政职权，政府机关就不能实施，政府必须依法行政，不能超越职权，否则政府主持协商、沟通房地产企业群体性事件存在未能依法行政的嫌疑。

但从维护社会稳定的角度分析，政府仅为搭建一个沟通平台，主持业主群体代表与房地产企业群体代表进行协商、沟通，并没有作为裁判者对双方过失进行裁决，并没有采取行政权力强迫其中一方必须接受另一方的要求及主张或双方必须接受政府的处理意见，一切过程都是在双方自愿的前提及基础上进行。因此笔者个人认为政府的此种主持协商、沟通行为不属于行政行为，不构成违法行政或超越政府职能范畴。但其具体属于何种法律行为，仍然存在较大的学理讨论及探索的空间。从目前解决群体性事件，化解社会矛盾的角度分析，笔者认为在政府不滥用行政权力，保持中立地位的情况下，仍然具有积极的实践性意义。

（二）协商、沟通的必要注意事项

1. 各方应选出一定人数的协商、沟通代表

房地产企业群体性事件中业主人数通常较多，数百人、上千人都是正常情况，如果全部人员参与将无法进行协商、沟通。实践中，《信访条例》第 18 条第 2 款规定：多人采用走访形式提出共同的信访事项的，应当推选代表，代表人数不得超过 5 人。参照此款规定，通常可以允许业主群体代表人数在 10 人至 15 人，房地产企业代表在 10 人范围内双方进行进行商谈。

2. 选择协商、沟通的地点

协商沟通地点的选择非常关键，在群体性事件中，即使选派了规定人数的代表，但在会谈地点外往往会汇聚上百人的业主群体在等待协商、沟通结果。为此，协商、沟通地点通常选择在政府的信访会议室等地点，该地点具有较好的安全性，能够确保协商、沟通在和平的环境下进行。

比如，在政府主持的某次房地产企业群体性事件的双方代表协商、沟通会议上，会谈地点在政府信访办公室，在会谈开始不久，就迅速聚集了数百人及数十台车辆在政府大门外，造成交通堵塞、人员集聚堵塞。会谈结束后，因未能达到业主群体性要求，上百名业主向政府机关大门区域内投掷矿泉水瓶等杂物。整个事件持续了 3 小时。设想如果协商、沟通地点不是在政府办公区域内，而是在

房地产企业办公室或其他社会区域，必将产生一场较大的社会群体治安事件，房地产企业代表人身安全将难以保障，最终将导致整个协商、沟通化为乌有，将群体性事态进一步扩大，社会安定进一步受到危害。

因此会谈地点必须要选择在政府机关范围内，或者在政府权力机关充分保护的范围内，不能任意选择协商、会谈地点。

3. 提出合理的协商、沟通方案

为提高谈判成效，业主方代表需要就其提出的诉求进行明确，提出合理的诉求，最好事前咨询专业律师，或者直接由律师一同参加协商、沟通，并在会谈前将诉求以书面形式提供给房地产企业，给予房地产企业准备、请示、消化其诉求的时间。

房地产企业同样需要事先就业主代表提出的问题进行准备，区分哪些诉求可以接受，哪些诉求不能接受，哪些诉求认为需要调整，哪些诉求可以进一步商议。

比如，在某售后租赁委托经营房地产企业群体性事件中，业主代表提出要求办理房屋不动产登记证书的诉求就是合法、合理的诉求，房地产企业也基于实事求是的原则，同意为业主群体办理房屋不动产登记证书。双方在这一基本诉求上很快达成了一致，为达成后续其他诉求以及缓解双方之间的矛盾，稳定社会起到了重要的基础性作用。

第四节 持续周期较长

一、发展周期较长

根据房地产企业群体性事件发展过程，笔者认为房地产企业群体性事件发展需要经历多个阶段，呈周期性发展。

首先，初期发展阶段。

该阶段主要表现为激动、非理性表现形式。在某一时间点突然聚集数百人，甚至数千人,聚集地点一般在房地产企业售楼部、办公场所等类似区域。

业主群体在无法得到自认为满意的答复及解决方案的情况下,会在短期内迅速向当地政府部门办公场所聚集,或上街游行、静坐等方式,同时会伴随着通过网络自媒体描述事件过程、表达其各种诉求。房地产企业、政府将各自面临巨大压力。

初期阶段为业主群体情绪的最初表达,该阶段为冲动性的,最原本的非理性情绪体现,业主群体通常没有统一、明确、合法合理的诉求,更多的是单个业主单独的情绪发泄以及各自认为合理的诉求表达。该阶段的群体性事件会反复多次,一般会持续数月。

其次,中期发展阶段。

相对控制、理性表现阶段。通过初期阶段的情绪表达,业主群体逐渐趋于理性,开始统一所有业主的诉求,并对诉求进行归纳、分析统一,甚至会聘请或咨询律师以及其他相关专业人士对业主提出诉求的合法性、合理性进行分析、指导。同时业主群体会选出 10 人到 20 人的业主代表或最为积极的 10 人到 20 人业主自发的组织群体性事件,但他们通常会否认是业主代表。

在初期阶段制造的社会影响后,已引起政府、社会的关注。在中期发展阶段,政府通常会介入其中,召集各方关联主体,如业主群体代表、房地产企业代表,在政府主持下双方协商、谈判。

该阶段并非完全和平协商阶段,业主群体仍然会继续通过制造较大的社会负面影响,迫使房地产企业作出其满意的答复,或向政府施加压力,由政府迫使房地产企业作出其满意的答复。因此该阶段依然可能出现群体性事件。

中期发展阶段为业主群体进一步的情绪表达,相比初期阶段在思维上较为理性,更有组织性,行为表现形式更多元化。由单纯的群体性事件发展为带有合法、合理的协商、沟通,同时伴随着群体性事件,边谈边闹,边闹边谈。此阶段通常会持续数月甚至数年时间。

最后,后期发展阶段。

后期发展阶段主要以理性、依法依约的形式体现,群体性事件相对减少。业主群体主要通过依法向法院提起诉讼、强制执行等具体方式实施诉求。此环节法院的压力将非常巨大,将同时间面临数十件、数百件的群体性诉讼案件。

同时也会伴随业主群体代表与房地产企业代表在政府的主持下继续协商、沟通,体现为边诉边谈,边谈边诉。诉讼周期将更长,加之业主群体人数众多,起诉时间不一致,有的早、有的晚,持续不间断地向法院提起诉讼。

如某售后委托租赁项目,诉讼过程先后持续4年之久仍未结束,后续还将继续诉讼。在进入诉讼周期末尾时,群体性事件才算逐渐归于平静,慢慢结束。群体性事件的结束,并不代表整个危机管理的结束,危机管理可能会持续更长时间,需要根据事态发展而定。

二、群体性非法行为持续周期较长

在房地产开发过程中,最容易出现群体性事件的四个阶段:建设工程施工阶段;房地产销售阶段;商业物业整体招商运营阶段;商业物业整体租赁运营阶段中,一旦发生群体性事件,影响都比较广泛。根据《公安机关处置群体性治安事件规定》(公发〔2000〕5号)第2条关于群体性事件行为表现的规定:(1)人数较多的非法集会、游行、示威;(2)集会、游行、示威和集体上访活动中出现的严重扰乱社会秩序或者危害公共安全的行为;(3)严重影响社会稳定的罢工、罢课、罢市;(4)非法组织和邪教等组织的较大规模聚集活动;(5)聚众围堵、冲击党政机关、司法机关、军事机关、重要警卫目标、广播电台、电视台、通讯枢纽、外国驻华使馆、领馆以及其他要害部位或者单位;(6)聚众堵塞公共交通枢纽、交通干线、破坏公共交通秩序或者非法占据公共场所;(7)在大型体育比赛、文娱、商贸、庆典等活动中出现的聚众滋事或者骚乱;(8)聚众哄抢国家仓库、重点工程物资以及其他公私财产;(9)较大规模的聚众械斗。

房地产企业群体性事件表现行为主要集中在以上第(1)、(2)、(6)的行为特征上,对于其他行为特征出现较少。从(1)、(2)、(6)的行为特征分析,以上三种行为社会危害性、伤害性相比其他几种行为特征较弱,但社会影响性较大。因此可以认为房地产企业群体性事件业主群体主要在于制造广泛的社会影响,引起社会广泛关注,取得政府、社会的同情与支持。为了达到这一目的,业主群体通常不会仅采取一次或两次以上群体性事件,会持续长时间的多次组织实施。

重大社会活动的时间节点是业主群体性事件的高发时间点,如中央召开两会期间,春节、国庆期间,世界或国家级重要会议活动期间等,业主群体会抓住这些敏感事件制造大范围的社会影响,引起社会、更高一级政府领导关注,以及在业主群体与房地产企业代表协商、沟通会议期间也会发生群体性事件。因此业主群体为了赶上这些时机也会长时间等待,整个群体事件会反复、多次发生,将持续数月甚至数年,涵盖了前面分析的初期发展阶段、中期发展阶段。

三、诉讼周期较长

1. 诉讼时效较长

诉讼在房地产企业群体性事件中,通常是在中期发展阶段才开始产生,初期发展阶段很少直接产生诉讼。2017 年 10 月 1 日实施的《民法总则》第 188 条规定:向人民法院请求保护民事权利的诉讼时效期间为 3 年。法律另有规定的,依照其规定。诉讼时效期间自权利人知道或者应当知道权利受到损害以及义务人之日起计算。法律另有规定的,依照其规定。但是自权利受到损害之日起超过 20 年的,人民法院不予保护;有特殊情况的,人民法院可以根据权利人的申请决定延长。

根据《民法总则》的规定,向法院提起诉讼要求保护自己权利的诉讼时效为 3 年,即权利人知道或者应当知道权利受到损害以及义务人之日起计算,在 3 年内都可以随时向法院提起诉讼。房地产群体性事件中业主群体认为其合法权利受到房地产企业或商业管理公司的侵害后,可以在 3 年内随时向法院提起诉讼。因此部分业主群体并不急于在当时立即起诉,会根据事态发展情况,并综合考虑案情、证据、经济成本、可执行财产等情况后,最终才决定是否向法院提起诉讼。

这 3 年还不包括诉讼时效的中断,《民法总则》第 195 条规定:有下列情形之一的,诉讼时效中断,从中断、有关程序终结时起,诉讼时效期间重新计算:(1)权利人向义务人提出履行请求;(2)义务人同意履行义务;(3)权利人提起诉讼或者申请仲裁;(4)与提起诉讼或者申请仲裁具有同等效力的其他情形。当遇上以上情况的,可以产生诉讼时效中断的法律效果,即 3 年诉讼时效从产生以上事项的时间节点之后重新计算 3 年,如此往复可以重复计算若干个 3 年,业主群体可以起诉的诉讼时效周期就更长(见图 2 – 1)。

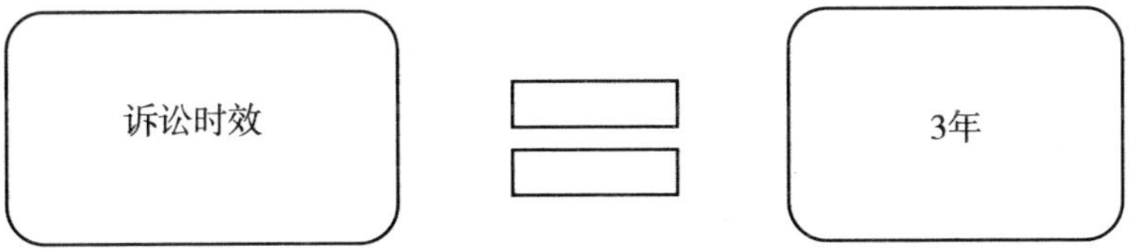

图 2 – 1　房地产企业群体性事件诉讼时效

2. 诉讼审判周期较长

我国民事诉讼程序为两审终审制，分为一审、二审两个审判程序，一审通常为基层人民法院，二审通常为中级人民法院。按照法定程序，任一方当事人都可以要求进行两个审判程序。即一审判决后，任一方对一审判决不服，均可以向二审法院提出上诉，由此进入二审程序，二审程序审理完毕作出的判决才属于生效判决，对双方具有法定约束力。当事人取得生效判决书之后，若败诉方拒绝履行生效判决内容的，胜诉一方可以申请强制执行，进入强制执行程序，在被执行人拥有可执行财产的情况下，生效判决才能得以有效执行。

(1)一审诉讼程序期限

《民事诉讼法》第 161 条规定：人民法院适用简易程序审理案件，应当在立案之日起 3 个月内审结。

第 163 条规定，人民法院在审理过程中，发现案件不宜适用简易程序的，裁定转为普通程序。

第 149 条规定：人民法院适用普通程序审理的案件，应当在立案之日起 6 个月内审结。有特殊情况需要延长的，由本院院长批准，可以延长 6 个月；还需要延长的，报请上级人民法院批准。

最高人民法院《关于严格执行案件审理期限制度的若干规定》第 2 条规定：适用普通程序审理的第一审民事案件，期限为 6 个月；有特殊情况需要延长的，经本院院长批准，可以延长 6 个月，还须延长的，报请上一级人民法院批准，可以再延长 3 个月。

根据以上法律规定，一审简易程序审理期限为 3 个月，从立案之日开始计算。但在审理过程中，发现不适宜适用简易程序的，可以转为普通程序，而普通程序审理期间为 6 个月，在特殊情况下需要延长的，还可以再延长 6 个月，甚至还可以报上级人民法院批准再延长审理期限。即从法律规定的一审审理程序最长的期限可以为 3 个月(简易程序) +3 个月(简转普) +6 个月(院长批准) +3 个月(上级法院批准) = 最长 15 个月。因此一审审理期限在法定范围内就可以达到 1 年以上的期限，时间周期相对较长(见图 2 -2)。

(2)二审诉讼程序期限

《民事诉讼法》第 164 条规定：当事人不服地方人民法院第一审判决的，有权在判决书送达之日起 15 日内向上一级人民法院提起上诉。

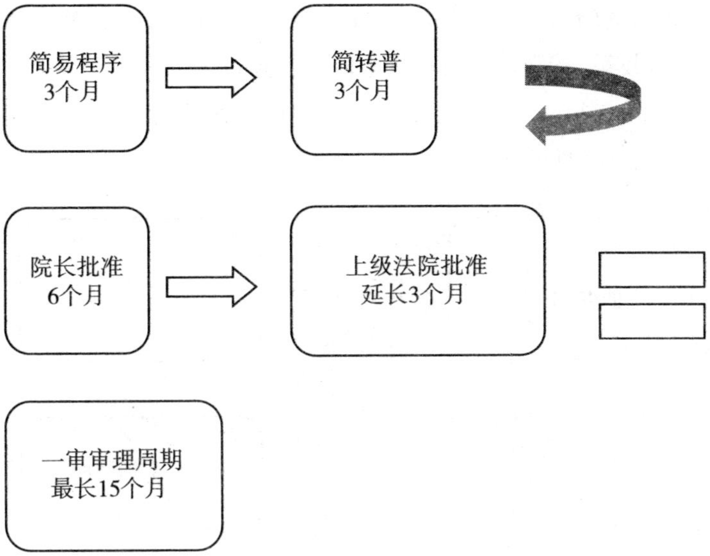

图 2－2　房地产企业群体性事件一审诉讼程序期限

第 167 条规定,原审人民法院收到上诉状,应当在 5 日内将上诉状副本送达对方当事人,对方当事人在收到之日起 15 日内提出答辩状。原审人民法院收到上诉状、答辩状,应当在 5 日内连同全部案卷和证据,报送第二审人民法院。

第 176 条规定,人民法院审理对判决的上诉案件,应当在第二审立案之日起 3 个月内审结。有特殊情况需要延长的,由本院院长批准。

第 92 条规定,受送达人下落不明,或者用本节规定的其他方式无法送达的,公告送达。自发出公告之日起,经过 60 日,即视为送达。

最高人民法院《关于严格执行案件审理期限制度的若干规定》第 2 条规定:审理对民事判决的上诉案件,审理期限为 3 个月;有特殊情况需要延长的,经本院院长批准,可以延长 3 个月。

根据以上法律规定,如果一方当事人不服一审法院判决,可以在一审判决送达后 15 日内向二审法院上诉。如果判决书能够顺利送达,时间可能会很短,只需要几天时间;如果被送达方下落不明,不能签收,则只能通过公告方式送达,公告期限比较长,需要公告 60 日。从法定的程序及时间范围内,一审到二审立案之日的中间环节最长时间(包括公告时间)可能需要 3 个月以上。进入二审程序之后,仍然涉及需要送达法律文书的问题,若被送达方下落不明,不能签收,仍需要公告方式送达(包括公告时间),可能需要3个月以上。二审审判期限为3个月,时间相对较短,特殊情况可以报本院院长延长3个月。

通常情况下,二审审理期限最长为:3个月(二审审理期限)+3个月(院长批准延长)=6个月(见图2-3)。

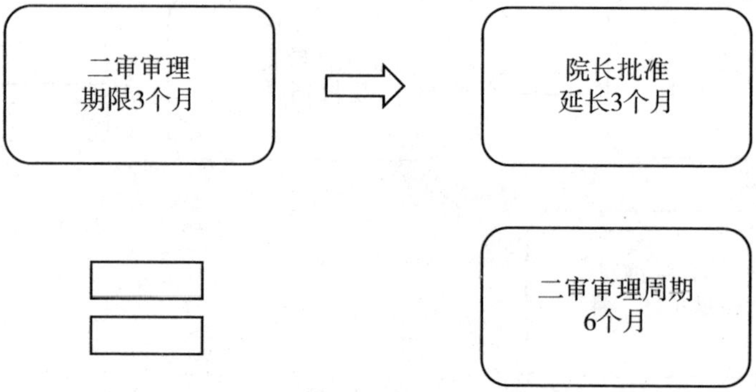

图2-3 房地产企业群体性事件二审诉讼程序期限

(3)强制执行申请期间

《民事诉讼法》第239条规定,申请执行的期间为2年。申请执行时效的中止、中断,适用法律有关诉讼时效中止、中断的规定。前款规定的期间,从法律文书规定履行期间的最后一日起计算;法律文书规定分期履行的,从规定的每次履行期间的最后一日起计算;法律文书未规定履行期间的,从法律文书生效之日起计算。

根据以上规定,申请强制执行的期间为2年,从判决生效之日起2年内申请人都可以申请强制执行(见图2-4)。

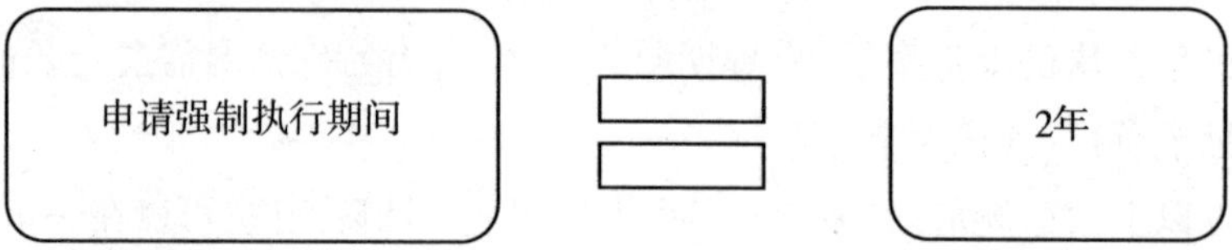

图2-4 房地产企业群体性事件强制执行申请期间

(4)强制执行结案期限

最高人民法院《关于严格执行案件审理期限制度的若干规定》第5条规定:执行案件应当在立案之日起6个月内执结,非诉执行案件应当在立案之日起3

个月内执结；有特殊情况需要延长的，经本院院长批准，可以延长3个月，还须延长的，层报高级人民法院备案。

根据以上规定，诉讼强制执行案件应在立案之日起6个月内执行完毕，有特殊情况的，经本院院长批准，可以延长3个月，还须延长的，有高级人民法院备案。即6个月（执行时限）+3个月（院长批准）+……（高级法院备案）=9月以上。司法实践中，房地产群体性事件诉讼执行案件，由于被告没有可执行财产，通常执行期限会更长，且最终无法获得财产（见图2－5）。

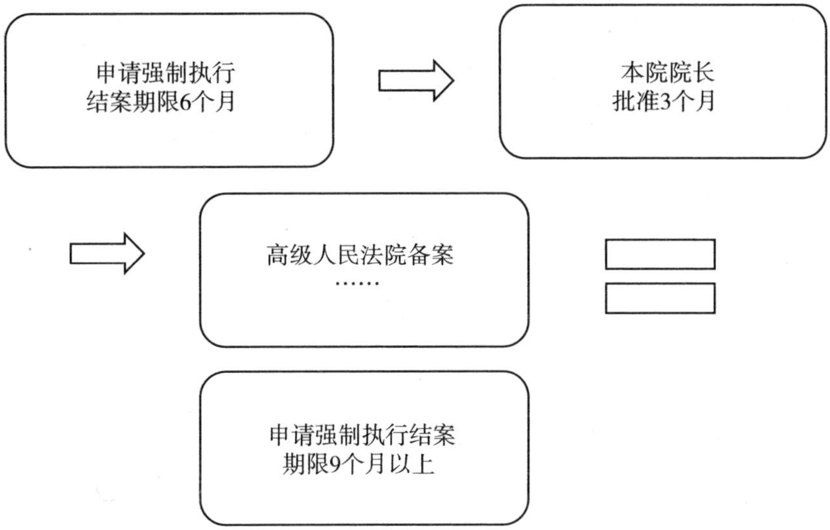

图2－5　房地产企业群体性事件强制执行法案期限

根据以上法律法规关于诉讼时效、一审、二审、强制执行的期限规定可以知晓：15个月（一审最长期限）+6个月以上（二审最长期限）+9个月以上（强制执行期限）=30个月以上。司法实践中遇到特殊情况，很可能整个诉讼程序会更长（见图2－6）。

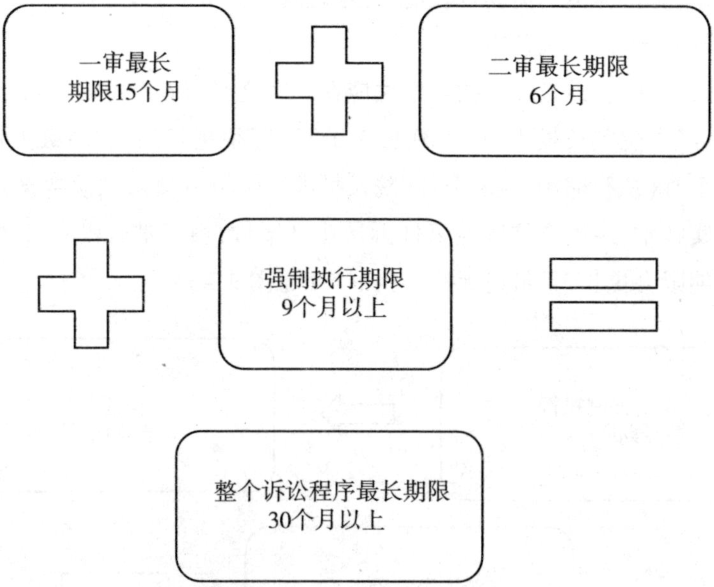

图2-6 房地产企业群体性事件诉讼程序期限

四、协商、沟通周期较长

房地产企业群体性事件中房地产企业与业主群体协商、沟通通常从中期发展阶段开始,少数群体性事件也有从初期发展阶段开始。中期发展阶段以及后期发展阶段是协商、沟通的主要阶段。

协商、沟通没有法定期限,其周期时间主要根据房地产项目发展情况、诉求合法、合理性情况、房地产项目后期发展情况而定。主要由以下因素决定:

1. 房地产公司的资金实力

协商、沟通能够成功解决群体性事件的关键因素在于资金,资金的充足程度,决定了解决群体性事件的周期长短。

如某甲房地产企业售后委托租赁群体性事件的协商、沟通周期持续了4年时间,仍然还在继续过程中。在政府主持下,到目前已经召开协调会共计30余次,这30余次会议具有巨大的积极作用,将双方原本非常巨大的分歧逐步缩小,到目前已与过半数业主群体(1千多户业主)达成和解协议,另一半业主群体处于观望当中。

该项目之所以协商周期如此之长，是因为房地产企业没有任何资金，不能向业主群体支付任何款项。根据预估，通过协商、沟通解决该群体性事件，需要资金约十多亿元以上，所以协商、沟通非常艰巨，难度非常大，协商周期非常持久。

如某乙房地产企业售后委托经营项目，同样是类似的群体性事件，协商、沟通解决周期用了 2 年时间，相比上一案例项目协商周期大大缩短。之所以能够在 2 年时间内解决，最主要的原因就是该房地产项目寻找到了投资人。第一年，投资人投入了数千万元资金解决业主群体性事件，分步骤满足了业主群体提出的部分合法诉求。第二年，投资人还需要陆续投入约十亿元资金实现对业主群体的退房承诺，满足业主群体提出的其他合法诉求。为解决该群体性事件前后共计召开协商、沟通会议共计约十次。

又如，某丙房地产企业施工工程质量问题群体性事件，整个协商、沟通期限用了 6 个月时间，该期间是较为短暂的解决周期。因解决该质量问题所需资金仅为约一千万元，房地产企业能够承担该资金予以解决，所以能够在短期内解决，前后共计召开协商、沟通会议共计约五次。见表 2－1：

表 2－1　甲、乙、丙房地产企业群体性事件协商周期

甲房地产企业 群体性事件	乙房地产企业 群体性事件	丙房地产企业 群体性事件
协商次数：30 次 +	协商次数：10 次 +	协商次数：5 次
投入资金：0 预估需要投资资金 10 亿元 +	投入资金：第一阶段数千万元；第二阶段 10 亿元 +	投入资金：1 千万元
协商周期：4 年以上	协商周期：2 年以上	协商周期：6 个月

从以上案例及表 2－1 可以分析认为：协商、沟通周期与投入资金有关系。

投入资金满足业主诉求越快，协商、沟通周期及次数就越短，反之就越长及次数越多。如乙房地产企业、丙房地产企业群体性事件，能够及时投入资金解决业主诉求，整个协商、沟通周期就较短，在 6～24 个月就完成，沟通次数也在 5～10 次 +。但甲房地产企业因为缺少资金，协商、沟通持续了 4 年，且协商次数达到 30 次 +，仅与一半的业主群体达成了一致，剩余一半业主群体还未能达成一致意见。

总体来看，房地产群体性事件解决周期都较长，都在数月至数年期间，甚至可能更长。

2. 业主诉求的合法、合理性

协商、沟通必须在法律规定的范围、合同约定的范围进行，且必须具有合理性。业主群体首先需要提出诉求或者协商方案，房地产企业根据业主群体提出的诉求作出回应，提出相应的回复方案。业主最初提出的解决方案往往严重脱离法律规定、合同约定，凭自己个人想象提出各种诉求，该诉求实际上难以实现。

在协商、过程中，业主群体会向相关律师、专业人士进行咨询，他们的诉求也会作出相应调整，房地产企业也会根据专业律师、相关人士的建议调整回复意见。

双方在多次协商、沟通碰撞过程中，各自在法律规定、合同约定的范围内作出一定程度的妥协，双方的差距就会越来越小。若双方各持自己意见，不作合法、合理的退让，双方将很难达成一致，僵持时间将会比较漫长。

以上甲房地产企业与业主群体代表在协商、沟通过程中分歧较大，双方彼此难以退让。乙房地产企业与业主群体协商、沟通过程中双方各自作出一定程度退让。丙房地产企业与业主群体在协商、沟通过程中，双方同样也作出了一定程度的退让。见表2－2：

表2－2　甲、乙、丙房地产企业群体性事件协商周期

甲房地产企业 群体性事件	乙房地产企业 群体性事件	丙房地产企业 群体性事件
协商次数：30次＋	协商次数：10次＋	协商次数：5次
双方就协商、沟通诉求难以达成一致，且互不退让	双方就协商、沟通诉求各自进行退让，达成一致意见	双方就协商、沟通诉求各自进行退让，达成一致意见
协商周期：4年以上	协商周期：2年以上	协商周期：6个月

通过以上表格统计，可以比较直观地反映协商、沟通在法律规定、合同约定的范围内进行且互相妥协的程度有较密切关系。诉求合法、合理的，双方更容易妥协，可以在较短的周期内达成一致；反之，则不能在短期内达成一致。

3. 房地产项目后期发展情况

房地产企业后期发展情况也将决定协商、沟通周期长短，见表2－3：

表 2－3　甲、乙、丙房地产企业群体性事件协商周期

甲房地产企业群体性事件	乙房地产企业群体性事件	丙房地产企业群体性事件
协商次数:30 次 +	协商次数:10 次 +	协商次数:5 次
项目已开发完毕,没有后续土地开发	项目仅开发 1/3,后续还有 2/3 土地待开发,可以调整土地使用规划	项目位于市中心,是当地居住品质较好的楼盘
协商周期:4 年以上	协商周期:2 年以上	协商周期:6 个月

甲房地产企业因为没有后续土地开发,项目没有后期开发,难以找到投资人介入,业主群体对项目后续发展较为悲观,缺少信心,导致协商、谈判难度增大且周期较长。乙房地产企业后续有 2/3 的土地可以开发建设且可以向规划部门申请调整土地使用规划,无论是投资人、业主群体都对项目后期发展充满希望和期待,双方协商积极性较高。丙房地产企业虽然没有后续土地开发,但该楼盘地理位置较好,楼盘品质较高,业主不希望房屋价值贬低,希望能够尽快达成一致,由房地产企业完成房屋质量维修,提高房屋价值,争取保值增值。

第三章　房地产企业群体性事件主要危机风险

房地产企业群体性事件对于房地产企业而言，通常存在较多的危机风险，主要包括民事经济法律风险、刑事法律风险、政治法律风险、社会法律风险。这些危机风险在房地产项目不同开发阶段以及不同事件情况下，又存在差异化，即不同开发阶段发生的不同群体性事件的危机风险也不同，需要针对个案实际情况具体分析危机风险。

第一节
民事经济法律风险

民事经济法律风险是房地产企业群体性事件最为基础的风险，承担民事责任是房地产企业因违约导致群体性事件必须面对的法律风险。建设工程施工阶段、房地产销售阶段、商业物业整体招商运营阶段、商业物业整体租赁运营阶段发生的不同群体性事件涉及的民事经济法律风险也各不相同，承担责任也各有侧重，经济赔偿责任也各有不同，群体性事件经济赔偿责任少的在几百万元，多的可以达到数千万元甚至数亿元。

一、建设工程施工阶段

建设工程施工阶段主要发生工程质量类群体性事件,出现工程质量事故,属于房地产企业、施工单位、设计等多方责任主体,但对于房地产开发企业而言,其直接与业主群体产生法律关系,向业主承担法律责任。

商品房质量类群体性事件的民事经济赔偿首先需要房地产企业存在违约行为,存在违反商品房买卖合同约定行为,才承担民事经济责任。商品房买卖合同通常会对房地产企业不同的保修事项承担质量保修责任期限进行约定,在该期限内出现的质量问题,房地产企业才承担责任,超出该期限出现的质量问题,房地产企业就不承担责任。比如以下期限的约定:

(1)地基、基础和主体结构:在设计使用寿命年限内承担保修;

(2)屋面防水:5 年;

(3)有防水要求的墙面、地面、地下室、管道渗漏:5 年;

(4)电气管线、给排水管道、设备安装工程:2 年;

(5)墙面、顶棚抹灰脱落:1 年;

(6)地面空鼓开裂、大面积起砂:1 年;

(7)门窗翘裂,密封胶及五金件损坏(正常使用):1 年;

(8)管道堵塞(正常使用):2 个月;

(9)灯具、电气开关(属于开发商提供的):6 个月;

(10)电话、网络线路及电器配件、开关:1 年;

(11)小区内的给排水设施、道路等配套工程:1 年;

(12)报警及安防监控系统:1 年。

对于以上第(2)~(12)项的约定事项,质量保修期一般就 6 个月到 5 年,且都是小问题,通常不会造成大面积的群体性事件。唯有第(1)项很可能出现严重的质量问题,导致大面积的群体性事件,第(1)项的质保期一般为 50 年,在该期限内若出现地基、基础和主体结构的质量问题,房地产企业将承担法律责任,包括民事经济赔偿责任。

在建设工程施工阶段房地产企业向业主群体承担的民事经济法律风险主要为两类:一是法定民事赔偿责任;二是合同约定违约金责任。

（一）法定民事赔偿责任

法定民事赔偿责任本书指，法律规定的一方当事人因合同违约需要承担法律明确规定的违约赔偿责任或者因一方当事人的侵权行为需要承担的侵权赔偿责任。主要体现为违约方或者侵权方需要承担的责任形式、范围等均通过法律规定的形式直接规定，无论合同是否约定，一方当事人都可以依法主张。

1.《民法总则》第179条规定：承担民事责任的方式主要有：（一）停止侵害；（二）排除妨碍；（三）消除危险；（四）返还财产；（五）恢复原状；（六）修理、重作、更换；（七）继续履行；（八）赔偿损失；（九）支付违约金；（十）消除影响、恢复名誉；（十一）赔礼道歉。

《民法总则》以上规定是基于法律直接规定，无论双方是否具有合同法律关系或者侵权法律关系，只要一方导致另一方损害，影响到其权利的，在对方主张的情况下，就应当承担以上对应的法律责任。

结合房地产工程质量事件的特定情况，房地产企业可能将面临以下民事责任：第（三）、（五）、（六）、（八）、（九）项规定。

其中第（三）项是消除危险的法律责任。当房屋出现质量问题时，该质量问题很有可能造成业主群体人身损害及财产损失。因此业主有权要求房地产企业消除危险，房地产企业应当承担消除危险的法律责任，确保业主人身、财产的安全。如房屋出现裂缝，可能导致房屋倒塌或其他进一步损害的情形时，业主可以要求消除该种危险。

其中第（五）项是恢复原状的法律责任。房屋出现质量问题导致房屋出现裂缝，以及设施设备出现损毁的，业主有权要求房地产企业将损毁的房屋、设施设备恢复原状，重新修建，房地产企业应当承担恢复原状的法律责任。

其中第（六）项是修理、重作、更换的法律责任。该项法律责任中修理的法律责任可以适用房屋质量问题，在房屋出现质量问题时，业主可以要求对存在质量问题的房屋进行修复，达到质量安全标准。对于重作、更换的法律责任，在房地产项目质量问题中，难以具体实现，因为房屋修建是需要经过许多环节进行审批，包括报建、规划、设计、各项验收等。重作、更换将重新进行，在实际操作中难以实现，通常为能够修复的要求修复，不能修复的则主张解除商品房买卖合同，退房退款。

其中第（八）项是赔偿损失的法律责任。业主群体通常会要求房地产企业在承担以上第(三)、(五)、(六)项法律责任的同时再承担第(八)项责任。因房地产项目出现质量问题,将给业主造成较大损失,比如因房屋出现裂缝、存在安全隐患,业主不能正常居住在房屋内,将产生外住酒店或租房费用、房屋修复加固费用、房屋价值贬低的损失等,都属于业主遭受的损失范畴,业主都有权要求房地产企业承担,房地产企业也都应当承担赔偿责任。

2.《合同法》第112条规定:当事人一方不履行合同义务或者履行合同义务不符合约定的,在履行义务或者采取补救措施后,对方还有其他损失的,应当赔偿损失。

第113条规定:当事人一方不履行合同义务或者履行合同义务不符合约定,给对方造成损失的,损失赔偿额应当相当于因违约所造成的损失,包括合同履行后可以获得的利益,但不得超过违反合同一方订立合同时预见到或者应当预见到的因违反合同可能造成的损失。

《合同法》以上规定是基于双方存在合同法律关系的基础上进行的规定,仅针对合同法律关系,不包括侵权法律关系。第112条规定的损失赔偿是以实际损失为基础进行赔偿,为补偿性赔偿,非惩罚性赔偿。房地产企业群体性事件中,业主与房地产企业具有合同法律关系,即商品房买卖法律关系。在该法律关系之下如果出现房屋质量问题,墙面、地面出现裂缝的情况下,房地产开发企业在进行修复、加固整改后,业主还遭受了损失的,如房屋价值因此导致降低的贬值损失等,房地产企业应当承担赔偿责任。

第113条仍然是以实际损失为基础进行赔偿,但将损失的范围稍微作了一定扩大,仍然为补偿性赔偿,非惩罚性赔偿。在违约方订立合同时所能预见的因违约可能造成的损失,为间接损失,是一种可获得的预期利益损失。在合同正常履行的情况下,将来可以获得的利益作为可主张的损失,但又限制性地规定不得超过违反合同一方订立合同时预见到或者应当预见到的因违反合同可能造成的损失。

该逾期利益损失在司法实践中认定较为复杂,需要考虑诸多因素,由法院结合案件情况、双方证据情况综合认定。

3.《侵权责任法》第16条规定,侵害他人造成人身损害的,应当赔偿医疗费、护理费、交通费等为治疗和康复支出的合理费用,以及因误工减少的收入。造成残疾的,还应当赔偿残疾生活辅助具费和残疾赔偿金。造成死亡的,还应当赔偿丧葬费和死亡赔偿金。

房地产建设工程质量问题不仅导致业主群体财产损失,还可能造成业主群体人身伤害。若导致业主人身损害的,如房屋垮塌导致业主伤亡的,房地产企业将承担人身伤害赔偿责任。《侵权责任法》第16条规定了人身损害的赔偿范围,包括医疗费、护理费、交通费等,造成残疾或死亡的还包括残疾赔偿金(死亡赔偿金)等。该赔偿范围为法定赔偿项目,侵权方应当按照该规定承担赔偿责任。

(二)合同约定的违约责任

除了法定赔偿责任以外,房地产企业房屋质量问题导致的民事责任还有合同约定的违约责任,通过合同明确约定的形式承担一定金额的违约金或者其他违约责任。本条款所称违约责任,不包括法定的损失赔偿责任,违约责任只能通过合同约定才能主张,合同没有约定就不能主张。

房地产企业向业主销售房屋时,双方会签署商品房买卖合同,合同中通常会约定房屋应当经竣工验收合格、规划验收合格,同时房地产企业对出售的房屋应承担法定或约定的质量保修责任,但不会明确约定承担具体金额的违约金。

虽然合同没有约定违约金,但并不代表房地产企业就不承担违约责任,业主群体同样可以依据合同法律关系要求房地产企业承担法定赔偿责任。法定赔偿责任也是基于特定的法律关系产生,如合同法律关系、侵权法律关系。

因此,就商品房质量群体性事件中的民事经济责任,房地产企业一般承担的责任为法定赔偿责任,在合同中没有明确约定违约金或其他违约责任的情况下,房地产企业不需要承担合同违约责任,但是仍然需要承担基于合同法律关系或侵权法律关系下相应的法定赔偿责任。

(三)损失赔偿与合同约定违约金责任的法律关系

即使商品房买卖合同中约定了违约金,也不能既主张违约金,又同时主张损失赔偿。违约金与损失赔偿是以实际损失赔偿为基础的互补关系,不是并列主张关系。

《合同法》第114条第2款规定:约定的违约金低于造成的损失的,当事人可以请求人民法院或者仲裁机构予以增加;约定的违约金过分高于造成的损失的,当事人可以请求人民法院或者仲裁机构予以适当减少。

最高人民法院《关于适用〈中华人民共和国合同法〉若干问题的解释(二)》

第16条规定：当事人通过反诉或者抗辩的方式，请求人民法院依照《合同法》第一百一十四条第二款的规定调整违约金的，人民法院应予支持。

第28条规定，当事人依照合同法第一百一十四条第二款的规定，请求人民法院增加违约金的，增加后的违约金数额以不超过实际损失额为限。增加违约金以后，当事人又请求对方赔偿损失的，人民法院不予支持。

第29条规定，当事人主张约定的违约金过高请求予以适当减少的，人民法院应当以实际损失为基础，兼顾合同的履行情况、当事人的过错程度以及预期利益等综合因素，根据公平原则和诚实信用原则予以衡量，并作出裁决。

当事人约定的违约金超过造成损失的百分之三十的，一般可以认定为合同法第一百一十四条第二款规定的“过分高于造成的损失”。

根据以上最高人民法院《关于适用〈中华人民共和国合同法〉若干问题的解释(二)》的规定可知，违约金金额不能在合同中任意约定，违约金高低以损失为基础进行衡量，若违约金约定过分高于损失的，一方当事人可以要求减少；若违约金低于造成损失的，一方当事人可以要求增加。违约金最高为不超过实际损失的30%为限，超过部分，一方当事人就有权要求降低。

(四)侵权赔偿责任与合同违约责任的法律关系

《民法总则》第186条规定：因当事人一方的违约行为，损害对方人身权益、财产权益的，受损害方有权选择请求其承担违约责任或者侵权责任。

因房地产企业与业主存在商品房买卖合同法律关系，房地产企业应当确保房屋质量安全，保证业主人身、财产安全。当建设工程质量事故导致业主人身及财产都遭受损失的，从法律关系上分析，业主有权依据合同法律关系向房地产企业主张违约损失赔偿责任，或者依据侵权法律关系向房地产企业主张侵权赔偿责任。但是两个法律关系不能同时适用，两种诉求不能同时主张，只能选择其一。若选择主张违约损失责任，就不能主张侵权赔偿责任，反之相同。

对于房地产企业而言，此类经济赔偿责任一般在数百万元或者上千万元，具体根据不同的群体性事件情况、质量问题严重程度、造成损害程度等因素确定。

(五)股东赔偿责任法律风险

1.股东有限责任

《公司法》第3条第2款规定：有限责任公司的股东以其认缴的出资额为限

对公司承担责任。

房地产企业属于公司制,原则上有限责任公司以其认缴的出资额为限承担责任,这是关于股东承担有限责任的规定。但相应司法解释也规定了股东的补充责任与连带责任。

2. 股东补充赔偿责任

最高人民法院《关于适用〈中华人民共和国公司法〉若干问题的规定(三)》第 13 条第 2 款规定:公司债权人请求未履行或者未全面履行出资义务的股东在未出资本息范围内对公司债务不能清偿的部分承担补充赔偿责任的,人民法院应予支持;未履行或者未全面履行出资义务的股东已经承担上述责任,其他债权人提出相同请求的,人民法院不予支持。

该条款规定了股东的补充赔偿责任,若股东未履行或未全面履行出资义务的,公司又不能清偿对外债务,此种情况下,债权人有权请求未履行或未全面履行出资义务的股东在未出资本息范围内对公司不能清偿的部分债务承担补充赔偿责任。

在房地产企业群体性事件中,若房地产企业不能承担民事经济赔偿责任,业主群体债务不能全部清偿时,且房地产企业股东注册资本未能出资的情况下,业主有权要求未履行出资的股东承担补充赔偿责任,承担房地产企业不能赔偿的股东出资范围内的补充赔偿责任。

这里需要注意的是,一个股东仅承担其应当出资而未出资范围内的补充赔偿责任,并非其他所有股东未出资的补充赔偿责任。

3. 发起人连带责任

最高人民法院《关于适用〈中华人民共和国公司法〉若干问题的规定(三)》第 13 条第 3 款规定:股东在公司设立时未履行或者未全面履行出资义务,依照本条第 1 款或者第 2 款提起诉讼的原告,请求公司的发起人与被告股东承担连带责任的,人民法院应予支持;公司的发起人承担责任后,可以向被告股东追偿。

本条款规定了两种责任,一种为发起人对外的责任,另一种为发起人与股东之间的责任。

(1)一种为发起人已将股权转让给其他人,发起人现在不是公司股东的情况。若发起人设立公司时未履行或未全面履行出资责任的,且受让股权的股东也未履行或全面履行出资责任,债权人可以要求发起人与被告股东承担连带责任。即当时设立公司的发起人即使现在不是股东,但因为其未履行出资义务且被告股东同样未履行出资义务，导致公司不能清偿债务的，发起人股东可以作为共同被告与被告股东一起承担连带责任。

（2）另一种为发起人为被告股东承担连带责任后，向被告股东追偿。发起人承担连带责任以后，可以向被告股东进行追偿其代为承担的法律责任。

最高人民法院《关于适用〈中华人民共和国公司法〉若干问题的规定（三）》的以上规定，适当突破了公司的人格独立，保护了债权人利益。在房地产企业群体性纠纷中，法人未履行或未完全履行出资人责任的，仍然需要在未履行或未完全履行的出资范围内承担连带赔偿责任。因此股东在未履行出资或未全面履行出资的情况下，非常有可能作为被告要求承担未能出资范围内的赔偿责任。

4. 股东未到出资期限的补充赔偿责任

根据2019年9月最高人民法院审判委员会民事行政专业委员会原则通过的《全国法院民商事审判工作会议纪要》（以下简称《会议纪要》）第2条第（2）项第6款规定，【股东出资应否加速到期】在注册资本认缴制下，股东依法享有期限利益。债权人以公司不能清偿到期债务为由，请求未届出资期限的股东在未出资范围内对公司不能清偿的债务承担补充赔偿责任的，人民法院不予支持。但是，下列情形除外：

（1）公司作为被执行人的案件，人民法院穷尽执行措施无财产可供执行，已具备破产原因，但不申请破产的；

（2）在公司债务产生后，公司股东（大）会决议或以其他方式延长股东出资期限的。

以上《会议纪要》规定了股东依法享有认缴出资的期限权利，在未到认缴期限的情况下，股东是不承担公司不能清偿到期债务的补充赔偿责任。但有打破认缴期限的例外情形，即以上规定的第（1）种例外情形是规定了股东的兜底责任，最终还需要股东承担补充赔偿责任；第（2）种例外情形为防止股东利用股东大会决议改变认缴期限，逃避债务的情况。

笔者个人认为，最高人民法院《关于适用〈中华人民共和国公司法〉若干问题的规定（三）》以及《会议纪要》的以上规定具有合法、合理性，既保护了股东的有限责任，同时也适当突破了股东的有限责任，防止股东滥用有限责任，维护了法律威严，也维护了社会公平正义，在法律的底线范围内确保最后的交易安全。

二、房地产销售阶段

房地产销售阶段民事经济法律风险与建设工程施工阶段的民事经济法律风险存在一定的差异化，涉及法律法规主要为涉嫌虚假宣传、不实承诺、隐瞒真实情况等。业主群体与房地产企业所签署的商品房买卖合同通常不会就以上情形的违约责任进行约定，即房地产销售阶段房地产企业若出现以上行为，所承担的责任主要为依据法律规定承担法定违约责任，很少根据合同约定承担违约责任。

（一）法定违约赔偿责任

最高人民法院《关于审理商品房买卖合同纠纷案件适用法律若干问题的解释》第3条规定：商品房的销售广告和宣传资料为要约邀请，但是出卖人就商品房开发规划范围内的房屋及相关设施所作的说明和允诺具体确定，并对商品房买卖合同的订立以及房屋价格的确定有重大影响的，应当视为要约。该说明和允诺即使未载入商品房买卖合同，亦应当视为合同内容，当事人违反的，应当承担违约责任。

商品房销售过程中，经常会出现一些报刊、媒体、DM单所宣传的内容与实际交付内容不一致，如小区内的园林景观、配套设施设备等，就存在虚假宣传、不实承诺等行为。但是这些行为又没有在商品房买卖合同中明确约定，但是业主群体又因房地产企业的以上行为遭受了损失。为了处理房地产企业销售过程中出现的这些问题，最高人民法院出台的以上司法解释，该司法解释第3条明确规定了在符合以下条件的情况下，可以视为商品房买卖合同约定内容，当事人违反的，应当承担违约责任：

（1）销售广告和宣传资料就商品房开发规划范围内的房屋及相关设施所作出的说明和允诺具体确定；

（2）对商品房买卖合同的订立以及房屋价格的确定有重大影响。

只要房地产企业作出的销售广告和宣传资料符合以上两个条件的，就可以认定为属于商品房买卖合同约定的内容。若违反，将承担违约责任。但合同中没有约定承担违约责任的方式、金额，因此，业主群体难以依据商品房买卖合同约定主张违约责任，只能依据《合同法》等相关法律规定要求房地产企业承担法定违约赔偿责任。

(二)惩罚性赔偿责任

《消费者权益保护法》第 55 条规定:经营者提供商品或者服务有欺诈行为的,应当按照消费者的要求增加赔偿其受到的损失,增加赔偿的金额为消费者购买商品的价款或者接受服务的费用的三倍……受害人有权要求经营者依照本法第四十九条、第五十一条等法律规定赔偿损失,并有权要求所受损失二倍以下的惩罚性赔偿。

以上《消费者权益保护法》条款是关于惩罚性赔偿的规定,惩罚性赔偿就不是以实际损失为基础,而是加倍增加赔偿金额。在商品房买卖合同中,对于商品房销售是否适用《消费者权益保护法》的惩罚性赔偿在司法理论及实践中存在一定的争议,但主流观点认为对于欺诈销售等重大恶意行为,可以适用《消费者权益保护法》关于惩罚性赔偿的规定。

最高人民法院《关于审理商品房买卖合同纠纷案件适用法律若干问题的解释》第 9 条规定:出卖人订立商品房买卖合同时,具有下列情形之一,导致合同无效或者被撤销、解除的,买受人可以请求返还已付购房款及利息、赔偿损失,并可以请求出卖人承担不超过已付购房款一倍的赔偿责任:

(1)故意隐瞒没有取得商品房预售许可证明的事实或者提供虚假商品房预售许可证明;

(2)故意隐瞒所售房屋已经抵押的事实;

(3)故意隐瞒所售房屋已经出卖给第三人或者为拆迁补偿安置房屋的事实。

如果房地产企业在销售阶段发生以上任一行为的群体性事件,将承担返还已付购房款及利息、赔偿损失并承担不超过已付购房款 1 倍的赔偿责任,该 1 倍的赔偿责任实际为惩罚性赔偿责任。从违约赔偿责任的角度分析,退还已支付购房款及利息、赔偿损失已足以弥补业主群体损失了,但该条款还规定,业主可以主张已付购房款 1 倍的赔偿款。由此房地产企业将承担超出实际损失的赔偿责任,为惩罚性赔偿责任。

此类经济赔偿需要根据具体群体性事件情况、违约程度、损失范围等因素综合确定,通常需要承担数千万元,甚至上亿元。

三、商业物业整体招商运营阶段

商业物业整体招商运营阶段主要出现的群体性事件为售后委托经营群体性事件，该事件在委托经营法律关系下房地产企业、商业管理公司作为违约方，应承担违约损失赔偿责任，以及违约金责任。特别是基于委托经营协议约定的违约金责任，是房地产企业运营管理公司承担的主要民事经济责任。

（一）合同违约损失赔偿责任

合同违约损失赔偿责任的承担在房地产企业建设工程施工阶段的民事经济赔偿责任中作了详细分析，本阶段不再具体阐述。房地产企业将根据《民法总则》《合同法》等规定承担相应违约损失赔偿责任。

（二）合同违约金责任

商业管理公司基于委托经营协议需要向业主承担支付租金及逾期支付租金的违约金，房地产企业基于租金支付承诺书或类似担保文件向业主承担支付固定租金的连带保证责任。

委托经营协议约定的违约责任通常会约定逾期支付租金的具体违约金数额，比如，每逾期支付一天应支付逾期租金万分之五的违约金。该违约金将按天累计计算，若业主群体人数众多，逾期时间累计达到数年的情况下，该每天万分之五的违约金将是一笔非常巨大的资金，通常情况下，可以达到数百万元甚至数千万元、上亿元的规模，处于群体性事件中的房地产企业是无法承受该笔资金的。

该阶段群体性事件涉及违约金额可能是所有房地产企业群体性事件中最为巨大的，通常近亿元，甚至数亿元。具体需要根据售后委托经营群体性事件情况、业主群体数量、违约期限等因素综合确定。

四、商业物业整体租赁运营阶段

商业物业整体租赁运营阶段发生的群体性事件，房地产企业、商业运营管理公司通常承担的民事经济法律责任同样为合同约定的违约赔偿责任、违约金责任。通常情况下,在该阶段房地产企业、商业运营管理公司承担违约赔偿责任的更多。

如租赁期限提前到期,小商家涉及需要搬迁房屋,原本装修的店铺将被拆除,小商家最直接且最大损失为店铺装修损失。合同约定的违约金金额一般低于装修损失,所以小商家大多会通过法律规定的违约赔偿向房地产企业、商业运营管理公司主张。

该阶段群体性事件涉及经济赔偿相对较小,通常在上百万元到千万元。具体还须根据群体性事件情况、小商家人数、租金等因素综合确定。

第二节 刑事法律风险

在房地产企业开发建设各阶段中可能发生的群体性事件,伴随着严重的刑事法律风险,即房地产企业主要负责人触犯刑法的风险。建设工程施工阶段、房地产销售阶段、商业物业整体招商阶段是发生刑事法律风险的重要阶段,相应群体性事件更是增加了刑事法律风险发生的可能性。甚至因群体性事件还可能引发其他刑事犯罪被追诉。

一、建设工程施工阶段

房地产企业群体性事件中的质量问题,一般为地基、基础和主体结构的问题,如果较为严重,造成重大安全事故的,相关责任人(包括房地产企业相关人员)将承担刑事法律责任,即构成刑事犯罪:工程重大安全事故罪。

《刑法》第137条规定:建设单位、设计单位、施工单位、工程监理单位违反国家规定,降低工程质量标准,造成重大安全事故的,对直接责任人员,处五年以下有期徒刑或者拘役,并处罚金;后果特别严重的,处五年以上十年以下有期徒刑,并处罚金。根据以上刑罚规定,构成刑事犯罪需要具备以下几个条件:

（一）行为主体

行业主体包括建设单位（房地产企业）、设计单位、施工单位、工程监理单位。即必须是以上主体实施的法律规定的行为构成本罪的具体行为。其中建设单位是指房地产企业，但除了房地产企业，设计单位、施工单位、工程监理单位也有可能构成。

比如，深基坑施工中，房地产企业是开发单位，负责整体建设工作，为总负责单位，设计单位负责提供土方开挖施工图纸，施工单位具体实施深挖基坑工作，工程监理单位为施工监督单位。若深基坑施工存在质量问题，以上各个单位在各个环节均有可能出现相应问题，各个单位均有可能承担责任。具体是否承担责任，需要根据具体案件进行查明。

（二）犯罪主体

承担刑事责任的主体为直接责任人员。这里的直接责任人员可以是法定代表人，可以是高级管理人员，可以是股东，只要该人员是质量安全事故的直接责任人员就可以构成本罪名。

（三）犯罪行为

以上这些单位实施了违反国家规定，降低工程质量标准的行为。主要表现为在国家规定的标准以下降低了工程质量标准。如房地产企业降低国家要求标准，施工单位使用不合格的材料或者不按图施工，设计单位降低设计标准等。

（四）立案追诉标准

造成重大安全事故，根据最高人民检察院、公安部《关于公安机关管辖的刑事案件立案追诉标准的规定（一）》（2008 年 6 月 25 日公通字〔2008〕36 号）第 13 条规定：[工程重大安全事故案（《刑法》第一百三十七条）]建设单位、设计单位、施工单位、工程监理单位违反国家规定，降低工程质量标准，涉嫌下列情形之一的，应予立案追诉：

1. 造成死亡一人以上，或者重伤 3 人以上；
2. 造成直接经济损失 50 万元以上的；
3. 其他造成严重后果的情形。

根据以上规定的立案追究刑事责任标准结合房地产开发的现状分析认为：

(1)造成死亡1人以上，或者重伤3人以上的标准应该严格执行。比如深基坑施工过程中导致的房屋质量问题，一旦出现死亡1人以上，或者重伤3人的，就可以立案追诉。人身安全最为重要，特别是在房地产项目开发建设中，房屋质量为第一要素，这个标准必须严格执行。

(2)造成直接经济损失50万元以上。该标准在房地产项目质量问题中，应该是非常容易能够达到标准。比如，地下室主体出现裂缝、地面、墙面出现裂缝，其直接维修加固金额费用或给业主群体造成财产损失通常会超过50万元。

因经济社会的发展，一个房地产项目总投入大多都在数亿元甚至数十亿元，因降低工程质量标准导致的重大安全事故，其直接经济损失通常会超过50万元。该量刑金额标准并非限定越低越好，应体现与经济社会发展的一致性，为了维护法律严肃性，笔者个人认为这个标准应该相应提高，让法律规定与经济社会发展具有一致性。前述司法解释是在2008年制定，距现在有11年了，社会经济的飞速发展，法律制定也必须随之跟进。

(3)其他造成严重后果的情形。这个标准涵盖范围就非常广泛，可以由司法机关作出解释。哪些情形属于其他造成严重后果的情形，严重后果的标准是什么，都没有规定。笔者个人认为，这个标准值得进一步讨论，是否可以做一个列举或者可量化的描述。比如某工程质量事件本身不具备以上人员伤亡、经济损失的标准，仅因为业主群体制造广泛舆论传播，导致较多外国新闻媒体报道这件质量事故，造成了不好的国际社会影响。对于此种情况下，是否可以认定为其他造成严重后果的情形，要求立案追诉刑事责任呢？舆论后果程度并非房屋质量本身导致，而是因为新闻媒体报道导致，其后果也要求相关事故责任人员承担就有失社会合理性，以及罪责刑相一致的基本刑罚原则。

(五)刑罚

本罪名承担的刑罚为两种情节：

1. 一种是后果不是特别严重，但又具备立案追诉的标准，此种情况下处5年以下有期徒刑或者拘役，并处罚金。承担5年以下的有期徒刑或者较轻的拘役，两者选其一，但必须都同时再处以罚金。

2. 另一种是后果特别严重的，处5年以上10年以下有期徒刑，并处罚金。此种情况下，就只能判处5年以上10年以下的有期徒刑，同时必须处以罚金。

二、房地产销售阶段

本阶段刑事法律风险最大可能性的涉嫌罪名为虚假广告罪。

《刑法》第222条规定：广告主、广告经营者、广告发布者违反国家规定，利用广告对商品或者服务作虚假宣传，情节严重的，处二年以下有期徒刑或者拘役，并处或者单处罚金。

（一）犯罪主体

房地产企业在虚假广告罪可以作为犯罪主体，即房地产企业为本罪名所称的广告主、发布者，其为销售房屋，委托他人设计、制作广告，自身发布广告或委托他人发布广告。最终承担刑罚责任的为直接责任人员，对发布虚假广告具有直接责任的人员将承担刑罚责任。

（二）犯罪行为

利用广告对商铺或者服务作虚假宣传，且情节严重。一般情况下，房地产企业作出虚假宣传、不实承诺的，会不构成刑事犯罪，仅予以行政处罚。只有情节严重的才构成犯罪。

（三）立案追诉标准

2010年5月7日生效的最高人民检察院、公安部《关于公安机关管辖的刑事案件立案追诉标准的规定（二）》第75条规定：[虚假广告案（《刑法》第二百二十二条）]广告主、广告经营者、广告发布者违反国家规定，利用广告对商品或者服务作虚假宣传，涉嫌下列情形之一的，应予立案追诉：1. 违法所得数额在十万元以上的；2. 给单个消费者造成直接经济损失数额在五万元以上的，或者给多个消费者造成直接经济损失数额累计在二十万元以上的；3. 假借预防、控制突发事件的名义，利用广告作虚假宣传，致使多人上当受骗，违法所得数额在三万元以上的；4. 虽未达到上述数额标准，但两年内因利用广告作虚假宣传，受过行政处罚二次以上，又利用广告作虚假宣传的；5. 造成人身伤残的；6. 其他情节严重的情形。

按照以上规定，虚假宣传违法所得在10万元以上的就可以构成犯罪，或给单个消费者造成直接经济损失数额在5万元以上的就可以构成犯罪。以上关于虚假广告的刑事追诉标准把控是非常严格的。该阶段的群体性事件,若房地产企业存在虚假广告行为同时达到以上认定刑事责任追诉标准的,将很有可能被追究刑事责任,构成刑事犯罪。

就法律层面而言,将追诉刑事责任的立案标准制定比较低可以对虚假广告实施者起到一定的威慑作用,国家也可以有更大范围的掌控权。但在司法执行过程中,如果没有严格按照这个标准执行,将很可能使法律威严受到一定程度损害。在当前市场经济高速发展状况下,该立案追诉金额标准是否过低,笔者认为还有待进一步讨论空间。法律制定不仅需要严格,执法更要严格,若不能严格执行,则应修改法律,确保法律制定与法律实施保持一致性,这才能更好维护法律的威严。

(四)刑罚

若房地产企业构成该罪名,直接责任人员将承担 2 年以下有期徒刑或者拘役,并处或者单处罚金。从该罪名刑罚标准可以分析认为,刑法对虚假广告罪的处罚是偏向于从轻处罚。最高刑期为 2 年有期徒刑,最轻处罚为单处罚金,不用承担有期徒刑或者拘役。

三、商业物业整体招商运营阶段

该阶段涉及的刑事犯罪主要包括非法吸收公众存款罪。司法实践中,对该犯罪行为作出了较为严格的适用规定,只有明确符合构成条件的行为才构成该罪名。

《刑法》第 176 条规定,非法吸收公众存款或者变相吸收公众存款,扰乱金融秩序的,处 3 年以下有期徒刑或者拘役,并处或者单处 2 万元以上 20 万元以下罚金;数额巨大或者有其他严重情节的,处 3 年以上 10 年以下有期徒刑,并处 5 万元以上 50 万元以下罚金。单位犯前款罪的,对单位判处罚金,并对其直接负责的主管人员和其他直接责任人员,依照前款的规定处罚。

(一)犯罪主体

本罪名的犯罪主体既可以是单位犯罪,也可以是自然人犯罪,单位实施了刑法以上规定的行为,对单位处以罚金,对直接负责人按照刑法要求处以刑罚。在房地产企业中,若出现非法吸收公众存款的行为,比如,售后委托租赁经营的行为,在具备法定条件的情况下,是很有可能构成该罪名。在被认定为刑事犯罪的情况下,房地产企业的股东、高级管理人员等直接负责人很可能被追究刑事责任。

（二）犯罪行为

本罪名列举了两个非法行为,一个是非法吸收公众存款;另一个是变相吸收公众存款。行为主体实施了以上两个任一行为,并且扰乱了金融秩序都会构成该罪名。

国家对吸收公众存款作了明确严格的规定,只有取得吸收存款许可证照的金融机构,如银行才能公开吸收公众存款,其他企业或个人不得吸收公众存款,否则就构成非法吸收公众存款罪。对于此种非法行为的界限较好认定,但对于变相吸收公众存款行为,则难以准确认定。2011 年 1 月 4 日实施的最高人民法院《关于审理非法集资刑事案件具体应用法律若干问题的解释》第 1 条规定了构成非法吸收公众存款或者变相吸收公众存款行为的四个构成要件:(1)未经有关部门依法批准或者借用合法经营的形式吸收资金;(2)通过媒体、推介会、传单、手机短信等途径向社会公开宣传;(3)承诺在一定期限内以货币、实物、股权等方式还本付息或者给付回报;(4)向社会公众即社会不特定对象吸收资金。

以上第(1)、(2)个构成要件非常容易区分,房地产企业一般也会触犯第(1)、(2)个要件。第(3)个要件对于房地产企业而言,所采取售后委托经营租赁行为则有可能构成,比如不以销售房地产为真实目的,承诺在一定期限内通过委托租赁经营的形式,以货币方式固定给付回报。第(4)个要件也可能构成,比如售后委托经营租赁行为是向社会不特定公众宣传,任何人都可以成为宣传对象。但是该解释对第(4)个要件的范围作了一个补充说明:未向社会公开宣传,在亲友或者单位内部针对特定对象吸收资金的,不属于非法吸收或者变相吸收公众存款。

最高人民法院《关于审理非法集资刑事案件具体应用法律若干问题的解释》第 2 条规定,实施下列行为之一,符合本解释第一条第一款规定的条件的,应当依照刑法第一百七十六条的规定,以非法吸收公众存款罪定罪处罚:1. 不具有房产销售的真实内容或者不以房产销售为主要目的,以返本销售、售后包租、约定回购、销售房产份额等方式非法吸收资金的。

该司法解释第2条第1项是基于非法吸收公众存款罪,专门针对房地产企业的规定。房屋地产企业正常、真实的销售房屋是合法行为,但是如果不具有房产销售的真实内容或者不以房产销售为主要目的,采取返本销售、售后包租、约定回购、销售房产份额等方式非法吸收资金的,应当认定为构成非法吸收公众存款的行为,并按照该罪名予以处罚。

本阶段的房地产群体性事件中,房地产企业往往都是采取返本销售、售后包租,以及约定回购的行为销售商业房屋。深入分析房地产企业构成该罪名应具备以下两个条件:

第一,实施了返本销售、售后包租、约定回购、销售房产份额等行为;

第二,非法吸收资金。

只有同时具备以上两个条件才构成该罪名,即使房地产企业实施了以上第1项列举的行为,但不是以非法吸收公众存款为目的,而是真实销售房屋为目的,也不会构成该罪名。但在司法实践中,如何认定房地产企业不是非法吸收公众存款,是真实销售房屋则存在较大争议,各地掌握的尺度也不一。

比如房地产企业通过售后包租、约定回购的形式销售商业房屋,商业房屋在约定的时间内修建完毕,并通过竣工验收、规划验收,办理了房屋不动产登记证书,但后来因为经济形势不好,招商能力较差,不能将业主委托经营的房屋出租给商家,导致无力向业主支付固定租金。此种情况下,房地产企业具备了以上第1项的构成要件,但对于第2项非法吸收资金的要件是否构成,争议较大。

一种观点认为:业主购买商业房屋就是为了能够获得每月的固定租金回报,其购买房屋的本质就是为了投资收益,但现在房地产企业、商业管理公司不能支付租金,就应当退还购房款,房地产企业就属于非法吸收资金的行为,应当构成非法吸收公众存款罪。

另一种观点认为:房地产企业虽然采取了以上第1项要件规定的销售行为,但属于真实销售商业房屋,其销售的房屋已竣工验收,并且办理了不动产登记证书,业主购买的房屋已实实在在的存在,并属于业主享有。房地产企业具有房产销售的真实内容,而且是以房产销售为主要目的。返本销售、售后包租、约定回购只是一种销售模式,销售房屋获取购房款是真实行为,不存在是为了非法吸收公众存款而销售房屋,因此不构成非法吸收公众存款罪。

基于以上两种理解,司法实践中大多数认同第二种观点,认为房地产企业销售给业主的房屋能够竣工验收，能够办理不动产登记证书，业主能够真实拥有房屋权属的，就可以认定为具有真实的销售行为。反之，若大面积的一房多卖、不能竣工验收，不能办理房屋权属登记，业主不能享有房屋权属的，房地产企业获取购房款后，将资金挪作他用，则可以认定为非法吸收公众存款行为，构成非法吸收公众存款罪。

（三）立案追诉标准

最高人民法院《关于审理非法集资刑事案件具体应用法律若干问题的解释》第3条规定：非法吸收或者变相吸收公众存款，具有下列情形之一的，应当依法追究刑事责任：

1. 个人非法吸收或者变相吸收公众存款，数额在20万元以上的，单位非法吸收或者变相吸收公众存款，数额在100万元以上的；

2. 个人非法吸收或者变相吸收公众存款对象30人以上的，单位非法吸收或者变相吸收公众存款对象150人以上的；

3. 个人非法吸收或者变相吸收公众存款，给存款人造成直接经济损失数额在10万元以上的，单位非法吸收或者变相吸收公众存款，给存款人造成直接经济损失数额在50万元以上的；

4. 造成恶劣社会影响或者其他严重后果的。

具有下列情形之一的，属于刑法第一百七十六条规定的“数额巨大或者有其他严重情节”：

1. 个人非法吸收或者变相吸收公众存款，数额在100万元以上的，单位非法吸收或者变相吸收公众存款，数额在500万元以上的；

2. 个人非法吸收或者变相吸收公众存款对象100人以上的，单位非法吸收或者变相吸收公众存款对象500人以上的；

3. 个人非法吸收或者变相吸收公众存款，给存款人造成直接经济损失数额在50万元以上的，单位非法吸收或者变相吸收公众存款，给存款人造成直接经济损失数额在250万元以上的；

4. 造成特别恶劣社会影响或者其他特别严重后果的。

非法吸收或者变相吸收公众存款的数额，以行为人所吸收的资金全额计算。案发前后已归还的数额，可以作为量刑情节酌情考虑。

非法吸收或者变相吸收公众存款，主要用于正常的生产经营活动，能够及时清退所吸收资金,可以免予刑事处罚;情节显著轻微的,不作为犯罪处理。

以上关于非法吸收公众存款追诉的标准金额是比较低的,对于房地产企业而言,售后包租、售后回购等行为,一旦认定为非法吸收公众存款,涉及资金通常都是数亿元,甚至数十亿元,犯罪金额是非常容易达到量刑标准的,但更为重要的是需要分析是否具有房屋真实销售行为。

(四)刑罚

该罪名刑罚可分为主要责任人员、单位,都可处以刑罚。

1. 针对主要责任人既有处罚比较轻的刑罚,即处3年以下有期徒刑或者拘役,并处或者单处2万元以上20万元以下罚金。也有处罚比较重的刑罚,即数额巨大或者有其他严重情节的,处3年以上10年以下有期徒刑,并处5万元以上50万元以下罚金。

2. 针对单位犯此罪的,对单位判处罚金,并对其直接负责的主管人员和其他直接责任人员,依照前款的规定处罚。

房地产企业构成非法吸收公众存款罪的,单位将被判处罚金,直接负责人人员将被处以以上刑罚。

四、其他可能构成的犯罪

房地产企业因群体性事件处理不慎,很可能因群体性事件引发其他刑事犯罪被追诉,企业主要责任人被追究刑事责任。

(一)非法经营罪

《刑法》第225条规定:违反国家规定,有下列非法经营行为之一,扰乱市场秩序,情节严重的,处五年以下有期徒刑或者拘役,并处或者单处违法所得一倍以上五倍以下罚金;情节特别严重的,处五年以上有期徒刑,并处违法所得一倍以上五倍以下罚金或者没收财产:

1. 未经许可经营法律、行政法规规定的专营、专卖物品或者其他限制买卖的物品的;

2. 买卖进出口许可证、进出口原产地证明以及其他法律、行政法规规定的经营许可证或者批准文件的；

3. 未经国家有关主管部门批准，非法经营证券、期货或者保险业务的；

4. 其他严重扰乱市场秩序的非法经营行为。

以上罪名在司法实践中，非法经营罪可谓是一个框，什么都可以朝里面装。特别是第4项行为，其他严重扰乱市场秩序的非法经营行为，该标准认定较为宽泛，具有很大的威慑力，房地产企业在经营过程中，若存在不规范行为，同时又引发了群体性事件，不排除会涉嫌构成其他严重扰乱市场秩序的非法经营行为。

（二）挪用资金罪

1. 刑法罪名

《刑法》第272条规定：公司、企业或者其他单位的工作人员，利用职务上的便利，挪用本单位资金归个人使用或者借贷给他人，数额较大、超过三个月未还的，或者虽未超过三个月，但数额较大、进行营利活动的，或者进行非法活动的，处三年以下有期徒刑或者拘役；挪用本单位资金数额巨大的，或者数额较大不退还的，处三年以上十年以下有期徒刑。

2. 立案追诉标准

最高人民检察院、公安部《关于公安机关管辖的刑事案件立案追诉标准的规定（二）》第85条规定：[挪用资金案（《刑法》第二百七十二条第一款）]公司、企业或者其他单位的工作人员，利用职务上的便利，挪用本单位资金归个人使用或者借贷给他人，涉嫌下列情形之一的，应予立案追诉：

（一）挪用本单位资金数额在一万元至三万元以上，超过三个月未还的；

（二）挪用本单位资金数额在一万元至三万元以上，进行营利活动的；

（三）挪用本单位资金数额在五千元至二万元以上，进行非法活动的。

具有下列情形之一的，属于本条规定的“归个人使用”：

（一）将本单位资金供本人、亲友或者其他自然人使用的；

（二）以个人名义将本单位资金供其他单位使用的；

（三）个人决定以单位名义将本单位资金供其他单位使用，谋取个人利益的。

房地产企业属于资金密集行业，投入资金通常在数亿元，甚至几十亿元，一旦挪用资金通常是在上千万元及上亿元，完全可以达到以上限定的立案追诉标准。

(三)高利转贷罪

1. 刑法罪名

《刑法》第175条规定:以转贷牟利为目的,套取金融机构信贷资金高利转贷他人,违法所得数额较大的,处三年以下有期徒刑或者拘役,并处违法所得一倍以上五倍以下罚金;数额巨大的,处三年以上七年以下有期徒刑,并处违法所得一倍以上五倍以下罚金。

单位犯前款罪的,对单位判处罚金,并对其直接负责的主管人员和其他直接责任人员,处三年以下有期徒刑或者拘役。

2. 立案追诉标准

最高人民检察院、公安部《关于公安机关管辖的刑事案件立案追诉标准的规定(二)》第26条规定:[高利转贷案(《刑法》第一百七十五条)]以转贷牟利为目的,套取金融机构信贷资金高利转贷他人,涉嫌下列情形之一的,应予立案追诉:

(一)高利转贷,违法所得数额在十万元以上的;

(二)虽未达到上述数额标准,但两年内因高利转贷受过行政处罚二次以上,又高利转贷的。

房地产企业属于资金需求极大的行业,房地产企业通常会向银行申请贷款,贷款金额通常也是上千万元、上亿元,若将贷款用于转贷牟利,通常也可以构成以上立案追诉标准,很可能构成本罪名。

(四)虚开增值税专用发票、虚开普通发票罪

1. 刑法罪名

《刑法》第205条规定:虚开增值税专用发票或者虚开用于骗取出口退税、抵扣税款的其他发票的,处三年以下有期徒刑或者拘役,并处二万元以上二十万元以下罚金;虚开的税款数额较大或者有其他严重情节的,处三年以上十年以下有期徒刑,并处五万元以上五十万元以下罚金;虚开的税款数额巨大或者有其他特别严重情节的,处十年以上有期徒刑或者无期徒刑,并处五万元以上五十万元以下罚金或者没收财产。

有前款行为骗取国家税款,数额特别巨大,情节特别严重,给国家利益造成

特别重大损失的,处无期徒刑或者死刑,并处没收财产。

单位犯本条规定之罪的,对单位判处罚金,并对其直接负责的主管人员和其他直接责任人员,处三年以下有期徒刑或者拘役;虚开的税款数额较大或者有其他严重情节的,处三年以上十年以下有期徒刑;虚开的税款数额巨大或者有其他特别严重情节的,处十年以上有期徒刑或者无期徒刑。

虚开增值税专用发票或者虚开用于骗取出口退税、抵扣税款的其他发票,是指有为他人虚开、为自己虚开、让他人为自己虚开、介绍他人虚开行为之一的。

2. 立案追诉标准

最高人民检察院、公安部《关于公安机关管辖的刑事案件立案追诉标准的规定(二)》第 61 条规定:[虚开增值税专用发票、用于骗取出口退税、抵扣税款发票案(《刑法》第二百零五条)]虚开增值税专用发票或者虚开用于骗取出口退税、抵扣税款的其他发票,虚开的税款数额在一万元以上或者致使国家税款被骗数额在五千元以上的,应予立案追诉。

房地产企业若存在虚开发票的行为,将很容易达到以上规定的立案追诉标准,构成该罪名。

第三节 社会政治风险

房地产企业群体性事件若遇到国家重大社会政治活动期间,很可能会被极少数业主群体人员利用,将其上升扩大为社会政治事件,房地产企业及主要负责人将面临相应社会政治风险。本书所指的社会政治风险是指房地产群体性事件由单纯的治安事件发展为带有社会政治色彩的社会政治事件,包括两方面的社会政治风险,一种为国内社会政治风险,另一种为国际社会政治风险。

(一)国内社会政治风险

中共中央办公厅 2004 年制定的《关于积极预防和妥善处置群体性事件的工作意见》中称群体性事件是“由人民内部矛盾引发、群众认为自身权益受到侵害，通过非法聚集、围堵等方式，向有关机关或单位表达意愿、提出要求等事件及其酝酿、形成过程中的串联、聚集等活动”[1]。

2005 年实施的司法部《关于进一步做好集中处理信访突出问题及群体性事件工作的意见》中强调：各级司法行政机关和广大信访工作者要从维护人民群众的根本利益、维护社会稳定、构建社会主义和谐社会的高度，进一步增强做好集中处理信访突出问题及群体性事件工作的责任感和紧迫感。该意见也明确了处理群体性事件时要维护人民群众根本利益、维护社会稳定、构建社会主义和谐社会。

2000 年实施的《公安机关处置群体性治安事件规定》中针对属于人民内部矛盾的群体性事件处置原则作出了明确规定，该处理原则充分体现了该群体性事件属于人民内部矛盾。

第 8 条规定，公安机关处置群体性治安事件，应当遵循下列原则：

（1）在党委、政府领导下，会同有关主管部门处置的原则。群体性治安事件发生后，公安机关要积极建议党政领导和主管部门领导亲临现场，做好矛盾化解工作。要维护好现场秩序，保护党政机关等重点部位及现场工作人员的安全，维护正常的交通秩序。

（2）防止矛盾激化原则。对参与群体性治安事件的群众，要坚持可散不可聚、可解不可结、可顺不可激，以教育疏导为主，力争把问题解决在萌芽状态或初始阶段。

（3）慎用警力和强制措施原则。要根据群体性治安事件的性质、起因和规模来决定是否使用、使用多少和如何使用警力，根据事态的发展情况来决定是否采取强制措施。要防止使用警力和强制措施不慎而激化矛盾，防止警力和强制措施当用不用而使事态扩大。

（4）慎用武器警械原则。处置群体性治安事件现场的民警应当携带必要的警械装备，但不得携带武器；现场外围备勤的民警可以根据需要配备武器。使用警械和武器，应当严格依据《人民警察使用警械和武器条例》的规定。使用催泪弹和武器须经现场指挥批准。

（5）依法果断处置原则。对围堵、冲击党政机关、卧轨拦车、阻断交通、骚乱以及打砸抢烧等违法犯罪活动，要抓住时机，坚决依法果断处置，控制局势，尽快

---

[1] 朱力：《中国社会风险解析——群体性事件的社会冲突性质》，载《学海》2009 年第 1 期。

平息事态,防止事态扩大蔓延。

第9条规定,对下列尚未危害人民群众生命财产安全和社会治安秩序的群体性行为,不得动用警力直接处置,不得使用警械和采取强制措施,但可以派少量警力去现场掌握情况,维持秩序,配合党政领导和有关主管部门做好化解矛盾的工作,并做好随时出警处置的准备。工作中要讲究策略、注意方法,避免与群众发生直接冲突。现场动态应及时报告。

(1)集体上访尚未影响社会治安和公共交通秩序的;

(2)发生在校园、单位内部的罢课、罢工事件,尚未发生行凶伤人或者打砸抢烧行为的;

(3)其他由人民内部矛盾引起、矛盾尚未激化、可以化解的群体性行为。

对于人民内部矛盾就应当在主权国家范围内处理,国家层面在处理群体性事件时,也充分考虑了人民内部矛盾的处理原则,充分维护人民群众利益的原则来处理。

房地产企业群体性事件通常涉及人数众多,一般上百人、上千人,这些人员通过非法集会、游行、阻断交通、冲击房地产企业办公场所、非法上访等行为严重影响社会正常秩序,影响其他公民的正常生活,这种非法维权行为给社会造成极大的危害,严重影响社会稳定性。特别是部分业主群体专门针对国家重大政治活动期间采取以上非法行为,如召开两会期间等。

从政治角度分析,社会出现动乱、不稳定因素,将直接影响国家执政的稳定性,影响国家政权的稳定性,产生国内政治风险。房地产企业群体性事件属于人民内部矛盾。

(二)国际社会政治风险

比如,在某房地产企业群体性事件中,某个别业主在全国性政治会议期间,扬言要到某外国领事馆去反映该群体性事件涉及的事情及诉求,并约具有相同意愿的业主一同前往。该行为具有严重的国际政治诉求,一旦成为事实,将对中国造成较大的国际政治负面影响,成为国际政治事件。外国驻中国机构没有权力参与管理中国国内事务。

中国是一个完全具有主权的国家,享有完全的领土主权、司法主权、执法主权,中国公民的法律纠纷事务应当由中国司法、执法机构管辖处理。任何驻中国的外国大使馆、领事馆没有任何权利受理、管理中国国内纠纷事务。

1. 大使馆工作职务

《维也纳外交关系公约》第 3 条有如下规定:

除其他事项外,使馆之职务如下:

(甲)在接受国中代表派遣国;

(乙)于国际法许可之限度内,在接受国中保护派遣国及其国民之利益;

(丙)与接受国政府办理交涉;

(丁)以一切合法手段调查接受国之状况及发展情形,向派遣国政府具报;

(戊)促进派遣国与接受国之友好关系及发展两国间之经济、文化和科学关系。

2. 领事馆的工作职责

《维也纳领事关系公约》第 5 条规定:领事职务

(1)于国际法许可之限度内,在接受国内保护派遣国及其国民——个人与法人——之利益;

(2)依本公约之规定,增进派遣国与接受国间之商业、经济、文化及科学关系之发展,并在其他方面促进两国间之友好关系;

(3)以一切合法手段调查接受国内商业、经济、文化及科学活动之状况及发展情形,向派遣国政府具报,并向关心人士提供资料;

(4)向派遣国国民发给护照及旅行证件,并向拟赴派遣国旅行人士发给签证或其他适当文件;

(5)帮助及协助派遣国国民——个人与法人;

(6)担任公证人,民事登记员及类似之职司,并办理若干行政性质之事务,但以接受国法律规章无禁止之规定为限;

(7)依接受国法律规章在接受国境内之死亡继承事件中,保护派遣国国民——个人与法人——之利益;

(8)在接受国法律规章所规定之限度内,保护为派遣国国民之未成年人及其他无充分行为能力人之利益,尤以须对彼等施以监护或托管之情形为然;

(9)以不抵触接受国内施行之办法与程序为限,遇派遣国国民因不在当地或由于其他原因不能于适当期间自行辩护其权利与利益时,在接受国法院及其他机关之前担任其代表或为其安排适当之代表,俾依照接受国法律规章取得保全此等国民之权利与利益之临时措施;

(10)依现行国际协定之规定或于无此种国际协定时,以符合接受国法律规

章之任何其他方式,转送司法书状与司法以外文件或执行嘱托调查书或代派遣国法院调查证据之委托书;

(11)对具有派遣国国籍之船舶,在该国登记之航空机以及其航行人员,行使派遣国法律规章所规定之监督及检查权;

(12)对本条第(11)款所称之船舶与航空机及其航行人员给予协助,听取关于船舶航程之陈述,查验船舶文书并加盖印章,于不妨害接受国当局权力之情形下调查航行期间发生之任何事故及在派遣国法律规章许可范围内调解船长船员与水手间之任何争端;

(13)执行派遣国责成领馆办理而不为接受国法律规章所禁止、或不为接受国所反对、或派遣国与接受国间现行国际协定所订明之其他职务。

根据以上规定,可以分析认为外国驻中国的大使馆、领事馆没有权利受理、处理中国国内事务,不能干涉他国内政。他们一旦干涉中国国内事务就涉及侵犯中国司法主权、执法主权等。即使外国不干涉中国国内事务,该业主的此种行为也将引发国际政治性事件,造成极其负面的国际影响。

3. 中国领域内的民事活动刑事犯罪应当遵守中国法律规定

《民法总则》第 12 条规定:中华人民共和国领域内的民事活动,适用中华人民共和国法律。法律另有规定的,依照其规定。

《民事诉讼法》第 4 条规定:凡在中华人民共和国领域内进行民事诉讼,必须遵守本法。

《刑法》第 6 条规定:凡在中华人民共和国领域内犯罪的,除法律有特别规定的以外,都适用本法。凡在中华人民共和国船舶或者航空器内犯罪的,也适用本法。犯罪的行为或者结果有一项发生在中华人民共和国领域内的,就认为是在中华人民共和国领域内犯罪。

以上法条明确规定了在中国领域内的民事活动、民事诉讼活以及刑事犯罪应当遵守中国法律规定,实行属地管辖原则。按照中国司法制度提出诉求、解决矛盾,适用刑罚,不能向外国驻中国大使馆、领事馆提出国内矛盾的诉求。

中国公民在中国领域内要求外国驻中国大使馆、领事馆处理中国领域内的事务,会将国内的人民内部矛盾升级为国际事件,甚至可能引起国际政治事件。

第四节
社会信誉风险

一家企业需要具有较好的社会信誉，才能将获得较好的社会认同，才能较好地销售产品。房地产企业同样需要具有较好的社会信誉，才能较好地销售商品房。房地产企业不同阶段的群体性事件，可能造成不同方面的社会信誉受损，比如：工程质量类群体性事件将导致产品质量社会信誉风险；房屋销售类群体性事件将导致诚信度社会信誉风险；售后委托租赁经营类群体性事件将导致商业经营能力的社会信誉风险；商业物业整体租赁运营类群体性事件将导致房地产企业社会责任信誉风险，导致商业物业整体运营公司诚信度信誉风险。

房地产企业社会信誉受损的同时也会影响到股东的个人信誉受损，形成社会信誉风险。企业与股东个人存在较为紧密的联系，特定情况下，房地产企业的社会形象就是股东的个人形象，股东的个人形象就是房地产企业的形象，两者相辅相成。

一、工程建设施工阶段的群体性事件社会信誉风险

工程质量类社会信誉受损，主要导致社会大众对房屋产品质量认可度降低的社会信誉风险。

比如，出现工程质量事件后，经过大范围的各种舆论传播，在房地产企业当地区域，甚至全国范围社会公民都将在短时间内知晓某某房地产企业开发建设的某楼盘存在质量问题。该房地产企业后续开发销售楼盘将难以有业主相信其建设房屋没有质量问题，这将导致房地产企业失去房屋销售市场。对于房地产企业股东而言，同样难以再次树立个人信誉。

二、房地产销售阶段的群体性社会信誉风险

房地产销售类社会信誉受损，主要导致社会大众对房地产企业诚信认知度

降低的社会信誉风险。

房地产企业销售阶段主要的法律风险为虚假宣传、不实承诺等行为。若后期不能兑现承诺,将直接降低房地产企业社会信誉、股东社会信誉。

比如,甲房地产企业与乙房地产企业联合开发某房地产项目,甲房地产企业具有较好的社会信誉,在房产项目销售时,大肆宣传该房产项目属于甲房地产企业开发建设,绝大多数业主都是基于甲房地产企业良好的社会信誉而购买房屋。但在房屋销售完毕,交付房屋之前,甲方将持有房地产项目公司的股权全部转卖给了乙房地产企业。导致大部分业主认为甲房地产企业欺骗购房者,在房屋还没有交付的情况下,就将股权转让,感觉购买的房屋突然就不是甲房地产企业开发建设。由此引发了群体性事件,大量业主到售楼部、甲房地产企业经营地点打闹。

该事件严重影响了甲房地产企业在当地区域的诚信度社会信誉,即使后期甲房地产企业采取各种补救措施,但仍然造成了较大的社会负面影响。其主要股东的个人诚信度信誉大大降低。

三、商业物业整体招商运营阶段群体性事件社会信誉风险

售后委托租赁经营类群体性事件主要导致社会大众对房地产企业经营能力认可度降低的社会信誉风险。

该阶段的社会风险主要为商业运营管理公司不能向业主依据合同约定支付每月固定租金回报,出现严重的违约行为。房地产企业作为担保人,不能按照承诺向业主支付固定租金回报,构成严重违约行为。

业主群体当初购买房地产企业销售的商业房屋,是基于对房地产企业的信任,与商业管理公司签署委托经营管理协议是基于对商业管理公司的信任,同时相信房地产企业作出的担保承诺,更是对房地产企业的信任。但该项目最终却未能招商运营,业主未能获得固定租金回报。

比如,某房地产企业售后委托经营群体性事件发生后,房地产企业准备招商引资盘活该项目,但大多业主群体对房地产企业以及股东失去信心,对后期招商引资及盘活方案表示怀疑,担心再次陷入一个新的陷阱。因为缺乏大多数业主的信任、支持,该项目拖延了数年,至今仍然没有成功盘活。

类似售后租赁委托经营的房地产企业在经历该群体性事件后，通常都不可能再次开发房地产项目，其经营能力社会信誉将被社会抛弃，房地产企业股东的个人信誉也将降到最低点，失去业主的信任。

四、商业物业整体租赁运营阶段群体性事件社会信誉风险

商业物业整体租赁运营类群体性事件主要导致社会大众对房地产企业社会责任认同度降低的信誉风险，对商业物业运营公司诚信度降低的信誉风险。

该阶段群体性事件主要为商业物业整体租赁运营企业与小商家之间基于商铺租赁关系产生的合同纠纷，包括租赁期限产生争议而引发的群体性事件。如商业物业整体租赁运营企业与房地产企业签署了10年的租赁合同，但后期又签署了补充协议，将租赁期限由10年变更为8年。商业物业整体租赁运营企业在签署变更租赁期限补充协议之后，对于新引进的商家以及之前已入驻的商家没有提前告知，导致小商家心理预期认为的10年租期缩短了2年。该事件中小商家群体认为商业物业整体租赁运营企业存在故意欺骗行为，未提前如实告知真实情况，导致小商家继续投入装修，遭受重大损失。

暂且先不考虑商业物业整体租赁运营企业是否存在故意欺骗行为，是否承担法律责任的问题，小业主群体制造的社会负面宣传就足以导致商业运营企业社会诚信度信誉遭受严重损害。该商业运营企业后期就难以在该地区再次开展整体招商租赁经营业务，将逐步退出市场。

然而房地产企业在该群体性事件中虽然没有直接与业主发生合同关系，但体现出房地产企业对于租期调整没有提前告知业主，没有确保业主在原租赁期限内经营到期限届满的企业社会责任，其社会责任信誉将受到负面影响。

下篇 房地产企业危机管理

第四章 房地产企业危机管理基本理论

第五章 危机管理典型案例评析

第六章 危机管理影响因素

第七章 危机管理指引

第八章 危机管理基本原则实施指引

第九章 危机管理预防措施指引

第四章　房地产企业危机管理基本理论

本书所称房地产企业危机管理是指房地产企业建设运营过程中发生群体性事件的危机管理，不包括房地产企业其他事项的危机管理。

第一节
危机释义

危机的概念最初来源于希腊语，并被普遍用于医学领域，它用来表示一些至关重要的、需要立即作出决断的状况。到了 18 ~ 19 世纪，危机的概念被引入政治局领域，表明政府或政治体制处于紧急状态。[1] 后来危机的概念又被引入企业领域，用来表示那些对企业造成紧急且存在重大风险，需要立即作出决断的事件。

一、国外关于危机的理解

赫尔曼（Hermann）认为，危机是某种特定的形势，在这种形势中，其决策主

---

[1] 董传仪：《危机管理学》，中国传媒大学出版社 2007 年 10 月版，第 3 页。

体的根本目标受到威胁,而且作出决策的反映时间很有限,其发生也出乎决策主体的意料之外。[1]

罗森塔尔(Rosenthal)和皮恩伯格(Pijnenburg)则将危机定义为对一个社会系统的基本价值和行为构架产生严重威胁,并且在时间性和不确定性很强的情况下必须对其作出关键性决策的事件。[2]

福斯特(Foster)认为危机具有四个显著特征:急须快速作出决策,严重缺乏必要的训练有素的员工,严重缺乏物资资源,时间极其有限。[3]

班克司(Banks)把危机定义为:危机是对一个组织、公司及其产品或名声等产生潜在负面影响的事件。他对危机的定义也考虑了危机对声誉产生的影响。[4]

巴顿(Barton)提出危机是一个会引起潜在负面影响的具有不确定性的大事件,这种事件及其后果可能对组织及其员工、产品、服务、资产和声誉造成巨大的损害。巴顿明确地将危机的影响扩大到组织及其员工的声誉和信用层面,并认为组织在危机中的形象管理中是非常必要的。[5]

里宾杰(Lerbinger)将危机定义为:对于企业未来的获利性、成长乃至生存发生潜在威胁的事件。一个事件发展为危机,必须具备三个特征:一是该事件对企业造成威胁,管理者确信该威胁会阻碍企业目标的实现;二是如果不及时采取行动,局面会恶化而且无法挽回;三是该事件具有突发性。[6]

格林(Green)认为,危机是指事态已发展到无法控制的程度。而危机管理的任务是尽可能控制事态,在危机事态中把损失控制在一定的范围内,在事态失控后要争取重新控制住。[7]

二、国内关于危机的理解

以上为国外关于危机的定义解释,我国对于危机的理解相对较晚,但国内学

[1] 董传仪:《危机管理学》,中国传媒大学出版社 2007 年 10 月版,第 4 页。
[2] 董传仪:《危机管理学》,中国传媒大学出版社 2007 年 10 月版,第 4 页。
[3] 董传仪:《危机管理学》,中国传媒大学出版社 2007 年 10 月版,第 4 页。
[4] 董传仪:《危机管理学》,中国传媒大学出版社 2007 年 10 月版,第 4 页。
[5] 董传仪:《危机管理学》,中国传媒大学出版社 2007 年 10 月版,第 4 页。
[6] 董传仪:《危机管理学》,中国传媒大学出版社 2007 年 10 月版,第 4 页。
[7] 董传仪:《危机管理学》,中国传媒大学出版社 2007 年 10 月版,第 4 页。

者对危机的研究也比较深入。比如：

刘刚认为，危机是一种对组织基本目标的实现构成重大威胁，要求组织必须在极短的时间内作出关键性决策和进行紧急回应的突发事件。[1]

杨冠琼认为，危机事件是指那些导致社会系统或其子系统的基本价值和行为准则趋于崩溃，在较大程度上和较大范围内威胁到人们的生命和财产安全，引起社会恐慌和社会正常秩序与运转机制瓦解的事件。[2]

张成福认为，危机是这样一种紧急时间或者紧急状况：它的出现和爆发严重影响了社会的正常运作，对生命、财产、环境等造成的威胁、损害，超出了政府和社会常态的管理能力，要求政府和社会采取特殊的措施加以应对。[3]

三、本书关于危机的理解

结合关于危机一词的起源，以及国外学者、国内学者对危机的解释，笔者认为危机是指某一突发事件存在重大风险，且必须立即采取措施进行处理，重大风险包括了重大经济法律风险、社会政治风险、刑事安全风险等，危机具有以下特征：(1)紧急；(2)决断；(3)重大风险。

国内外大多学者包括本书都是从危机事件的特征上对危机进行解释定义，危机事件可以多样化，只要具备以上三个特征都可以称为危机。可以是政治事件、公共安全事件、社会事件、企业经营管理事件等。危机的概念非常广泛，不局限于某一个行业或者领域。

四、危机与群体性事件的关系

（一）群体性事件的危机特征

我国《科学发展观百科辞典》对群体性事件定义为：可能引发危害社会治安的非法集体活动。一种危机性社会事件。缘于某些利益要求相同或相近的群众个体或团体、组织，在利益受损或不能得到满足并受到策动后，采取非法集会、游

---

[1] 董传仪：《危机管理学》，中国传媒大学出版社 2007 年 10 月版，第 5 页。
[2] 董传仪：《危机管理学》，中国传媒大学出版社 2007 年 10 月版，第 5 页。
[3] 董传仪：《危机管理学》，中国传媒大学出版社 2007 年 10 月版，第 5 页。

行，集体上访、静坐请愿，或集体罢课、罢市、罢工，集体围攻冲击党政机关、重点建设工程和其他要害部位，导致集体阻断交通，集体械斗甚至集体打、砸、烧、杀、抢。具体特征是：(1)有一定数量和规模；(2)涉及的部门行业多，主体成分多元化；(3)城乡群体性事件的指向对象不同，维权内容不同；(4)表现方式激烈，内部矛盾对抗化；(5)组织程度高，经济矛盾趋向政治化；(6)各种矛盾相互交织，处置难度加大。[1]

该定义主要是从群体性事件的表现行为及形式上进行归纳解释，包括公安部2000年4月5日颁布的《公安机关处置群体性治安事件规定》中对群体性治安事件的定义也是从行为表现形式上进行归纳界定，少有从群体性事件危机特征上进行归纳解释。群体性事件并非中国特色，国外也有群体性事件，只是称呼名称不一样。如果我们从群体性事件危机特征角度进行分析，可以发现其具有以下危机特征：

第一，紧急。

群众非法集会、游行、集体上访、堵塞交通、冲击党政机关、罢市、罢工，甚至集体械斗、集体打、砸、烧、杀、抢。这些行为导致整个事件处置必须快速处理，如果不快速处理，将导致以上非法行为进一步扩大，造成更为严重的经济、财产损失，造成更大的社会负面影响，因此具有非常紧迫性。

第二，决断。

因为其具有紧急性，所以必须快速作出决策，拿出处理方案，针对非法行为，进行有效的决断，防止事态进一步扩大。如果不能即时决断将可能导致群体性事件进一步扩大或恶化。

第三，重大风险。

群体性事件往往会造成重大的政治风险、社会风险、经济风险，这些既可能影响到房地产企业利益，也可能影响到社会利益、国家利益。民事经济风险、诉讼风险、刑事风险这些将直接影响企业生死存亡，甚至股东人身安全。

第四，负面影响范围广。

群体性事件的负面影响范围比较广泛，群体性事件一旦爆发，通常会通过网

---

〔1〕 转引自百度百科，载百度百科：https://baike.baidu.com/reference/1116140/23e9VymUbKGsYHEVLoUUW79EwDI9wuuIvZ4DotDe0nLL2eRiAdui5GtKCWEKqFtxOJCcHUyvaEMM9oYySz3-vMPKNGw58d-HDo0DGAcKG g1q_y6Ortdk，最后访问日期：2020年2月3日。奚洁人主编：《科学发展观百科辞典》，上海辞书出版社2007年10月版。

络媒体、电视媒体等高效率的媒体进行传播。企业所在地的整个行政区域,以及全国范围的社会人员会在瞬间知晓该群体性事件,负面影响范围非常广,给企业带来非常大的负面影响。

第五,群体性。

群体性事件还有一个非常重要特征就是群体性,参与非法聚集、游行的人员非常多,都是集体行动,不会单独或者少数人行动。每次群体性事件的人数,少则上百人,多则可达上千人甚至上万人,这个是群体性事件比较重要的特征。

(二)危机与群体性事件的概念比较

1. 从概念的特征内涵比较

通过以上对群体性事件危机特征进行比较分析,本书认为群体性事件在危机特征上具有危机的以上三个特征。虽然群体性事件危机特征除此之外还包括了负面影响范围广、群体性的特征,但只要具备以上三个危机特征的情况下,就已经可以将其划入危机的范畴。

如我国“5·12”汶川地震、中兴事件、华为事件等,这些事件都具备危机的三个特征,都属于危机,但不是群体性危机。群体性事件一定要有负面影响范围广、群体性的特征。

2. 从概念外延范围比较

因危机的特征比群体性事件的特征要少,危机的概念外延相比群体性事件危机的概念外延就更广。危机的概念外延并不针对具体某一种情形,凡是在特征上符合危机以上三个特征的事件都可以划入危机的范围,如中兴事件、华为事件。

通过以上分析比较,我们可以认为危机包含了群体性事件,群体性事件属于危机的一种情形,他们属于包含与被包含的关系,群体性事件也可以称为群体性危机。

五、危机与房地产企业群体性事件的关系

房地产企业群体性事件属于群体性事件中的一类,群体性事件又属于危机的一类,那么房地产企业群体性事件也属于危机的一小类,可以将房地产企业群

体性事件理解为危机事件，针对危机的管理就是危机管理。

第二节
危机管理释义

一、危机管理概念

在西方国家的教科书中，通常把危机管理（crisis management）称为危机沟通管理（crisis communication management），原因在于，加强信息的披露与公众的沟通，争取公众的谅解与支持是危机管理的基本对策。[1]

危机管理是专门的管理科学，它是为了应对突发的危机事件，抗拒突发的灾难事变，尽量使损害降至最低点而事先建立的防范、处理体系和对应的措施。对一个企业而言，可以称为企业危机的事项是指当企业面临与社会大众或顾客有密切关系且后果严重的重大事故，而为了应付危机的出现在企业内预先建立防范和处理这些重大事故的体制和措施，则称为企业的危机管理。[2]

根据美国《危机管理》一书的作者菲克普曾对《财富》杂志排名前500强的大企业董事长和CEO所作的专项调查表明，80%的被调查者认为，现代企业面对危机，就如同人们必然面对死亡一样，已成为不可避免的事情。其中有14%的人承认，曾经受到严重危机的挑战。[3]

美国南加州大学的鲍勇剑和陈百助认为危机管理是一门研究为什么（why）人为造成的危机会发生，什么样（what）的步骤或方法可以避免这些危机发生，一旦危机发生，如何（how）控制危机的发展和消除危机的影响的学科。[4]

---

〔1〕《什么是危机管理》，载MBA智库·百科：https://wiki.mbalib.com/wiki/危机管理，最后访问日期：2020年2月3日。

〔2〕《什么是危机管理》，载MBA智库·百科：https://wiki.mbalib.com/wiki/危机管理，最后访问日期：2020年2月3日。

〔3〕《什么是危机管理》，载MBA智库·百科：https://wiki.mbalib.com/wiki/危机管理，最后访问日期：2020年2月3日。

〔4〕董传仪：《危机管理学》，中国传媒大学出版社2007年10月版，第17页。

苏伟认为,危机管理是指组织或个人通过危机监测、危机预控、危机决策和危机处理,达到避免、减少危机产生的危害,甚至将危机转化为机会的目的。[1]

2007 年全国工商联《关于指导民营企业加强危机管理工作的若干意见》关于危机管理定义:是指企业在经营过程中针对企业可能面临的或正在面临的危机,而就危机预防、危机处理和危机恢复等行为所进行的一系列管理活动的总称。

基于国内外学者对危机管理的理解,以及本书对危机的定义,笔者认为危机管理是基于危机事件的重大风险,并针对性地制定解决方案、应对措施,避免风险发生或者应对已发生的风险,达到转危为安或者将风险降低到最低点的目的。

二、房地产企业危机管理

房地产企业群体性事件属于危机中的一个小类,房地产企业群体性事件的处理也属于危机管理的一类,即房地产企业危机管理。在此基础上,房地产企业危机管理与危机管理在管理思路上具有一致性,可以按照危机管理的思路来指导房地产企业危机管理。

但在制定房地产企业危机管理方案时,应以房地产企业群体性事件为基础,根据房地产企业群体性事件特殊情况制定相应的危机管理方案、应对措施。

鉴于本书主要阐述房地产企业群体性事件与危机管理,因此,本书所称的危机管理仅指房地产企业危机管理。

第三节
危机管理属性

房地产企业群体性事件危机管理从属性上分析,具有多重属性,主要具有:

〔1〕 董传仪:《危机管理学》,中国传媒大学出版社 2007 年 10 月版,第 17 页。

社会政治属性、法律属性、管理属性、多主体属性、经济属性、社会信誉属性。

（一）社会政治属性

因群体性危机具有后果较为严重，涉及人数较多等特点，必将影响当地社会稳定、社会治安等，与当地政府有着最根本的关联性。

1. 后果较为严重。导致业主或买受人遭受巨大经济损失、甚至人身安全威胁。如房屋质量群体性危机管理，可能出现影响人身安全的质量隐患；售后租赁委托经营类群体性危机管理，房地产公司不能支付到期租金问题，直接影响业主投资收益回报，进而影响业主生活、居住保障等较为重大、严重的社会问题。

2. 人数众多。群体性危机管理具有人数众多的特点，如房屋质量类群体性危机管理，通常涉及整个小区全部住户，一般一千多户业主；售后租赁委托经营类群体性危机管理通常涉及该项目所有购买商业房屋的业主，一般有一两千户买受人，这将严重影响到大多数人的利益。

3. 业主向政府施加压力。房屋买受人均采取向当地政府机关请愿、非法聚集游行、通过网络媒体扩大社会负面影响，所有手段的目的都是希望向政府机关施加压力，希望政府出面帮助买受人解决问题。然而，对于群体性业主采取的极端行为，政府必须面对解决。

（二）法律属性

危机管理具有法律属性，与法律具有直接关联性。

1. 群体性危机的起因通常为房地产企业存在某一方面或某一程度的违约行为或过错行为致使普遍性的业主遭受损失，进而导致群体性事件。

如建设工程质量类、售后租赁委托经营类等都存在不同程度的合同违约行为。房屋地基质量问题导致地下室局部结构出现裂缝，楼栋门厅及外墙出现裂缝；房地产企业及商业管理公司不能支付到期租金，出现合同违约行为等。

2. 不同的法律关系以及法律依据，将决定房地产企业是否承担赔偿责任、承担多大的赔偿责任，最终将影响制定不同的危机管理方案。如工程质量类案件，在不存在结构性安全质量的情况下，房地产企业将仅承担修复法律责任，不承担解除合同退房退款的法律责任。再如，不能支付到期租金类案件，法律关系上为房屋租赁合同关系，虽然不能支付租金，但不影响房屋买卖合同的有效履行，业主不能以此要求解除商品房买卖合同，不能要求退房、退款。

(三)管理属性

房地产企业群体性危机管理与企业管理具有密切关联性。

危机管理重在管理。需要成立专门的组织管理机构,对危机事件进行专项管理。组织机构成员应包括公司股东负责人、高级管理人员、专业工程师、专业危机管理律师、行政人员、外联、安保等人员,根据危机管理需求随时增加、减少相应专业人员。对群体性事件进行危机管理,以便高效、统一、正确地作出决策。

(四)多主体属性

房地产企业群体性危机管理关系到多方主体,与各方具有利益关联性。

以房地产企业为中心,环绕在周围的关联主体包括业主、政府、银行、施工单位等利益关联主体。如业主群体诉求处理问题;房屋质量问题涉及施工总承包单位修建房屋的质量赔偿问题;银行是否继续发放按揭贷款问题。房地产公司售后委托经营纠纷,涉及银行是否提前收回贷款、是否展期继续放贷的问题,施工总承包单位是否就欠付工程款提起诉讼的问题。政府部门对社会稳定事件的处理态度问题等。

(五)经济属性

房地产企业群体性危机管理与市场经济环境、公司财务状况具有重大关联性。

群体性事件的有效解决,成功的危机管理,通常涉及经济属性,需要经济支撑才能将管理措施最终落实。因房地产群体性事件一般为房地产企业违约行为导致,根据法律及合同约定,房地产企业需要给予业主一定程度的经济补偿,没有经济支撑,该补偿将难以实现。

(六)社会信誉属性

群体性事件往往具有广泛的社会影响,造成事发区域或更大区域的人们知晓该事件。知晓该事件的人越多,危机管理难度就越大,受到社会舆论的影响就越大。房地产企业属于社会中的一员,其行为必将受到社会影响,社会认可度必将影响到房地产企业的危机管理成效。若一家房地产企业的社会信誉、企业信誉受到负面影响,这对企业而言将是巨大灾难。房地产企业在制定危机管理方案时,必将考虑社会事件的社会影响、管理方案执行后产生的社会效果,对企业名誉的影响。

刘妍在《企业危机管理视角下名誉管理理论综述》一文中,将企业社会信誉上升企业管理的高度,从危机管理的角度对企业名誉管理进行了论述。[1] 由此可见,企业名誉管理在危机管理中的重要性。

房地产企业面对业主制造的巨大社会负面舆论,在与业主代表协商解决方案时,均作出了一定程度的妥协让步,以减小和消除企业名誉上的负面影响,促进群体性事件的解决。因此,群体性事件的危机管理具有较强的社会信誉属性。

[1] 刘妍:《企业危机管理视角下名誉管理理论综述》,载《无锡商业职业技术学院学报》2017 年第 6 期。

第五章　危机管理典型案例评析

第一节
建设工程施工阶段典型案例评析

本阶段危机案例主要为地基基础质量危机，因为房屋质量问题能够造成危机的情形，通常是重大质量问题，而地基基础为最有可能出现重大质量问题的施工环节，本章主要就基地基础施工环节出现的群体性事件危机管理进行案例评析。

一、案例一：地下室局部结构工程质量危机管理[1]

(一)事件概况

A房地产公司(以下简称A公司)开发建设某住宅项目H楼盘，2017年H楼盘房屋交付业主使用，共计一千多名业主。2018年7月初H楼盘地区连续数日大降雨，2018年7月11日H项目中庭绿地区域对应地下室地基上浮，地下室局部结构出现裂缝，楼栋门厅外墙出现裂缝。

经专业鉴定机构现场勘查鉴定认为，H项目事发当日场地周边实际水位达

[1] 刘涛：《房地产企业群体性事件危机管理影响因素研究》，巴黎高等管理学院2019年硕士学位论文。

到600m,场地水位超出抗浮水位610m,纯地下室实际浮力作用值大于该抗浮水位浮力作用值,加之纯地下室顶板覆土压重不足,上述原因导致纯地下室整体抗浮能力和局部抗浮能力不足,进而引起地下室局部结构出现裂缝,楼栋门厅外墙出现裂缝。

A公司股东单一,能够较快速地形成股东决策,且财务状况良好,具有一定资金现金流。但尚有部分业主购买房屋之后,银行尚未发放按揭贷款,正处于银行内部审批中。

2018年7月底,工程质量鉴定机构出具的鉴定结论为,未对住宅主体结构安全性造成影响,主体结构安全,纯地下室的部分结构构件安全性造成了影响,需要加固处理。

(二)业主群体性行为

2018年7月12日开始,业主群体采取以下行为:

1. 上千名业主快速非法聚集到A公司售楼部、当地政府机关所在地;
2. 非法聚集后采取静坐及示威、游行、堵塞交通;
3. 通过网络媒体、电台媒体对房屋质量事件进行宣传,同时带有负面宣传。

(三)业主群体性诉求

鉴于H项目出现以上房屋质量状况,导致整个住宅小区业主恐慌,担心房屋出现安全性问题,影响生命安全,不能居住使用。业主诉求为:

1. 要求A公司承担业主外住酒店的费用;
2. 要求退房、退款;
3. 要求赔偿全部损失。

(四)危机管理措施

2018年7月12日,面对上千名业主集体向政府上访、围堵A公司、舆论负面宣传等危机情形,为了平息业主愤怒,化解危机,A公司采取了以下措施:

1. A公司首先向业主补偿一个星期的酒店住宿费用。
2. 在此之后A公司负责人立刻聘请了专业处理房地产企业群体性事件危机管理律师团队作为危机管理专项法律顾问,在律师团队建议下,A公司负责人立刻以高层领导、律师团队、工程师、综合保障部门、销售等部门组成了危机管理小组。

3. 2018 年 7 月 13 日，A 公司应急管理小组根据各方专业建议制定出危机管理方案，分主体、分步骤实施：

第一，由律师团队根据事件情况结合商品房买卖合同从法律角度针对群体业主提出诉求进行法律分析，并提出解决建议。整个危机管理方案在符合国家法律、政策的前提下制定、执行。

第二，由工程师与第三方工程鉴定机构联系，从工程质量、安全性角度对房屋地基、结构安全性进行勘查、鉴定，作出鉴定结论。

第三，向当地主管政府部门汇报目前状况及 A 公司解决方案，取得政府部门支持。政府部门指派公安等部门，对业主群体性违法人员进行拘留、驱散等行为。

第四，召开沟通、协调会，要求群体业主选取 10 名左右代表，在政府主管部门主持下，由 A 公司危机管理小组与业主代表就业主提出的诉求进行沟通、协商，对业主诉求在法律范围内、合理范围内作出适当的满足与妥协。

第五，A 公司向合作贷款银行取得联系，确保银行在此时理解、支持 A 公司。

第六，向施工总承包单位提出要求，就工程施工质量等事宜进行交涉，若存在质量问题，施工总包单位应承担相应修复、赔偿责任。

（五）危机管理效果

通过 A 公司应急管理小组与各方关联主体的积极沟通协调，在专业律师团队的法律把控下，已达到以下效果：

1. 政府从维护社会稳定以及社会秩序角度出发，指派公安、国土、城建、安监、房管等部门主要领导组成政府工作小组，确保社会稳定及秩序，防止打砸抢、人身伤害、非法游行示威、不实舆论宣传等方面进行管控，维护了正常的社会秩序。但政府机关也要求 A 公司限期拿出解决方案，合法、有效妥善地回应业主诉求。

2. 搭建 A 公司与业主代表沟通的平台，双方能够平静、平等地协商解决方案，两千多户业主选取 10 名业主代表与 A 公司进行协商沟通。通过数十次的沟通、协商，双方已达成和解协议，由 A 公司出资根据鉴定结论及修复建议负责对质量问题进行修复、加固，确保质量安全。

3. 施工总承包单位同意工程施工人员到现场配合勘查鉴定，并同意对施工工程质量问题承担相应责任。

4. 贷款银行同意在房屋不存在根本性结构安全的情况下,继续为按揭贷款业主发放贷款。

5. 在支付一个星期的酒店住宿费用后,A 公司就没有再继续支付酒店住宿费用。

事件最后,在正确的危机管理方案指引下,在法律框架之内,加之 A 公司具有一定经济能力,在财务状况良好的情况下,A 公司作为 H 项目开发建设单位,出资完成对受损地基及房屋修复、加固,房屋符合质检安全标准,银行恢复按揭贷款,最终以最佳的解决方案和最小的经济代价,将该群体性事件通过有效的危机管理圆满解决。

(六)危机管理案例评析

该案例是房地产企业进行群体性事件危机管理的成功案例,本书主要从影响危机管理因素的角度进行评析,影响危机管理的因素分为两部分:一是内部因素;二是外部因素。

1. 内部因素

(1)股东关系。本次危机管理中,A 公司为家族企业,股东为家人,能够形成高度的一致性。应对危机的反应时间非常快速,能够当即形成有效决策。

(2)组织机构。A 公司能够快速组建危机管理小组,包括高级管理人员、专业律师、工程师、销售人员、行政人员等在内的专业人员,组建高质量、高效的组织机构。

(3)律师团队。律师团队因素是危机管理中非常重要的因素,A 公司能够在发生危机的第二天就立即果断聘请具有危机管理丰富经验的专业律师团队介入,对危机事件从法律层面进行全面、深入的分析。律师团队为 A 公司制定危机管理方案提供了有力的法律支持,确保危机管理的一切行为合法、合理且经济代价最小。

(4)财务状况。A 公司属于正常经营的房地产公司,具有一定现金流,能够承担法律责任范围的经济责任。本案中,A 公司依法承担了相应合理的法律责任,如支付一定期限的酒店住宿费用,安慰了业主惊恐的心情,同时对房屋质量问题进行修复、加固,确保了房屋质量安全。

(5)社会道德。A 公司进行危机管理时,充分考虑了社会道德因素,考虑了业主群体的立场。在事发当日就向业主支付了一个星期的酒店住宿费用作为补偿,解决了业主担心房屋危及人身安全的顾虑。

2. 外部因素

(1)社会政治

本案中,社会政治因素对 A 公司的压力巨大,A 公司积极面对、积极处理,将社会政治因素带来的压力降低到了最小,没有对 A 公司造成巨大负面影响。

(2)国家法律政策

本案中,国家法律政策既有对 A 公司有利的一面,也有对 A 公司不利的一面。为此,A 公司聘请了专业危机管理律师针对性地进行法律分析,提出法律解决建议,确保了正确理解、运用法律政策规定。

(3)关联主体

此次危机管理涉及关联主体有业主群体、银行、施工单位、政府,通过合法、合理的危机管理措施,分别与各个主体进行沟通,稳定了各关联主体,为 A 公司危机管理创造了较好的外部环境。

(4)市场经济环境因素

本案例中,市场经济环境因素对危机管理没有关联性。

从以上危机管理的内部因素、外部因素分析,A 公司均能较好地利用这些因素,发挥积极作用,没有出现阻碍因素,最终促使 A 公司危机管理取得圆满成功。

二、案例二:深基坑施工导致临近房屋、地面出现裂缝危机管理

(一)事件概况

2006 年 9 月某商业广场项目开始深基坑施工,B 房地产公司(以下简称 B 公司)是该项目的开发建设单位。在 2006 年 10 月底该项目深基坑施工导致临近房屋、地面出现裂缝,在众多业主强烈要求下,该项目停止施工。根据鉴定机构出具的鉴定结论显示为因降水抗浮施工不符合要求,导致临近房屋及地面出现裂缝,但不影响房屋结构安全。

(二)业主群体性行为

2006 年 10 月底该项目临近居住业主群体性通过书面形式向政府主管部

门、B 公司反映房屋受损情况，整个过程业主群体比较理性，没有形成大规模的非法聚集、游行、静坐等行为，而是采用较为理性的书面反映、合法方式反映。此种行为模式在危机中是比较少见的。

（三）业主群体性诉求

业主发现房屋因深基坑施工导致出现裂缝后，提出了以下诉求：

1. 要求房地产企业支付酒店及房屋租赁费用，直到房屋安全并修复为止；
2. 要求房地产企业赔偿由此给业主造成的损失，包括房屋价值贬低损失；
3. 立即停止施工，未能确保安全的情况，不得复工。

（四）危机管理措施

根据业主群体提出的诉求，B 公司充分考虑业主群体利益，积极面对并采取了以下措施：

1. B 公司首先向业主群体补偿一个月的酒店住宿费用。

2. 在此之后 B 公司负责人立刻召集了专业律师团队提供专业法律建议，在律师团队建议下，B 公司负责人立刻以高层领导、律师团队、工程师、综合保障部门、销售等部门组成危机管理小组。

3. B 公司应急管理小组根据各方专业建议制定出危机管理方案，分主体、分步骤实施。

第一，由律师团队根据事件情况从法律角度针对群体业主提出诉求进行法律分析，并提出解决建议。整个危机管理方案在符合国家法律、政策的前提下制定、执行。

第二，由工程师与第三方工程鉴定机构联系，从工程质量、安全性角度对房屋安全性进行勘查、鉴定，作出鉴定结论。

第三，向当地主管政府部门汇报目前状况及公司解决方案，取得政府部门支持。

第四，召开沟通、协调会，要求群体业主选取 10 名左右代表，在政府主管部门主持下，由 B 公司危机管理小组与业主代表就业主提出的诉求进行沟通、协商，对业主诉求在法律范围内、合理范围内作出适当的满足与妥协。

第六，向施工总承包单位提出要求，就工程施工质量等事宜进行交涉，若存在质量问题，施工总包单位应承担相应修复、赔偿责任。

（五）危机管理效果

通过B公司应急管理小组与各方关联主体的积极沟通协调，在专业律师团队的法律把控下，已达到以下效果：

1. 在政府支持下搭建B公司与业主代表沟通平台，双方能够平静、平等地协商、沟通解决方案。通过数十次的沟通、协商，双方已达成和解协议。

2. 由B公司出资根据鉴定结论及修复建议负责对业主房屋进行修复、加固，确保质量安全。同时对基坑施工采取相应技术措施，确保符合技术规范要求。

事件最后，在正确的危机管理方案指引下，在法律框架之内，加之B公司具有较好经济能力，财务状况良好的情况下，B公司出资完成对受损房屋进行修复、加固，基坑施工单位提出了安全的技术方案，确保基坑施工后续安全可靠。在2006年12月底该危机以最优的解决方案和最小的经济代价，圆满解决。

（六）危机管理案例评析

该案例是房地产企业危机管理的成功案例，该案例没有群体性非法行为，是在合法、合理的范围提出诉求、双方协商解决。本书主要从影响危机管理因素的角度进行评析：

1. 内部因素

（1）股东关系。本次危机管理中，B公司为一家非常具备开发实力的品牌房地产企业，具有非常健全的管理制度。应对危机的反应时间非常快速，能够当即形成有效决策。

（2）组织机构。B公司能够快速组建危机管理小组，包括高级管理人员、专业律师、工程师、销售人员、行政人员等在内的专业人员，组建高质量、高效的组织机构。

（3）律师团队。B公司能够在发生危机后立即聘请律师到现场，对危机事件从法律层面进行全面、深入的分析。律师团队为B公司制定危机管理方案提供了有力的法律保障，为危机管理的方案制定提供了有力的法律支持，确保危机管理一切行为合法、合理。

（4）财务状况。B公司属于大型品牌房地产公司，具有较强的资金实力，能够承担法律责任范围的经济责任。

(5)社会道德。B公司进行危机管理时,充分考虑了社会道德因素,考虑到业主群体的立场。在事发当日就向业主支付了一个月的酒店住宿费用作为补偿,解决了业主担心房屋危及人身安全的顾虑。

2. 外部因素

(1)社会政治

本案中,由于B公司积极面对,与业主群体能够进行较好的沟通。社会政治因素对B公司的压力非常小,没有对B公司造成负面压力。

(2)国家法律政策

本案中,国家法律政策既有对B公司有利的一面,也有对B公司不利的一面。为此,B公司聘请了律师针对性进行法律分析,提出法律解决建议。确保了正确理解、运用法律政策规定。

(3)关联主体

此次危机管理涉及关联主体较少,主要为业主群体、施工单位、政府,B公司分别与各个主体进行沟通,稳定了各关联主体,为B公司危机管理创造了较好的外部环境。

(4)市场经济环境因素

本案例中,市场经济环境因素对危机管理没有关联性。

从以上危机管理的内部因素、外部因素分析,B公司均处理得比较好,没有出现阻碍因素,最终促使B公司危机管理取得圆满成功。

第二节
房地产销售阶段典型案例评析

一、案例一:小区交付时的园林景观与广告宣传不相符危机管理

(一)事件概况

2010年C房地产企业开始销售房屋,该楼盘为当地区比较高端的住宅楼盘,小区园林参照东南亚园林风格打造,小区景观、园林、小品为东南亚建筑风

格。C房地产企业销售房屋时也是主打东南亚园林风格进行宣传，并采取印发DM单、投放软文广告、图片广告等多形式的宣传。许多业主购买房屋时正是看到该独特的园林景观打造才购买该房屋，业主充满了期待。

但是在2011年交付房屋时，业主发现除了小区内的部分景观是按照东南亚风格打造外，原DM单宣传的大部分园林区域均没有按照东南亚风格打造。为此，业主非常不满，形成了群体性事件，出现了危机。

从法律角度分析，该事件可以从两方面分析：

1. 一方面为合法性分析

根据最高人民法院《关于审理商品房买卖合同纠纷案件适用法律若干问题的解释》第3条规定：商品房的销售广告和宣传资料为要约邀请，但是出卖人就商品房开发规划范围内的房屋及相关设施所作的说明和允诺具体确定，并对商品房买卖合同的订立以及房屋价格的确定有重大影响的，应当视为要约。该说明和允诺即使未载入商品房买卖合同，亦应当视为合同内容，当事人违反的，应当承担违约责任。

根据以上法律规定，商品房销售广告和宣传资料属于商品房买卖合同的一部分，必须具备以下条件：

(1)在商品房开发规划范围内的说明和允诺；

(2)该宣传必须具体确定；

(3)对商品房买卖合同订立以及房屋价格有重大影响。

DM单宣传的小区规划范围之外的东南亚园林区域属于市政区域，并非商品房开发规划范围，且DM单中用线条进行区分说明，哪些属于市政绿化区域，哪些属于项目小区规划区域。因此，从法律角度来讲，该宣传单不应当认定为属于商品房买卖合同的组成部分，不应当认定为C房地产企业违约，当然房地产企业也不需要承担违约责任。

2. 另一方面从情理上分析

从情理上分析，业主诉求具有一定合理性，虽然从法律上分析，不属于商品房买卖合同约定内容。但毕竟房地产企业在宣传单上作出了明确具体的描述，即使属于市政区域，也足以让业主误解属于房地产企业打造的东南亚园林风格景观。笔者个人认为这种打法律“擦边球”，虽然在法律框架范围内，但毕竟存在误导业主的因素，从情理上分析存在不合理之处。

(二)业主群体性行为

在短暂的几天内,非法聚集了几百上千名业主,集中采取了以下行为。

1. 冲击 C 房地产公司另外在售房屋的售楼部、办公场所,并对物品进行打、砸。

2. 堵塞项目门前的交通。

3. 通过新闻媒体广泛宣传、负面报道。

(三)业主群体性诉求

1. 要求 C 房地产公司赔偿损失。

2. 要求退房、退款。

(四)危机管理措施

根据业主群体提出的诉求,C 房地产公司采取了以下措施:

1. C 房地产公司立刻召集了专业律师团队提供专业法律建议,在律师团队建议下,C 公司立刻以高层领导、律师团队、销售部门、综合保障部门等部门组成危机管理小组。

2. C 房地产公司应急管理小组根据各方专业建议制定出危机管理方案,分主体、分步骤实施:

第一,由律师团队根据事件情况从法律角度针对群体业主提出诉求进行法律分析,并提出解决建议。整个危机管理方案在符合国家法律、政策的前提下制定、执行。

第二,向当地主管政府部门汇报目前状况及公司解决方案,取得政府部门支持。

第三,召开沟通、协调会,要求群体业主选取 15 名左右代表,在政府主管部门主持下,由 C 房地产公司危机管理小组与业主代表就业主提出的诉求进行沟通、协商,向业主作出解释。

(五)危机管理效果

通过 C 房地产企业应急管理小组与各方关联主体的积极沟通协调,在专业律师团队的法律把控下,出现以下结果:

1. 在政府支持下搭建C房地产公司与业主代表沟通平台,由房地产企向业主作出解释、沟通。

2. 因该宣传广告从法律上分析不属于商品房买卖合同约定内容,房地产企业不需要承担法律责任。为此房地产企业未作出让步,业主在咨询相关法律专业人员后,也逐渐淡化。该群体性事件危机管理就此结束。

事件最后,该群体性事件的解决最主要得益于从法律上充分分析C房地产公司没有违约过错行为,因此可以采取不妥协的态度处理,通过慢慢解释让业主逐步接受现状。

(六)危机管理案例评析

该案例是房地产企业危机管理的成功案例,是在合法范围内依据法律解决。本书主要从影响危机管理因素的角度进行评析:

1. 外部因素

(1)股东关系。本次危机管理中,C房地产公司为一家品牌房地产企业,具有非常健全的管理制度。应对危机的反应时间非常快速,能够当即形成有效决策。

(2)组织机构。C房地产公司能够快速组建危机管理小组,包括高级管理人员、专业律师、销售人员、行政人员等在内的专业人员,组建高质量、高效的管理机构。

(3)律师团队。C房地产公司能够在发生危机后立即聘请律师到现场,对危机事件从法律层面进行全面、深入的分析。律师团队为C公司制定危机管理方案提供了有力的法律保障,为制定危机管理方案提供了有力的法律支持。

(4)财务状况。因C房地产公司在法律上不存在违约行为,所以没有承担赔偿责任。

(5)社会道德。C房地产公司进行危机管理时,没有充分考虑社会道德因素,没有从合理性角度考虑,该方面处理有些欠妥。

2. 外部因素

(1)社会政治

本案中,由于C房地产公司积极面对,与业主群体充分解释,社会政治压力较小。

(2)国家法律政策

本案中,C房地产公司充分运用了法律规定,在法律框架边线内处理该危机,起到了较好的效果。

(3)关联主体

此次危机管理涉及关联主体仅为业主群体,没有涉及其他关联主体,因此 C 房地产公司进行危机管理时压力相对较小。

(4)市场经济环境因素

本案例中,市场经济环境因素对危机管理没有关联性。

从以上危机管理的内部因素、外部因素分析,由于 C 房地产公司本身不存在违约行为,并严格依据法律规定进行处理,主要依据法律因素、组织机构因素进行危机管理,其他因素对 C 房地产公司影响较小。

笔者认为,房地产公司没有考虑业主社会道德因素,单纯依据法律规定解决危机,稍显冰冷,应在依据法律规定的前提下,适当考虑社会道德因素进行危机管理,这样更符合社会实际情况,更能彻底处理危机。

二、案例二:D 房地产公司在房屋交付前全部转让股份危机管理

(一)事件概括

2010 年 D 房地产公司与 F 房地产公司联合开发某高端住宅项目,其中 D 房地产公司属于品牌影响力比较好的房地产公司,F 房地产公司没有知名度,但有资金,所以两者合作开发房产项目。

房屋销售过程中,房产开发项目重点宣传该项目属于 D 房地产公司开发建设,各类宣传广告、媒体均大势宣传。大部分业主也是基于 D 房地产公司开发商建设楼盘而购买该房屋。

2011 年房产项目销售接近尾期的时候,尚未交付房屋,此时 D 房地产公司将其持有房产项目公司的股份全部转让给 F 房地产公司。业主群体通过其他途径知晓了该股权转让事宜,认为 D 房地产公司没有遵守开发宣传承诺,在房屋尚未交付之前,还处于建设施工阶段,就将股权全部转出,那么房产项目实际上就与 D 房地产公司没有任何关联性,此前的广告宣传存在误导、欺诈嫌疑。为此引发了一场因房地产公司股权转让的危机事件。

(二)业主群体性行为

业主在短时间内非法聚集数百人,采取以下措施:

1. 冲击 D 房地产公司售楼部、公司办公场所；

2. 对售楼部物品进行打、砸；

3. 阻断房产项目门前的交通；

4. 通过新闻媒体大范围地宣传，制造社会负面影响。

（三）业主群体性诉求

1. 要求 D 房地产公司回购股权。

2. 因 D 房地产公司未再继续开发该房地产项目，降低了小区品牌价值，要求赔偿业主遭受的损失。

（四）危机管理措施

根据业主群体提出的诉求，D 房地产公司采取了以下措施：

1. D 房地产公司立刻召集了专业律师团队提供专业法律建议，在律师团队建议下，D 房地产公司立刻以高层领导、律师团队、销售部门、综合保障部门等部门组成危机管理小组。

2. D 房地产公司应急管理小组根据各方专业建议制定出危机管理方案，分主体、分步骤实施：

第一，由律师团队根据事件情况从法律角度针对群体业主提出诉求进行法律分析，并提出解决建议。从法律上分析股权转让不需要取得业主同意，公司之间可以进行股权转让，D 房地产公司股权转让行为并不违反法律规定。

第二，向当地主管政府部门汇报目前状况及解决方案，取得政府部门支持。

第三，召开沟通、协调会，要求群体业主选取 15 名左右代表，在政府主管部门主持下，由 D 房地产公司股东与业主代表就业主提出的诉求进行沟通、协商，向业主作出解释。

第四，D 房地产公司股东最终表示同意业主提出将股权回购的要求，但拒绝其他赔偿诉求。

（五）危机管理效果

通过 D 房地产公司应急管理小组与业主群体的积极沟通协调，在专业律师团队的法律把控下，达到以下结果：

1. 由房地产公司向业主群体作出解释、沟通；

2. 因房地产公司可以自行转让股份，该股权转让行为不违反法律规定，房地产企业坚决拒绝业主提出的经济赔偿要求；

3. 但房地产公司基于道德情理考虑，同意回购股份，在房屋交付以前，不再转让。

事件最后，D 房地产公司从 F 房地产公司回购了股份，业主对此同意，该群体性事件最终得以解决。

(六) 危机管理案例评析

该案例是房地产企业危机管理的成功案例，是依据法律规定同时又从业主情感、合理性的角度进行危机管理。本书主要从影响危机管理因素的角度进行评析：

1. 内部因素

(1) 股东关系。本次危机管理中，D 房地产公司为一家品牌房地产企业，具有非常健全的管理制度。应对危机的反应时间非常快速，能够当即形成有效决策。

(2) 组织机构。公司能够快速地组建危机管理小组，包括高级管理人员、专业律师、销售人员、行政人员等在内的专业人员，组建高质量、高效的管理机构。

(3) 律师团队。D 房地产公司能够在发生危机后立即聘请律师到现场，对危机事件从法律层面进行全面、深入分析。律师团队为 D 房地产公司制定危机管理方案提供了有力的法律保障，为制定危机管理的方案提供了有力的法律支持。

(4) 财务状况。因 D 房地产公司在法律上不存在违约行为，所以没有承担赔偿责任。

(5) 社会道德。社会道德因素在本案危机管理中起到了决定性的作用，D 房地产公司基于社会道德、业主情感的角度出发，同意回购股份，最终成功解决危机事件。

2. 外部因素

(1) 社会政治

本案中，由于 D 房地产公司积极面对，与业主群体充分解释，社会政治压力较小。

(2)国家法律政策

本案中,D 房地产公司充分运用了法律规定,对于业主提出的无理经济赔偿坚决拒绝。

(3)关联主体

此次危机管理涉及关联主体仅为业主群体,没有涉及其他关联主体,因此 D 房地产公司进行危机管理时压力相对较小。

从以上危机管理的内部因素、外部因素分析,由于 D 房地产公司本身不存在违约行为,并严格依据法律规定进行处理,从道德因素、组织机构因素进行危机管理。

(4)市场经济环境因素

本案例中,市场经济环境因素对危机管理没有关联性。

但值得注意的是,社会道德因素在此次危机管理中起到了非常大的作用,使危机管理得以快速解决。本案例与上一案例 C 房地产企业危机管理相比有着重大区别:C 房地产企业园林景观与广告宣传不相符的案例基本没有考虑社会道德因素,完全依据法律处理,本案则主要考虑社会道德因素。也有共同点:两个案例都是严格依据法律规定进行危机管理,拒绝给予不符合法律规定的经济赔偿,拒绝业主不符合法律规定的诉求。该两个案例最终都成功化解危机,属于比较成功的危机管理案例。

第三节 商业物业整体招商运营阶段典型案例评析

一、案例一:售后委托租赁经营危机管理[1]

(一)事件概况

2013 年 G 房地产公司开发建设 M 商业综合体,开发面积约三十万平方米

[1] 刘涛:《房地产企业群体性事件危机管理影响因素研究》,巴黎高等管理学院 2019 年硕士学位论文。

商业。从2013年到2015年5月,当时正处于中国实体经济萧条,电商网络经济快速发展时期,实体经济受到巨大冲击。G房地产公司为了促进商业物业销售,快速回笼资金,采取售后委托经营的模式销售商业物业。即G房地产公司将房屋销售给买受人,同时由H商业管理公司(承租人)向买受人(出租人)承租其购买的房屋,并由H商业管理公司在房屋竣工验收交付之日起按月向买受人(出租人)支付高额租金,G房地产公司承担租金支付担保责任。对于买受人(出租人)而言,在购买房屋的同时就可以收取租金回报。此种销售方式在短期内吸引了巨大数量的买受人购买房屋,房屋的销售业绩直线上升。

但此种销售方式存在较大的风险,即2014年以来H商业管理公司因未能有效招商运营,M商业项目没有商家入驻,没有形成资金流水,H商业管理公司没有任何收入,最终导致在2016年7月房屋竣工验收交付之后就出现违约,H商业管理公司不能支付两千余户买受人的到期租金。因G房地产公司承担租金支付担保责任,同时G房地产公司财务状况出现亏损,同样不能向业主支付租金回报。G房地产公司、H商业管理公司同时出现严重的违约行为,G房地产公司还欠付施工总承包单位数亿元工程款,欠付银行数亿元贷款未归还。

G房地产公司有三个股东,股东之间持股比例大致相当,任一方都难以形成绝对控制权。三个股东对群体性事件发生后的处理方案、采取措施持有较大的分歧,难以形成有效决议。

(二)业主群体性行为

2016年7月,两千多名买受人采取以下群体性行为:

1. 非法聚集冲击M项目及G房地产公司办公场所,围堵G房地产公司员工,甚至个别业主准备在M项目现场选择自焚、跳楼自杀;
2. 非法聚集围堵当地政府机关;
3. 非法聚集堵塞当地部分主要交通道路;
4. 大范围的网络负面宣传。

(三)业主群体性诉求

1. 要求G房地产公司退房;
2. 要求G房地产公司、H商业管理公司支付租金、赔偿违约金。

（四）公司危机管理措施

2016 年 7 月，面对业主采取的群体性极端行为以及提出的诉求，G 房地产公司采取以下危机管理措施：

1. 部分股东立刻聘请了专业处理房地产群体性事件危机管理律师团队作为危机管理专项法律顾问，在律师团队建议下，G 房地产公司立刻组建了包括高层领导、律师团队、H 商业管理公司、业主协调员等主体组成的危机管理小组。但另一部分股东对危机管理事项出现消极应付态度，不参与股东会，消极表决，导致一些重大决策事项难以通过股东会，不能形成有效的危机管理方案及决策。

2. G 房地产公司危机管理小组根据各方专业建议制定出危机管理方案，分主体、分步骤实施：

第一，由律师团队根据事件情况并结合商品房买卖合同、委托经营合同、担保承诺书等法律文件从法律角度针对业主群体提出诉求进行法律分析，并提出解决建议。整个危机管理方案在符合国家法律、政策的前提下制定、执行。

第二，向当地主管政府部门汇报目前状况及 G 房地产公司解决方案，与政府部门沟通、协商、汇报，取得政府部门支持。政府部门派出公安等部门，对实施非法行为的人员进行依法处置，包括拘留、驱散等行为。

第三，召开沟通、协调会，要求群体业主选取 15 名左右代表，在政府主管部门主持下，由 G 房地产公司危机管理小组与业主代表就业主提出的诉求进行数十次沟通、协商。

第四，G 房地产公司向合作贷款银行取得联系，确保银行在此时理解、支持 G 房地产公司。

第五，向施工总承包单位提出要求，取得施工总承包单位的理解支持。

第六，积极寻求第三方投资机构，希望通过出售 G 房地产公司股权或项目资产的方式获取资金并改变商业形态来重组 M 项目，以彻底解决两千多户买受人的危机问题。

（五）危机管理效果

通过 G 房地产公司应急管理小组与各方关联主体的积极沟通协调，在专业律师团队的法律把控下，取得以下危机管理效果：

1. 当地政府从维护社会稳定角度出发，指派公安、建委、房管等部门主要领导组成政府工作小组，确保社会稳定，防止打砸抢、人身伤害、非法游行示威、对不实舆论等方面进行管控，确保了正常的社会秩序。但政府机关也要求G房地产公司限期拿出解决方案，有效妥善处置业主诉求。

2. 两千多户业主选取15名业主代表与G房地产公司进行协商、沟通。搭建G房地产公司与业主代表沟通的平台，确保双方能够平静、平等的协商、沟通解决方案，双方处于和平的僵持阶段。

3. 通过律师团队提出的法律建议，危机管理小组制定出解决赔偿方案，与业主代表数次协商修改后，双方达成了各方利益最大化的平衡点，大部分业主已签署解决赔偿协议。

4. 施工总承包单位同意暂时不就拖欠的工程款提起诉讼。

5. 贷款银行同意暂时不宣布贷款提前到期，对于即将到期的贷款也同意给予展期续贷，不提起诉讼。

6. 因股东之间就某些重大危机管理决策事项出现分歧，导致整个危机管理难以高效推进，出现僵持状态，整个危机管理期限持续3年多时间，仍然未能完全结束。

事件最后，因股东之间出现较大争议，难以形成高层重大决策，难以形成有效的危机管理方案及高效执行。加之市场经济环境疲软，尚未找到合适投资人收购G房地产公司或M项目资产，G房地产公司财务亏损，虽然平息了群体性事件，与业主达成和解补偿方案，但未能让项目资产盘活，未能解决租金支付、违约金支付的根本性问题，整个危机管理工作仅完成一半，尚有一半未能完成。

（六）危机管理案例评析

该案例是房地产企业危机管理尚未完全成功的案例，处于缓慢处理中，本书主要从影响危机管理因素的角度进行评析：

1. 内部因素

（1）股东关系

本次危机管理中，G房地产公司为没有品牌号召力的房地产企业，管理制度不健全。应对危机比较迟缓，且股东之间意见分歧比较大，难以形成统一危机管理意见。

（2）组织机构

G房地产公司虽然组建了危机管理小组，包括高级管理人员、专业律师、销售人员、行政人员等在内的专业人员，但因为股东层面就危机管理意见不统一，导致组织机构的管理效用没有最大化发挥，在一些顶层决策上比较迟缓，甚至停滞不前。

(3)律师团队

G 房地产公司能够在发生危机后立即聘请律师到现场，对危机事件从法律层面进行全面、深入的分析。律师团队为 G 房地产公司制定危机管理方案提供了有力的法律保障，为制定危机管理方案提供了有力的法律支持。

律师团队通过对法律的准确理解，恰当运用法律，对业主群体提起的诉讼进行充分准备，积极应诉，最终取得了胜诉，防止了大规模的退房事件发生，在法律规定范围内，最大化维护了 G 房地产公司合法权益。

(4)财务状况

因 G 房地产公司及 H 商业管理公司财务状况非常糟糕，没有任何资金可以用于解决危机事件。这也是导致危机事件不能高效解决的重要原因。

(5)社会道德

G 房地产公司及 H 商业管理公司在与业主代表协商、沟通中，作出了最大的让步，充分考虑了业主群体利益，体现了企业社会道德，为稳定业主群体，起到了一定作用。

2. 外部因素

(1)社会政治

本案中，社会政治因素给 G 房地产公司巨大压力，因房地产企业没有任何资金用于解决危机，业主群体通过群体性事件制造了巨大的社会影响，给社会稳定造成了巨大压力，G 房地产公司也承受了巨大的社会政治压力。

(2)国家法律政策

本案中，G 房地产公司通过运用法律政策规定，维护了自己的合法权利，但同时 G 房地产公司也需要基于自身的违约行为，承担相应的法律责任。

(3)关联主体

此次危机管理涉及关联主体较多，包括业主群体、政府多个职能部门，如公安、房管、国土、工商、建委等，以及银行、工程施工单位、投资方。G 房地产公司通过危机管理小组的沟通协调，与业主建立了专门的沟通渠道，长期性与业主代表进行沟通协商。另外，危机管理小组还与其他关联部门保持沟通，稳定了其他关联部门，比如银行、施工单位。通过协商沟通稳定了危机事件，防止进一步扩大，正逐步促使危机事件朝好的方向发展。

(4)市场经济环境因素

本案例中,市场环境因素发挥了消极作用,G 房地产公司在消极经济环境中未能有效寻找到合适的投资人。

在本案关联主体中,投资方的作用非常大,因 G 房地产公司财务恶化,没有资金解决危机,只有希望外来投资方能够带来资金以彻底解决危机。因此,在危机管理中与外来投资方的选择、谈判将是非常重要的工作,也将是危机管理影响因素中非常重要的因素。

从以上危机管理的内部因素、外部因素分析,由于 G 房地产公司本身存在违约行为,且股东关系因素、财务状况因素、社会政治因素、关联主体因素中的外方投资人因素存在较大障碍且存在较多问题没有解决,最终导致整个危机管理现在还处于缓慢进程中,未能有效完成。

二、案例二:售后委托租赁经营危机管理

(一)事件概况

2015 年 J 房地产公司开发建设 Z 商业综合体,开发项目分两地块,一块地块约八十亩,已开发完毕;另一块土地约一百八十亩,尚未开发建设,为净地。从 2015 年到 2017 年,J 房地产公司为快速回笼资金,采取售后委托经营的模式销售商业用房。即 J 房地产公司将房屋销售给买受人,同时由 S 商业管理公司(承租人)向业主(出租人)承租其购买的房屋,并由 S 商业管理公司在买受人购买房屋并支付完毕购房款次月起按月向买受人(出租人)支付固定租金,J 房地产公司承担租金支付担保责任。对于买受人(出租人)而言,在购买房屋的同时就可以收取租金回报,此种销售方式在短期内吸引了巨大数量的买受人购买商业房屋,房屋的销售业绩直线上升。

J 房地产公司与 S 商业公司按照合同约定从签署委托经营管理协议开始,就依据约定向业主支付固定租金回报,已连续支付 3 年,支付金额达到数亿元。这 3 年时间将 J 房地产公司所有资金全部抽干,并向银行申请了贷款,也已全部用于支付固定租金。在 2018 年 5 月 J 房地产公司以及 S 商业管理公司确实是无力继续支付固定租金,开始停止支付。此时引发了大规模的群体性危机。发生群体性危机时,Z 项目房屋尚未竣工验收,未达到房屋交付条件,未办理房屋

交付手续。

群体危机发生后,J 房地产公司股东面对危机处理意见高度统一,能够快速形成决策意见。

（二）业主群体性行为

2018 年 5 月,上千名买受人采取以下群体性行为:

1. 非法聚集冲击 Z 项目及 J 房地产公司办公场所;
2. 非法聚集围堵当地政府机关;
3. 非法聚集堵塞当地部分主要交通道路;
4. 大范围的网络负面宣传。

（三）业主群体性诉求

1. 部分业主提出要求 J 房地产公司退房或回购房屋;
2. 部分业主提出要求 J 房地产公司交付房屋,办理房屋不动产登记证书;
3. 要求 J 房地产公司、S 商业管理公司支付租金、赔偿违约金。

（四）公司危机管理措施

2018 年 5 月,面对业主采取的群体性极端行为以及提出的诉求,J 房地产公司采取以下危机管理措施:

1. 股东高度一致同意,立刻聘请了专业处理房地产群体性危机管理律师团队作为危机管理专项法律顾问,在律师团队建议下,J 房地产公司立刻组建了包括高层领导、律师团队、S 商业管理公司、销售部门等主体组成危机管理小组,该危机管理小组团结、高效。

2. J 房地产公司危机管理小组根据各方专业建议制定出危机管理方案,分主体、分步骤实施:

第一,由律师团队根据事件情况结合商品房买卖合同、委托经营合同、担保承诺书等法律文件从法律角度针对业主群体提出诉求进行法律分析,并提出解决建议。整个危机管理方案在符合国家法律、政策的前提下制定、执行。

第二,向当地主管政府部门汇报目前状况及 J 房地产公司解决方案,与政府部门沟通、协商、汇报,取得政府部门支持。政府部门派出公安等部门,对实施非法行为的业主进行依法处置,包括拘留、驱散等行为。

第三,召开沟通、协调会,要求群体业主选取15名左右代表,在政府主管部门主持下,由J房地产公司危机管理小组与业主代表就业主提出的诉求进行数次沟通、协商。

第四,J房地产公司向合作贷款银行取得联系,确保银行在此时理解、支持J房地产公司,对于即将到期的贷款予以展期。

第五,向施工总承包单位及其他施工分包单位进行协商,取得各承包施工单位的理解支持,暂缓支付工程款。

第六,积极寻求第三方投资机构,希望通过出售J房地产公司股权或项目资产的方式获取资金并改变商业形态来重组Z项目,以彻底解决上千户业主的经济法律问题。

(五)危机管理效果

通过J房地产公司应急管理小组与各方关联主体的积极沟通协调,在专业律师团队法律把控下,取得以下危机管理效果:

1. 当地政府从维护社会稳定角度出发,指派公安、建委、房管等部门主要领导组成政府工作小组,确保社会稳定,防止打砸抢、人身伤害、非法游行示威、对不实舆论等方面进行管控,确保了正常的社会秩序。但政府机关也要求J房地产公司限期拿出解决方案,有效妥善地处置业主诉求。

2. 两千多户业主选取10名业主代表与J房地产公司进行协商、沟通。搭建J房地产公司与业主代表沟通平台,确保双方能够平静、平等地协商、沟通解决方案。

3. 施工总承包单位同意暂时不就拖欠的工程款提起诉讼。

4. 贷款银行同意暂时不宣布贷款提前到期,对于即将到期的贷款也同意给予展期续贷,不提起诉讼。

5. J房地产公司分别与数家投资方艰难地商谈合作投资事宜,在专业律师团队全程参与下,经过数月的艰苦商谈,最终在2018年年底与K房地产公司达成股权出让协议,由K房地产公司100%收购J房地产公司以及S商业管理公司持有Z项目的全部股权,并承担所有债务,负责向业主继续支付固定租金回报。

事件最后,K房地产公司依据股权转让协议提供上亿元资金继续向业主按月支付租金回报,改变剩余未开发土地规划用途,开发剩余未开发土地,并迅速进行销售,收回资金,整个Z商业项目盘活,危机管理取得圆满成功。该项目是售后委托租赁经营群体事件危机管理成功的较好案例。

（六）危机管理案例评析

该案例是房地产企业危机管理成功的典型案例，本书主要从影响危机管理因素的角度进行评析：

1. 内部因素

（1）股东关系

J房地产公司股东非常团结，经营管理理念相一致，能够很快形成统一的危机管理方案。

（2）组织机构

J房地产公司组建了危机管理小组，包括高级管理人员、专业律师、销售人员、行政人员等在内的专业人员，每个岗位都能提出各自专业意见，且高效执行危机管理措施。

（3）律师团队

J房地产公司能够在发生危机后立即聘请律师到现场，对危机事件从法律层面进行全面、深入的分析。律师团队为J房地产公司制定危机管理方案提供了有力法律保障，为制定危机管理方案提供了有力的法律支持。同时律师团队全程参与J房地产公司与K房地产公司之间的收购谈判，从法律角度充分维护了J房地产公司的利益。

律师团队通过对法律的准确理解，恰当地运用法律，对业主群体提起的少数诉讼进行充分准备，积极应诉，最终取得了胜诉，防止了大规模的诉讼效应，在法律规定范围内，最大化维护了J房地产公司合法权益。

（4）财务状况

J房地产公司及S商业管理公司虽然财务状况较差，但能够在短期内选择到合适的投资人，解决了资金问题，从根本上确保了业主利益。

（5）社会道德

J房地产公司及S商业管理公司体现了较高的社会道德，在租金支付前期，J房地产公司用自有资金向业主按月支付租金回报；中期因资金缺乏，通过贷款方式申请资金，并向业主支付租金回报；后期在短期内寻找到合适投资人，从根本上解决了业主租金支付问题，确保了业主根本利益。J房产公司最大限度地充分考虑了业主群体利益，体现了企业的社会道德，高度的社会责任，为稳定业主群体，成功解决危机起到了重要的作用。

2. 外部因素

(1)社会政治

本案中,社会政治因素给J房地产公司带来巨大压力,危机前期J房地产公司已没有任何资金用于解决危机,业主群体通过群体性事件制造了巨大的社会影响,给社会稳定造成了巨大压力,J房地产公司也承受了巨大的社会政治压力。

(2)国家法律政策

本案中,J房地产公司通过运用法律政策规定,维护了自己合法的权利,但同时J房地产公司也需要基于自身的违约行为,承担相应的法律责任。

(3)关联主体

此次危机管理涉及关联主体较多,包括业主群体、政府多个职能部门,如公安、房管、国土、工商、建委等,以及银行、工程施工单位、投资方。J房地产公司通过危机管理小组的沟通协调,与业主建立了专门的沟通渠道,稳定了业主情绪。另外,危机管理小组还与其他关联部门保持沟通,稳定了其他关联部门,比如银行、施工单位。通过协商沟通稳定了危机事件,防止进一步扩大。

在本案关联主体中,投资方K房地产公司起到了决定性作用,K房地产公司注入了数亿元资金,解决了J房地产公司资金需求,为危机管理成功起到关键性作用。

(4)市场经济环境因素

本案例中,市场经济环境因素发挥了积极作用,为J房地产公司寻找投资人创造了大环境的有利经济环境。

从以上危机管理的内部因素、外部因素分析,其中股东关系因素起着决策的关键因素,律师团队起着法律支持,保驾护航的重要租用,组织机构起着高效执行的重要作用。另外成功招商引入投资人,解决了财务问题也对此次危机管理起着至关重要的作用,多方关联主体的大力支持,最终促使了整个危机管理圆满成功。

三、案例三:售后委托租赁经营危机管理

(一)事件概况

2016年E房地产公司开发建设P商业综合体,开发面积约80万平方米商

业。从2014年到2016年,E房地产公司采取售后委托经营的模式销售商业用房。即E房地产公司将房屋销售给买受人,同时由T商业管理公司(承租人)向买受人(出租人)承租其购买的房屋,并由T商业管理公司在房屋竣工验收交付之日起按月向买受人(出租人)支付租金,E房地产公司承担租金支付担保责任。对于买受人(出租人)而言,在购买房屋的同时就可以收取租金回报,此种销售方式在短期内吸引了巨大数量的买受人购买房屋,快速回笼资金。

该案例与以上案例一、案例二属于同类型,但也存在一定区别。本案例的T商业公司已完成约70%的招商,即约70%的商家已入住,并支付租金,每年T商业公司可以收取月700万元的租金,但每年需要向购买房屋的业主支付约1000万元的租金。收取700万元,支付1000万元,就相差300万元的资金缺口,这300万元资金缺口一直就是由E房地产公司补贴。但E房地产公司补贴几年之后,在2019年5月再无资金补贴业主,最终停止支付租金。

E房地产公司停止支付租金后,数千名业主上街游行、围聚政府机关等群体性行为相继发生。

E房地产公司股东为合伙股东,股东结构复杂且股东之间存在矛盾,不能形成一致股东会决议。该群体危机由公安机关直接介入,对公司资产进行清理,认为股东、公司高级管理人员涉嫌刑事犯罪,要求追诉相应责任人员的刑事责任。

(二)业主群体性行为

2019年5月,数千名买受人采取以下群体性行为:

1. 非法聚集冲击商业项目;
2. 非法聚集围堵当地政府机关;
3. 非法聚集堵塞当地部分主要交通道路;
4. 大范围的网络负面宣传,造成极为不好的社会负面影响。

(三)业主群体性诉求

1. 要求E房地产公司退房、退款;
2. 要求E房地产公司、T商业管理公司支付租金、赔偿违约金。

(四)公司危机管理措施

2019年5月,面对业主采取的群体性极端行为,以及提出的诉求,E房地产公司采取以下危机管理措施：

1. 因股东之间存在较深的矛盾，相互猜疑、诋毁，导致危机出现后，没有形成统一危机管理方案。

2. 因股东之间矛盾重重，导致没有聘请专业律师团队就 E 房地产公司以及该项目危机管理深入参与。

3. 在政府主持下，E 房地产公司各股东被动参与协调会。没有提出具体解决方案，导致每次参加协调会，成为逼迫股东出资支付租金的斗争会。没有起到化解矛盾、平息纠纷的会议目的，会议性质已发生改变。

4. 银行要求提前归还贷款。

5. 施工单位要求支付拖欠的工程款。

（五）危机管理效果

因 E 房地产公司没有采取有效的危机管理，没有成立危机管理组织机构，未能聘请专业人士参与，最终的结果非常惨烈，非常失败。

1. 业主群体性事件越演越烈，矛盾不断激化、升级，最终造成不可调和的社会矛盾，引起政府部门高度关注。

2. 股东、高层管理人员因涉嫌刑事犯罪，被依法拘押。

3. 施工承包单位提起诉讼，要求支付工程欠款。

4. 贷款银行发函要求提前归还贷款，准备提起诉讼，采取保全措施。

5. E 房地产公司陷入深渊，项目瘫痪。

（六）危机管理案例评析

该案例是房地产企业危机管理比较失败的案例，危机管理处于停滞状态，本书主要从影响危机管理因素的角度进行评析：

1. 内部因素

（1）股东关系。E 房地产公司股东之间积怨已久，矛盾重重，在危机出现前，不能积极寻找预防方法，危机发生后不能形成危机管理方案。

（2）组织机构。没有成立危机管理组织机构。

（3）律师团队。没有单独就 E 房地产公司危机事项聘请专业律师团队深入参与危机管理。

（4）财务状况。财务状况非常糟糕，没有任何资金流。

(5)社会道德。社会道德层面,个别股东体现了一定程度的道德要求,在危机发生后对外借款,筹集部分资金向业主支付了短期的部分租金。其他个别股东却没有任何社会道德可言,在危机发生后私自外出长期待在国外躲避债务。

以上内部因素中,除了个别股东社会道德因素发挥一点微弱的积极作用之外,其他股东关系因素、组组机构因素、律师团队因素都没有组建。没有形成危机管理,内部因素没有发挥任何积极作用。

2. 外部因素

(1)社会政治

本案中,社会政治因素给E房地产公司巨大压力,因房地产企业没有任何资金用于解决危机,业主群体通过群体性事件制造了巨大社会影响,给社会稳定造成了巨大压力,E房地产公司也承受了巨大的社会政治压力。

(2)国家法律政策

本案中,E房地产公司没有运用法律法规对自身有利的规定。

(3)关联主体

此次危机管理涉及关联主体较多,包括业主群体、政府多个职能部门,如公安、房管、国土、工商、建委等,以及银行、工程施工单位。由于没有形成统一的股东危机管理方案;没有建立组织机构;没有相关行业的专业团队参与,导致没有人员与政府机构沟通、协调,没有能够取得政府机构支持;没有取得贷款银行支持;没有取得工程施工单位的支持。

(4)市场经济环境因素

本案例中没有能够发挥市场环境因素。

以上外部因素中,因为内部因素没有发挥积极作用,导致外部因素也不能发挥积极作用,均发生了相反的负面作用。

本案是房地产公司危机管理非常失败的一次案例。影响危机管理因素中的内部因素、外部因素未能较好的处理,绝大多数因素,特别是一些核心、关键的重要因素,没有起到积极作用,反而发生了巨大消极负面作用,最终导致了该项目危机管理失败,部分股东及高层管理人员被刑事拘押,项目停滞。

第四节
商业物业整体租赁运营阶段典型案例评析

一、案例一:商业物业整体运营租赁合同到期终止危机管理

(一)事件概况

2018 年 2 月 L 商业运营公司出现群体性危机,起因为 L 商业运营公司向小商家宣布商业综合体整体租赁期限将于 2019 年 2 月到期,M 房地产公司将收回商业综合体,不再继续出租,若干小商家将在 2019 年 2 月租期到期后搬出商业体。但小商家认为 L 商业运营公司与 M 房地产公司签署的租赁合同租期应该是在 2021 年到期,还有两年的租赁期限,怎么就提前 2 年到期了呢? 由此业主群体非法聚集到商业综合体,要求 L 商业运营公司解释,并要求继续使用商业物业至 2021 年 2 月。

2011 年 2 月 L 商业运营公司与 M 房地产公司签署了 10 年的商业综合体整体租赁合同,由 L 商业运营公司负责整体招租、运营管理。L 商业运营公司承租后,将房屋拆分为若干个小商铺,分别租赁给若干个小商家,由小商家经营商铺并向 L 商业运营公司支付租金,L 商业运营公司向小商家收取租金后再向 M 房地产公司交纳租金,L 商业运营公司赚取中间租金差价,同时收取商业管理费、物业服务费。

在 2017 年 M 房地产公司与 L 商业运营公司签署了租赁合同补充协议,双方将租赁期限由 10 年变更为 8 年,租赁期限实际缩短了 2 年,即在 2019 年 2 月租赁期限就到期。但 L 商业运营公司在 2017 年签署补充协议后,未将租期变更为 8 年的事实向小商家告知。L 商业运营公司须在 2019 年 2 月将向 M 房地产公司承租的商业综合体收回并交回 M 房地产公司,否则 L 商业运营公司将向 M 房地产公司承担逾期交还租赁物业的违约责任。

1. 小商家认为:

(1)2017 年签署补充协议以前入住的小商家认为 L 商业运营公司提供给他们办理营业执照时,使用的是 L 商业运营公司与 M 房地产公司签署的 10 年租赁的租赁合同,他们知晓 10 年的租赁期限。且 2017 年变更之后没有向他们告

知租赁期限变更的事情。

(2)2017 年签署补充协议之后入住的小商家认为 L 商业运营公司未将租赁期限已变更为 8 年即 2019 年 2 月到期的补充协议提供给小商家,他们依然以为租赁期限是在 2021 年 2 月到期,认为 L 商业运营公司故意隐瞒,存在欺诈行为。

为此,小商家拒绝搬迁,与 L 商业运营公司形成对峙。认为 L 商业运营公司侵犯了其知情权,故意隐瞒重大商业信息,存在欺诈行为,给小商家造成了巨额经济损失,要求给予赔偿,或者继续履行租赁期限到 2021 年 2 月。

2. L 商业运营公司认为:

(1)L 商业运营公司与小商家签署的摊位租赁协议是一年一签,且摊位租赁协议明确约定,L 商业运营公司有权在下一年度拒绝续签,由此导致的装修等损失由小商家自行承担。因此 L 商业运营公司有权不将与 M 房产企业签署变更租赁期限的事实告知小商家。

(2)L 商业运营公司与小商家签署的摊位租赁协议均为 1 年的租赁期限,最晚的小商家租赁期限在 2019 年 5 月到期,L 商业运营公司可以让其租赁到 2019 年 5 月到期后搬迁。对于其他在 2019 年 2 月以前租赁期限已到期的小商家应立即搬迁。

L 商业运营管理公司内部决策相对迟缓,对于小商家群体提出的诉求没有能够快速反应,作出相应的处理方案,导致双方长期对峙,商业综合体也未能搬迁并交付。

3. 对于 L 商业运营公司而言,将面临双层压力:一方面为 M 房地产公司收回租赁房屋,并要求承担逾期退房的违约责任;另一方将面临小商家要求索赔,并拒绝退租的压力。

(二)小商家群体性行为

2018 年 2 月,数百名小商家采取以下群体性行为:

1. 将 L 商业运营公司工作人员赶出商业综合体,他们自行维护管理;
2. 拒绝支付拖欠的到期未付租金;
3. 全体聚集商业综合体,并向政府反映诉求;
4. 大范围的网络负面宣传。

(三)业主群体性诉求

1. 要求L商业运营公司继续履行租赁合同。

2. 若不能继续履行,需要赔偿小商家的装修损失、经营损失。

3. 给予搬迁缓租期,并不收取租金。

(四)公司危机管理措施

2018年2月,面对业主采取的群体性行为,以及提出的诉求,L商业运营公司采取以下危机管理措施:

1. 聘请专业危机管理律师对该危机事件提供法律支持。

2. 由律师团队根据事件情况结合房屋租赁合同、摊位租赁协议等法律文件从法律角度针对群体业主提出诉求进行法律分析,并提出解决建议。整个危机管理方案在符合国家法律、政策的前提下制定、执行。没有激化矛盾,没有升级矛盾。

3. 向当地主管政府部门汇报目前状况及L商业运营公司态度及解决方案,与政府部门沟通、协商、汇报,取得政府部门支持。

4. 在政府主管部门主持下,召开沟通、协调会,要求小商家群体选取10名左右代表与L运营运营公司以及M房地产公司共同参与,律师与业主代表就业主提出诉求进行数次沟通、协商。

(五)危机管理效果

通过L商业运营公司聘请的律师团队与小商家业主群体积极沟通协调,在专业律师团队把控法律风险的情况下,取得以下危机管理效果:

1. 化解了小商家的群体性非法行为,转为协商谈判,并引导小商家通过法律诉讼处理。

2. 部分小商家起诉法院,按照合法的诉讼途径解决。

事件最后,该小商家群体危机在一边诉讼,一边协商,商家一边经营的状况下,拖延了1年多时间,然后商家逐渐自行撤离。M房地产公司虽然没有直接与小商家产生法律关系,但存在间接关系,被牵连到L商业运营公司与小商家群体危机中。

（六）危机管理案例评析

该案例是整体商业物业租赁合同纠纷典型案例，本书主要从影响危机管理因素的角度进行评析：

1. 内部因素

（1）股东关系。L 商业运营公司股东单一，能够形成决策，但决策效率不高。

（2）律师团队。L 商业运营公司在发生危机后立即聘请律师团队到现场，对危机事件从法律层面进行全面、深入分析。律师团队为 L 商业运营公司制定危机管理方案提供了有力的法律保障，为制定危机管理方案提供了有力的法律支持。同时律师团队全程参与 L 商业运营公司与 M 房地产公司、小商家群体之间的协商、谈判，从法律角度充分维护了 L 商业运营产公司利益。

律师团队通过对法律的准确理解，恰当地运用法律，对业主群体提起的诉讼充分准备，积极应诉，最终取得了胜诉，防止了大规模诉讼效应，在法律规定范围内，最大化维护了 L 商业管理公司合法权益。

（3）财务状况。L 商业运营公司财务状况处于正常状况，但基于危机管理方案，以及法律关系，L 商业运营公司依法不承担经济责任。

（4）社会道德。从社会道德层面 L 商业运营公司考虑了基本的社会道德因素，没有激化社会矛盾，协商谈判中充分考虑了业主利益。

2. 外部因素

（1）社会政治

小商家前期的群体危机给 L 商业运营公司以及 M 房地产公司造成了一定的社会政治压力，在进入后期协商、诉讼阶段，该压力明显减小。

（2）国家法律政策

L 商业运营公司通过运用法律政策规定，维护了自己合法的权利，协商谈判也在法律法规及政策范围内进行协商谈判。

（3）关联主体

本案中的关联中体较少，主要为小商家群体、L 商业管理公司以及 M 房地产公司，M 房地产公司作为被牵连方，加入群体危机中，M 房产公司从自身利益角度考虑，在法律范围内采取相应管理方案及措施维护自身利益。

（4）市场经济环境因素

市场经济环境因素在本案中不涉及该因素，没有关联性。

从以上危机管理的内部因素、外部因素分析,在此次危机管理中,最为重要的是股东关系因素、律师团队因素,他们对危机处理起着重要作用。社会道德因素起到了辅助性作用。

二、案例二:商业运营整体租赁合同提前解约危机管理

(一)事件概况

2018年6月,R商业运营公司向小商家通告整体商业租赁合同到期,小商家需要搬迁退出租赁商业物业,由此上百户小商家非法聚集商业物业区域,堵塞交通,形成群体性事件。

2010年7月,R商业运营公司与W房地产公司签署了商业物业整体租赁协议,由R商业运营公司整体租赁该商业物业,租赁期限为10年。R商业运营公司承租物业后,再次将商业物业拆分为若干个小商铺,并出资给小商家经营,并签署商铺租赁协议。

在R商业运营公司与W房地产公司签署的商业物业整体租赁合同中,明确约定了W房地产公司有权随时提前半年告知R商业运营公司解除租赁合同,且不承担损失赔偿责任。2016年,W房地产公司与R商业运营公司联合加盖公司印章,向小商家作出告知,商业房屋整体租赁期限为10年,到2020年7月到期。2018年1月,W房地产公司通知R商业运营公司,将在2018年7月解除租赁合同,收回整体商业房屋。为此,R商业物业公司将该解除合同通知公告小商家,遭到小商家的群体抵抗。

1. 小商家认为:

R商业运营管理公司最早招商时告知的租赁期限为10年,且在2016年R商业运营公司与W房地产公司联合出具书面告知函,明确告知整体商业物业租赁期限截止时间为10年,到2020年7月到期。但在2018年就出现变化,要提前解除整体商业租赁合同,属于严重违约行为,不同意解除租赁合同。

2. R商业运营公司认为:

解除整体租赁合同的提出方是W房地产公司,并非R商业运营公司,其没有违约行为。小业主群体应向W房地产公司提出索赔要求,与R商业运营公司没有关系。

R 商业运营公司与小商家签署的摊位租赁协议是一年一签，且摊位租赁协议明确约定，R 商业运营公司有权在下一年度拒绝续签，由此导致的装修等损失由小商家自行承担，且 2018 年 7 月以前，小商家的商铺租赁协议均已经到期，R 商业运营公司有权不再续签。

3. W 房地产公司基于与 R 商业运营公司联合出具的告知函，其与小商家形成了承诺法律关系。

（二）小商家群体性行为

2018 年 7 月，数百名小商家采取以下群体性行为：

1. 将 R 商业运营公司工作人员赶出商业综合体；
2. 拒绝支付拖欠未付租金；
3. 全体聚集商业综合体，并向政府、信访局集体反映诉求；
4. 大范围的网络负面宣传。

（三）业主群体性诉求

1. 要求继续履行租赁合同；
2. 若不能继续履行租赁合同的，应赔偿小商家遭受的损失，包括装修损失，搬迁损失；
3. 要求给予搬迁过渡期，且不收取租金。

（四）公司危机管理措施

2018 年 7 月，面对业主采取的群体性行为，以及提出的诉求，R 商业运营公司采取以下危机管理措施：

1. 聘请专业危机管理律师对该危机事件提供法律支持。

2. 由律师团队根据事件情况结合房屋租赁合同、摊位租赁协议等法律文件从法律角度针对群体业主提出诉求进行法律分析，并提出解决建议。整个危机管理方案在符合国家法律、政策的前提下制定、执行。没有激化矛盾，没有升级矛盾。

3. 向当地主管政府部门汇报目前状况及 R 商业运营公司态度及解决方案，与政府部门沟通、协商、回报，取得政府部门支持。

4. 在政府主管部门主持下，召开沟通、协调会，要求小商家群体选取 10 名左右代表，与R商业运营公司以及W房地产公司共同参与。律师与业主代表就小商家提出的诉求进行数次沟通、协商。

（五）危机管理效果

通过R商业运营公司聘请的律师团队与小商家业主群体积极沟通协调，在专业律师团队把控法律风险的情况下，取得以下危机管理效果：

1. 化解了小商家群体性非法行为，转为协商谈判。

2. 部分小商家起诉法院，按照合法的诉讼途径解决。

事件最后，该小商家群体危机在一边诉讼，一边协商，商家一边经营的状况下，拖延了半年多时间，商家逐渐自行撤离。W房地产公司基于通知公告与小商家建立了承诺法律关系，被牵连到R商业运营公司与小商家群体危机中。

（六）危机管理案例评析

该案例是商业物业整体租赁危机典型案例，本书主要从影响危机管理因素的角度进行评析：

1. 内部因素

（1）股东关系。R商业运营公司股东意见比较统一，能够快速形成决策。

（2）律师团队。R商业运营公司在发生危机后立即聘请律师团队到现场，对危机事件从法律层面进行全面、深入的分析。律师团队为R商业运营公司制定危机管理方案提供了有力的法律保障。同时律师团队全程参与R商业运营公司与W房地产公司、小商家群体之间的协商、谈判，从法律角度充分维护了R商业运营公司利益。

（3）财务状况。R商业运营公司财务状况处于正常状况，但基于危机管理方案，以及法律关系，R商业运营公司依法不承担经济责任。

（4）社会道德。从社会道德层面R商业运营公司考虑了基本的社会道德因素，没有激化社会矛盾，协商谈判中充分考虑了业主利益。

2. 外部因素

（1）社会政治

小商家前期的群体危机给R商业运营公司以及W房地产公司造成了一定的社会政治压力，在进入后期协商、诉讼阶段，该压力明显减小。

(2)国家法律政策

R 商业运营公司通过运用法律政策规定,维护了自己合法的权利,协商谈判也在法律法规及政策范围内双方进行协商谈判。

(3)关联主体

本案中关联主体主要为小商家群体以及 W 房地产公司,W 房地产公司作为承诺方,与小商家存在法律关系,并加入到群体危机中。

(4)市场经济环境因素

市场经济环境因素在本案中不涉及该因素,没有关联性。

以上危机管理的内部因素、外部因素分析,在此次危机管理中,最为重要的是股东关系因素、律师团队因素,他们对危机处理起着重要作用。社会道德因素起到了辅助性作用。

第六章　危机管理影响因素

第一节
房地产企业危机管理影响因素模型

危机管理影响因素是在危机管理中,对危机管理发展以及成败起着重要作用的条件。

危机管理主体必须非常清楚危机管理受哪些因素影响,如何起到积极作用,如何起到反作用;如何让影响因素发挥积极作用,避免出现消极作用。

图 6－1 为危机管理影响因素的模型图,以危机管理影响因素为核心,分为内部因素与外部因素两大类。其中:

1. 内部因素包括:股东关系因素、组织机构因素、律师团队因素、财务状况因素、社会道德因素。

2. 外部因素包括:社会政治因素、国家法律政策因素、关联主体因素、市场经济环境因素。

其中内部因素是核心因素,是最为重要的因素,内部因素决定外部因素,必须将内部因素较好地发挥,才能将外部因素随之较好地发挥;相反,若内部因素未能积极发挥作用,甚至出现消极作用,外部因素也将不能发挥积极作用,出现消极作用。一个成功的危机管理必须要充分发挥内部因素的积极作用。

以上各个因素统称为危机管理影响因素,这些因素主要是针对房地产企业群体性事件危机管理起影响作用。对于房地产企业非群体性事件危机管理可能会存在部分差异,需要根据不同危机事件具体分析。对于其他非房地产行业,包括政府在内的公共危机管理、社会事件危机管理等,因具体危机事件的特殊性不同,将决定影响危机管理的因素也会存在差异。

危机管理各个影响因素对危机管理分别起到不同的作用,在特定情况下,某一个因素的变化将影响到整个危机管理的发展、成败,起着至关重要的决定性作用;而另外一些因素可能不起决定性作用,仅为辅助性作用,或者不起作用。不同危机类型、不同危机发展阶段、不同特定条件下的因素对危机管理都起着不同的作用。因此对于房地产企业群体性危机管理需要根据不同阶段发生的不同群体性危机针对性地分析每一种危机下的影响因素有哪些,每一个因素起到什么作用,如何利用这些因素发挥积极作用,确保危机管理成功。

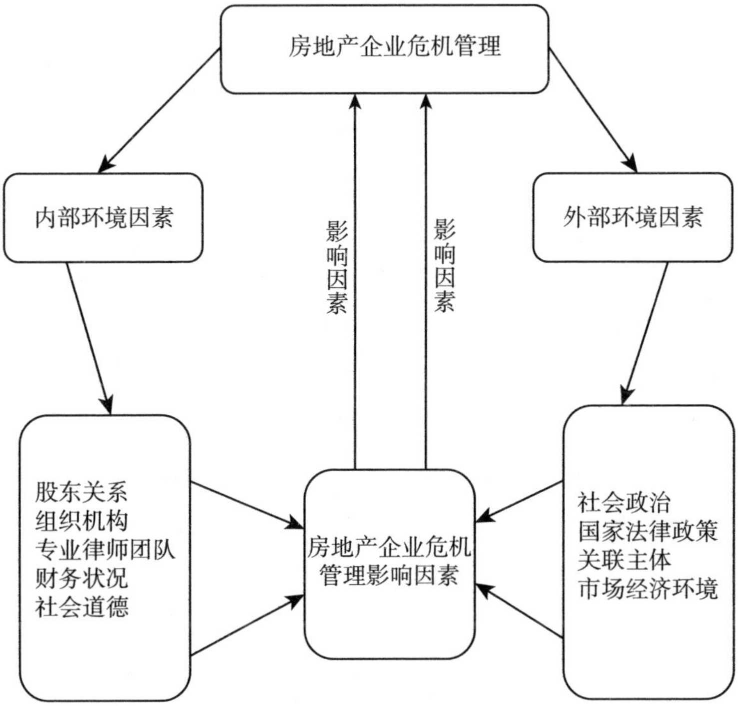

图 6－1　危机管理影响因素模型[1]

[1] 刘涛:《房地产企业群体性事件危机管理影响因素研究》,巴黎高等管理学院 2019 年硕士学位论文。

第二节

房地产企业危机管理内部影响因素

危机管理的内部因素是危机管理的核心因素,起着决定性的作用,只有充分发挥内部因素的积极作用,才能有效地进行危机管理。

一、股东关系因素

房地产企业属于公司制,受公司股东控制、管理,公司的每一个重大决策都来源股东。房地产企业出现群体性危机后,危机管理的高层决策来源于企业股东。股东之间的关系将影响危机管理方案的制定、实施,决定危机管理成败。股东关系因素是内部因素中的核心因素,因此股东关系因素非常重要,属于核心中的核心。

公司股东关系并非单纯的法人股东或自然人股东之间的人际关系,在商业经营中,人际关系来源于商业关系。公司股东关系来源于股权关系,股权关系进一步可以理解为股权结构关系,那么股东关系实际上是指股权结构关系。当然此种股东关系与股权结构关系的推断并非绝对,而是基于通常情况下的推论。实践中,也存在部分股东关系等于单纯的人际关系,这需要股东之间具有较一致的价值观念、经营观念、认知观念等,才能形成一致的人际关系。

公司股权结构关系主要包括以下三种股权结构:

(1)一人股权结构(包括家族股权)关系;

(2)各股东平均持股结构(基本均衡持股)关系;

(3)大小股东差异持股结构(形成表决权差异)关系。

以上三种股权结构关系将决定不同的股东关系,影响股东会决议,影响危机管理。

(一)一人股权结构(包括家族股权)关系

在一人股权结构(包括家族股权)关系下,股东结构单一,通常为一个人股东，不受其他股东利害关系的影响。即使是家族多人股权，股东之间价值观念、利益观念比较一致，也能够形成一致股东会决议，少有股东之间矛盾。

比如，前文中的A房地产公司股东结构比较单一，为家族股东，能够很快形成一致意见，股东之间没有分歧，相互之间互信度高。此种股权结构关系对危机管理可以起到积极的促进作用。

（二）各股东平均持股结构（基本均衡持股）关系

此种股权结构一般为各股东之间的持股比例大致相等，如三人股东的情况下，第一人持股40%、第二人持股40%、第三人持股20%，股东之间的持股比较均衡，特别是第一人与第二人持股均等，任何一个人股东不能形成大股东，不能形成控制权，一旦三人出现矛盾或者纠纷，将出现股东会僵局，不能形成有效股东会决议，严重影响企业危机管理。

比如，G房地产公司股东为三人，股权比例为第一人40%、第二人40%、第三人20%。三个股东必须第一人与第二人联合才能形成有效表决，第一人与第三人，第二人与第三人联合或者任何一个人都不能形成有效的表决，很容易导致股东会僵局无法形成有效表决。在危机事件发生后，该企业三个股东相互猜疑，彼此之间缺乏充分信任和理解，直接导致危机管理难以形成统一意见，没有统一的顶层设计，自然也就没有组织机构的高效执行，造成危机管理没有实质性措施，只能采取拖延的方式进行危机管理，因此导致危机管理效率低下，进展缓慢，长达数年时间仍然没有实质性的危机管理结果，企业被拖垮、业主被拖垮、股东也被拖垮的局面。

此种股权结构关系对危机管理起到了消极的作用。

（三）大小股东差异持股结构（形成表决权差异）关系

此种股权结构通常为一人为绝对大股东，其他股东为小股东。比如，大股东持股70%，小股东若干人共同持股30%。在危机事件发生后，大股东可以有效快速地形成股东会决议，制定危机管理决策。但此种股权结构关系也可能存在大股东滥用股东权利，损害小股东的利益；反之若大股东决策正确，将使公司及小股东受益。

比如，前文案例评析中的J房地产公司，该公司股权人数较多，但大股东能够形成股东决议，可以快速地制定危机管理方案，并高效执行，小股东对大股东的决策也绝对地积极支持。特别是在选择收购投资人的关键时期，对于选取何种投资模式、投资条件等重大商业决策时，只有大股东才能作出决策，大股东果断作出决定，选取认为最为合适的投资人以及投资条件。倘若出现多种不同意见，不能形成大股东的情况下，将出现股东会僵局，导致难以果断决策。很可能错失收购投资的最佳时机，导致危机管理继续恶化或拖延未决。

该种股权结构关系为J房地产公司最终危机管理取得圆满成功的效果起到了至关重要的作用。

因此，股东关系因素在危机管理中起着非常重要的核心作用，是危机管理的内在根本性因素，也是危机管理决策机制中的核心因素。

二、组织机构因素

应对危机管理的公司组织结构包括，需要针对性根据危机群体性事件实际情况成立专门的组织机构。如以上群体性事件危机管理案例中，均根据群体性危机情况组建了不同的危机管理机构。

组织机构是危机管理必不可少的执行机构，上承接股东决策，中间制定危机管理方案，下实施具体措施，是危机管理的中间机构，极为重要。需要根据不同类型的群体性危机组建不同的组织机构。

危机管理组织机构，需要根据房地产群体性危机实际情况而定，通常情况下需要包括主要负责股东、高层管理人员、财务负责人、工程施工负责人、专业律师、行政负责人及其他特定专业负责人。这些人员的工作职责、工作内容、所起的作用各不相同。

(一)主要负责股东

主要负责股东或股东代表，是将股东会决议落实的执行者，是危机管理组织机构的统领者、首脑。危机管理方案及重大措施的实施需要主要负责股东或股东代表报股东会决议通过并通过其传达实施。

比如，在前文的案例评析中，A房地产公司的股东为家族股东，就是主要负责股东统领组织机构决策并实施危机管理方案，为组织机构高效运行起着顶层指挥作用。通常情况下，危机管理组织机构中都会有主要负责股东，不是必须要求主要负责股东参与，但必须要确保主要负责股东的意思表示能够及时高效地传递到组织机构中。如B房地产公司在危机管理中，其股东就没有参与组织机构，因为B房地产公司属于全国性的品牌房地产公司，但股东会决议可以非常顺畅地作出并传达到组织机构中。

(二)高层管理人员

高层管理人员是主要股东或者股东代表之下具体实施层面的统领者，他是股东会决议总体实施者，负责实施危机管理方案。

比如，在前文的案例评析中，J房地产公司除主要负责股东之外，还有一个高层管理人员，具体负责组织机构方案的具体统领及实施。该高层管理人员为组织机构高效运行起着统领作用。

群体性危机管理必须要安排相应的高层管理人员进入组织机构，领导危机管理。

(三)财务负责人

财务负责人是负责掌管财务状况，对公司的财务情况非常熟悉了解。群体性危机往往会涉及大量的经济费用支出，需要与银行对接，该阶段财务负责人一定要作为组织机构成员。

比如，在前文的案例评析中，售后委托经营租赁阶段的G房地产公司、J房地产公司的财务负责人在组织机构中起到了比较重要的作用。但有些危机管理也可以不安排财务负责人作为组织机构成员，如商业整体租赁经营阶段中W房地产公司、M房地产公司、L商业管理公司等，在该案例的组织机构成员中，就没有财务负责人。

因此，对于财务负责人是否需要安排进入组织机构成员中，需要根据群体性案件情况分析确定。

(四)工程施工负责人

工程施工负责人需要根据群体性危机情况确定是否加入，比如，在建设工程施工阶段发生的工程质量问题，肯定就必须要工程负责人参与。但对于售后租赁委托经营阶段发生委托租赁经营危机、整体租赁运营阶段发生的租赁纠纷危机，商品房销售阶段涉嫌的虚假宣传危机等这些危机管理就不需要工程施工负责人参与。

(五)专业律师

专业律师是危机管理中非常重要的人员,在房地产群体性危机管理中,每一个阶段发生的不同群体危机管理,都必须专业律师参与并提供专业建议。

这里需要指出的是,专业律师并非所有律师都可以参与,律师就好比医生,医生需要分内科、外科,内科范围内又细分各个专业领域。律师同样也分刑事法律服务律师、民事法律服务律师等很多大类,在每一大类中,又细分很多专业型律师,比如房地产行业专业律师,在房地产行业专业律师中又有房地产群体性危机管理的专业律师,他既非常专业房地产,同时又专业危机管理,将房地产法律知识与危机管理相结合。

在房地产危机管理中,正需要这样既精深房地产法律知识,同时对房地产开发各阶段知识也非常了解,又非常专业危机管理知识的律师。只有这样的律师才能提出具有实际建设性建议的危机管理方案,因为房地产企业危机管理,本身就是法律事件、社会事件、政治事件的融合。比如,在前文的案例评析中,每个阶段中的每个一件群体性危机管理(除 E 房地产公司之外)都聘请了专业的律师参与,并提供专业建议,为危机管理提供法律支持,为危机管理保驾护航。因此组织机构中必须引入专业律师参与,起着非常重要的作用。

(六)行政负责人

行政负责人为危机管理的后勤支持者,一场危机管理,必须要有充分的后勤保障,组织机构中必须要有行政负责人。在案例评析中每一件危机管理都有行政负责人参与,行政负责人对危机管理起着重要的后勤保障作用。

从以上关于组织机构因素的分析中,可以看出每一起群体危机管理组织机构中,参与人员都有行政负责人。

三、专业律师团队因素

房地产群体性危机的起因往往是基于房地产企业的某一项或多项违约行为或侵权行为引起,当然也有属于业主自认为房地产企业违约,但从法律角度房地产企业并没有违法或违约行为。因此房地产企业群体危机通常涉及诸多重大法律问题，如经济法律问题、刑事法律问题、税务法律问题等必须聘请专业的危机管理律师团队参与提供法律分析解决意见。通常对于一个比较复杂的群体性危机，需要根据事态发展情况配备多个专业领域的律师参与，如房地产行业专业律师，若涉及刑事法律风险，还需要配备刑事专业律师，甚至根据财务、税务需要配合税务律师，整个危机管理的法律服务不是某一个律师能够完成的。根据危机管理需要，配合所需的各专业律师参与形成一个强大且专业的律师团队，为房地产企业危机提供积极、合法、有效的支持，为危机管理保驾护航。

（一）房地产法律专业律师

房地产企业群体危机往往涉及房地产行业知识，以及房地产行业法律知识，这就需要精通房地产行业知识以及法律知识的专业律师，才能对房地产群体危机涉及的经济法律问题提供法律分析及解决建议。

一方面房地产企业需要分析群体性事件哪些属于违约行为，以及违约行为严重程度，是属于一般性违约或根本性违约；违约行为造成的损失大小，是一般性损失或根本性的重大损失。并通过法律法规分析业主诉求是否具有法律依据，是否符合合同约定，是否成立。对于业主提出的诉求，哪些可以坚决拒绝，哪些可以根据实际情况与业主进行协商、谈判等一系列问题，都需要专业的律师团队提供分析建议。

另一方面房地产企业还需要考虑在危机管理中采取何种措施属于合法、合约的行为，应当采取哪种措施，不能因采取危机管理措施而触发法律政策的规定，进而雪上加霜，让危机管理陷入更加被动的境地。

如在第五章第一节的建设工程施工阶段典型评析案例一中，业主向 A 公司提出酒店住宿费用问题，在刚发生质量事件后，基于对房屋安全的不确定性，业主要求房地产企业给予酒店住宿费用赔偿是合理的，但在房屋质量检测报告出来后，检测结果认为房屋结构性质量合格，不存在安全隐患的结论时，房地产公司就没有法律义务仍然承担业主住宿酒店的费用，就不应当继续承担该项费用。因此，房地产公司就无须继续向业主支付酒店住宿费用。再如，第五章第三节售后委托租赁经营危机管理案例中，G 房地产公司在与业主代表商谈经济赔偿时，需要专业的律师团队依据法律规定、合同约定，业主损失程度等因素计算出合法、恰当的赔偿金额，而赔偿金额直接影响公司的经济利益以及危机管理成效。

笔者认为,律师团队可以为危机管理提供决策性法律建议,确保危机管理方案符合法律规定,让企业在合法前提下,利益最大化,损失最小化,且高效推进危机管理。同时确保企业不触发法律禁止性规定,确保危机管理合法、合理地执行,为企业危机管理保驾护航。

邵继红、周泽文认为,通过法律调控危机既可以维持处理危机事件的正常秩序,又可以保护企业和公众的合法权益。法律调控危机主要包括两个环节,一是依据事实和法律条款处理;二是按照法律程序处理。当企业名誉受到恶意诽谤和侵害时运用此种方法会收到较好的效果。[1]

(二)刑事法律专业律师

本书在刑事法律风险章节详细分析了刑事法律风险,在房地产群体危机管理中,很可能出现房地产企业、股东及关联人员涉嫌刑事犯罪。此时就需要专业刑事律师介入,针对涉嫌刑事犯罪法律问题进行分析,并提供专业法律建议。当然大多数情况下,房地产企业因为群体危机被追究刑事责任的案例占少数,但并非没有,因此对于刑事法律问题仍然需要高度重视,在必要情况下,必须有专业刑事律师成为律师团队的成员。

比如,前文的案例分析中G房地产公司聘请的律师团队中就包括专业的刑事案件律师参与危机管理法律服务,为房地产企业提供刑事法律服务。

(三)税务法律专业律师

税务法律问题在危机管理中有些时候也比较重要,需要既精通税务,又精通法律的律师,这就需要专业的税务律师参与。税务问题通常专业性比较强,一般律师或其他人员难以达到专业程度。税务专业律师对税务法律知识非常精通且具有税务实际操作的经验,能够将两者较好的结合。

比如,前文的案例评析中,J房地产公司在危机管理中聘请的律师团队中就根据公司需求,配备了税务专业律师参与危机管理,为危机管理提供了有力的税务法律支持。

综上所述,专业的危机管理律师团队是危机管理的内在关键性因素,影响危机管理的发展及成效。

---

[1] 邵继红、周泽文:《G企业房地产项目开发过程中的危机事件管理》,载《企业导报》2015年第21期。

四、财务状况因素

财务状况因素在不同的危机管理中起着不同的作用，对于资金需求较大的危机项目，财务状况因素就比较重要，但对于部分不涉及资金需求的危机管理，财务状况因素则没有那么重要。需要根据具体情况分析处理：

（一）对财务需求的危机管理

公司财务状况对危机管理最后落地起着比较重要的作用，当群体性事件得以控制，各方达成和解意见，需要将和解意见落实的时候，就需要经济支撑，让危机管理圆满完成。

比如，在建设工程质量危机案例一中，A 公司财务状况良好，可以出资对房屋进行维修、加固，解决业主房屋质量问题，让危机管理最终结束。但在售后委托租赁经营案例一中，G 房地产公司财务亏损，不能提供任何经济支持，同时也无法吸引投资者，最终导致达成的和解协议不能实现，危机管理不能有效完成。J 房地产公司虽然自身财务状况不好，但能够引入投资人，投资人的财务状况优良，能够帮助 J 房地产公司解决资金问题，完成收购，解决业主群体危机。

因此，在有资金需求的危机管理中，财务状况属于比较重要的内在因素。

（二）对财务不需求的危机管理

并非所有危机管理都需要较大的资金来解决，有的危机管理就不需要大量资金，甚至不需要财务部门参与到危机管理组织机构中。

比如，在前文房地产销售阶段的案例中，房地产公司不涉及虚假宣传，不构成违约行为，因此就不需要向业主作出经济赔偿，此时就不需要动用大量资金来解决危机，也就不需要财务部人员参与危机管理组织机构。再如，在房地产公司股权转让危机处理中，房地产公司有权依法转让自身股权，不存在违法、违约问题，更不需要向业主支付赔偿金，危机管理方案中就不需要考虑财务部门参与的问题。

五、社会道德因素

社会道德因素要求房地产企业在危机管理过程中，需要做到诚实守信，在法律规定范围之外考虑业主群体利益、社会公共利益，不能作出有损社会公共利益、业主群体利益的事情，承担社会责任。社会道德因素具体体现为以下方面：

（一）诚实守信

比如，房地产公司对于实际发生的房屋质量问题、现实修建状况与之前的宣传设计不一致的地方、不能支付租金的违约事实、不能继续提供商业经营场地的事实，需要敢于承认，敢于认可，不要做违背基本事实、违背诚实信用的狡辩，不要掩盖真相，敢于面对事实、面对过错、面对责任。

夏建甑认为，将诚信放在第一位，所谓危机管理，并不能解决企业的诚信问题。如果一个企业故意用假冒伪劣产品和虚假承诺来蒙骗消费者，那任何方法都只能解决一时的问题，绝不会长久。因此，用真诚的态度对待购房者是房地产企业必须做到的。[1]

在前文的案例评析中，无论是建设工程质量阶段的 A 房地产公司、B 房地产公司，还是售后委托租赁经营阶段的 G 房地产公司、J 房地产公司在制定危机管理方案时，都从业主利益角度进行了适当考虑，并且实事求是地向业主披露信息，做到了诚实信用，体现了危机管理中的社会道德因素。这些是基本的社会道德，是有效危机管理必须注意的普通因素，可以修复业主群体对房地产公司的信任，对组织机构人员的信任，最终促进危机管理成效。

（二）在法律之外适当考虑业主群体利益

法律规定是生硬的，但法律的运用可以灵活有温度。危机管理是将危机事件通过一定的管理方式达到化解纠纷、平息事端的目的。在法律规定之外，如果能体现社会温度，适当考虑业主利益，可以缓和与业主群体的矛盾，缩小与业主群体的分歧，由此业主将最大程度上支持、配合危机管理，让危机管理达到更好的目标。

比如，在上文的案例评析中，虽然 G 房地产公司财务状况非常糟糕，没有任

---

〔1〕 夏建甑：《论我国房地产开发企业的危机管理》，载《商业时代》2005 年第 12 期。

何资金用于支付赔偿款。但G房地产公司与业主代表协商、沟通中能够在业主利益角度考虑业主群体利益。如在商谈经济赔偿比例的情况下,G房地产公司可以考虑在法律规定的赔偿范围之外,适当多支付一定比例的赔偿金,待后期项目盘活后,分批次支付。对于业主群体而言,虽然G房地产公司目前不能支付赔偿资金,但体现出为业主利益考虑的想法,很容易被业主群体认同。他们认为G房地产公司至少具有解决群体危机的诚意,能够考虑业主群体的利益,通过反复多次的商谈,业主群体中一部分业主就比较支持G房地产公司的危机管理方案,对项目盘活比较支持,缓和了双方之间的矛盾,为危机管理起到了比较重要的作用。

例如,在房地产销售阶段群体性事件,从法律规定角度,没有法律禁止D房地产公司在销售阶段不能转让股权,其股权转让行为完全合法,且已办理转让完毕。业主群体正是基于对D房地产公司的信任以及认可,才非常在意D房地产公司转让项目公司股权。为了体现D房地产公司的社会道德,D房地产公司决定立即回购转让的股权,继续保持股权至房屋交付完毕。此种情况下充分说明D房地产公司完全从法律规定之外考虑业主群体的感受、利益。最终赢得了业主群体的理解、支持,D房地产企业在业主心目中一直具有较好的品牌号召力,此次危机管理也比较成功。

(三)承担社会责任

企业属于社会个体,房产企业同样属于社会个人,企业应当具有社会担当,承担相应的社会责任。当房地产企业出现群体性危机时,最基本的就是需要勇于承担社会责任,不是利用股东有限责任逃避债务,转移资产。只有敢于承担社会责任的企业才能在危机管理中取得较好的管理成效。

比如,J房地产公司在危机管理中,因未能有效招商,无法收取租金的情况下,一直连续几年地由J房地产公司用自有资金为项目公司提供资金,并向业主支付固定租期回报。甚至在后期用股权作为质押,向银行申请贷款,并继续向业主支付租金。J房地产公司本可以在几年前就因为没有收入而停止向业主支付租金回报,但为了体现企业的社会责任,一直想尽一切办法确保向业主支付租金,直到最后实在无力支撑才停止支付租金。

但后期又通过各种让利的方式,积极寻找投资方,吸引投资人进入项目公司,收购股权。最终非常及时地引入了投资方,解决了资金问题,并将整个项目盘活,完成了成功的危机管理,成功地解决了业主群体社会问题。该企业勇敢地承担了自己的社会责任,是一种非常积极有效的危机管理案例。

第三节 房地产企业危机管理外部影响因素

一、社会政治因素

社会政治因素是社会因素与政治因素的合称,两者相辅相成,相互关联。政府机关有一个重要职能就是维护社会稳定,维护社会正常秩序,一旦社会存在不稳定因素或者出现不稳定局面,政府机关就会干预,动用行政、司法权力来实现社会稳定。社会的稳定性决定了政府执政的稳定性,社会出现动荡,将引发执政的稳定性。因此,社会稳定问题已不是单纯的法律问题、社会问题、而是更深入的政治问题,群体性危机管理一定要提升到政治高度去看待危机事件,去制定危机管理方案,不能脱离社会政治问题。

(一)社会因素

群体性危机往往涉及人数众多,通常有上千人,甚至上万人参与且情绪异常激动,甚至出现聚集游行、打砸等情形。一旦影响社会公共秩序,影响执政的稳定性,必将引起政府权力机关的介入,每起房地产群体性危机都涉及社会稳定,社会公共秩序的维护。

社会政治因素影响到危机管理的整个阶段,特别是危机控制阶段。例如,在房屋质量群体性危机管理案例中,当爆发房屋质量问题的情况后,A 公司就立即向政府主管部门汇报,取得政府部门的支持。同时 A 公司提出了一系列的解决方案,缓和了业主情绪,没有将矛盾进一步激化。A 公司的积极解决业主群体诉求的行为,取得大部分业主的认同,从社会稳定角度而言,A 公司帮助政府作为维护社会稳定的工作,维护了社会稳定,取得政府的理解。

比如,在上文的案例评析中,E 房地产公司因为股东之间矛盾激烈,导致没有形成统一有效的危机管理,没有成立专门高效的危机管理组织机构,没有相应的解决方案及措施,E 房地产企业不能给予业主群体任何解决方案,导致群体性危机进一步升级,矛盾进一步被激化,最终没有取得政府机关的支持,造成较大范围的社会不稳定和较大的社会负面影响。

(二)政治因素

房地产企业在危机事件中,需要拿出一系列的解决措施方案来与协商,沟通,平息业主愤怒,帮助政府维护社会稳定。本书列举的案例中,如 A 房地产公司、B 房地产公司、C 房地产公司、G 房地产公司、J 房地产公司等都采取一系列措施预防危机发生、扩大,与业主群体沟通、协商,让业主群体逐渐恢复理性。

政府机关也会动用行政、司法等权力,对于业主违反法律规定的行为予以处理,将社会不稳定因素有效控制在一定范围内,确保社会稳定,直至危机解决。整个过程中,政府协调了国土、房管、公安、城建、安监等多个部门参与管理。社会稳定,政府才稳定,企业也才能够稳定,这是政治思维,危机管理必须要有政治思维。

企业制定危机管理措施时,应充分考虑社会政治因素,并取得政府机关的支持,只有在政府机关的支持下,才能取得较好的危机管理效果,转危为安,否则危机管理可能会因此失败,让企业瞬间垮塌。如 E 房地产公司在危机处理中没有提出有效的危机管理方案措施,没有得到政府机关的支持,没有充分考虑到政治问题,最后导致危机管理彻底失败。而 A 房地产公司、G 房地产公司、J 房地产公司等危机管理比较成功的房地产企业都是拿出了有诚意的解决方案,帮助政府维护了社会稳定,取得政府的大力支持,体现了危机管理的政治性。

虽然房地产企业不能掌控政府机关,但可以与政府机关保持通畅、友好的沟通,提出危机管理方案措施。在某种程度上,政府机关的利益与房地产企业的利益具有一致性,比如社会稳定性问题。政府机关的决策将根本性影响到房地产企业的决策,将直接影响到危机管理的成效。因此,社会政治因素在危机管理中属于外在根本性因素,属于必须考虑的前提性因素。

二、国家法律政策因素

群体性危机管理必须依法采取管理措施,房地产开发公司必须运用法律、政策保护自身,同时也需要运用法律去解决危机事件,法律政策因素是危机管理的有效手段。

(一)房地产企业群体危机管理涉及的法律法规

房地产企业必须清楚、全面掌握与该事件相关的法律法规,行业性法律法规,甚至包括当地政府部门、主管部门出具的各项规章制度、文件。并在该框架范围内制定、执行危机管理方案,不能逾越红线。房地产企业群体危机管理涉及的主要法律法规如下,以下法律法规仅为主要涉及的法律规定,实际操作中还会涉及更加细化的相关规定,本书就不一一列举了。

1. 民事经济类

(1)《民法总则》

(2)《民法通则》

(3)《合同法》及最高人民法院《关于适用〈中华人民共和国合同法〉若干问题的解释(一)》、《关于适用〈中华人民共和国合同法〉若干问题的解释(二)》

(4)《民事诉讼法》及最高人民法院《关于适用〈中华人民共和国民事诉讼法〉的解释》

(5)《担保法》及最高人民法院《关于适用〈中华人民共和国担保法〉若干问题的解释》

2. 建筑施工类

(1)《建筑法》

(2)《建设工程质量管理条例》

(3)最高人民法院《关于建设工程价款优先受偿权问题的批复》

(4)最高人民法院《关于审理建设工程施工合同纠纷案件适用法律问题的解释》

3. 销售宣传经营类

(1)《商品房销售管理办法》

(2)《城市商品房预售管理办法》

(3)《城市房地产开发经营管理条例》

(4)《广告法》

(5)最高人民法院《关于审理商品房买卖合同纠纷案件适用法律若干问题的解释》

(6)最高人民法院《关于审理城镇房屋租赁合同纠纷案件具体应用法律若干问题的解释》

4. 刑事法律类

(1)《刑法》

(2)《刑事诉讼法》

(3)最高人民检察院、公安部《关于公安机关管辖的刑事案件立案追诉标准的规定》

(二)运用法律规定制定危机管理方案

发生群体危机后,房地产企业需要依据以上法律法规以及相关规定,针对业主提出的各项诉求进行法律分析,区分哪些诉求具有合法性、合理性,哪些诉求没有法律依据、不具有合理性,并针对性提出法律应对解决方案,在合法、合理的范围维护自身合法权益。在合法、合理的前提下,制定的危机管理方案,才容易被业主群体接收,才能有效地具体实施。

以上两个案例中,A 公司、G 房地产公司、J 房地产公司等均在法律法规框架范围内制定危机处理方案并执行,得到了部分业主的认可,得到了政府部门、司法部门的合法支持,没有因危机管理出现违法事项,也没有进一步激化、升级矛盾,维护了房地产企业自身的利益。

危机管理方案的合法性是危机管理方案能否有效实施的前提,只有合法、合理的的危机管理方案才能得到业主群体认可,得到政府部门支持,才能维护房地产企业利益,才能让危机管理起到积极作用。

因此,法律政策因素是群体性事件危机管理必须考虑的重要外在因素,房地产企业必须依据国家法律政策制定、执行危机管理方案。

三、关联主体因素

(一)政府部门关联主体

因群体性危机的特点存在非法聚集、非法游行的行为,这些群体性行为将可能引起社会不稳定。因政府具有维护社会稳定的职责与权力,决定了在群体性危机中,政府机关必将主动与被动地介入危机管理中,成为危机管理的重要外部因素,也是危机管理的重要关联主体。政府部门通常包括了公安、建委、房管、规划、国土、维稳办、工商等部门。

比如,上文所有群体性事件案例中,政府部门均介入危机管理中,成为危机管理的重要参与者,对群体性事件的有效控制起着决定性作用。政府部门作为关联主体,针对社会稳定性而介入。政府部门既不偏向业主,也不偏向房地产企业,保持中立。企业制定危机管理方案,在关联主体因素中,必须考虑政府因素。

(二)银行关联主体

当爆发群体性事件后,银行的一举一动将严重影响到危机管理措施以及危机管理效果,对整个危机管理成败起着至关重要的作用。通常情况下,当发生群体性危机后,房地产企业将积极与银行沟通,取得银行的大力支持,稳定银行,以便最有利地解决危机事件。

1. 业主按揭贷款

比如,A 房地产公司在发生质量群体性危机后,银行立即停止向业主发放尚未发放的按揭贷款。银行停止发放按揭贷款的行为将阻断房地产企业销售资金回笼,增加房地产企业的资金压力。

房地产企业在发生群体性危机后,应立即与银行沟通,增强银行信心,稳定银行机构,争取能够继续发放业主按揭贷款。

2. 开发贷款

房地产企业通常会向银行申请巨额的开发贷款,银行发放贷款后,如果遇到群体性危机情形,银行通常会提前收回贷款。若银行要求提前收回贷款,必将增加房地产企业的资金压力,更会形成挤兑效应,加速房地产企业的危机严重程度。

如 E 房地产企业在危机管理中,未能较好地稳定银行机构,在发生危机事件后,银行发函要求提前收回贷款,使得房地产企业雪上加霜。比如 A 房地产企业、G 房地产企业、J 房地产企业在危机事件发生后,与银行保持密切的沟通,增强银行信心,稳定银行机构,银行没有要求提前收回贷款,甚至对已到期的部分贷款进行续贷,大力支持了房地产公司的危机管理,起到了定盘星的作用,为危机管理成功起到了重要作用。

(三)建设工程施工单位关联主体

房地产开发企业本身不直接建设施工房屋,需要委托第三方总承包单位负责修建施工，通常情况下，房地产开发企业都会拖欠上千万元甚至数亿元的工程款项。在爆发群体性危机后，若不能很好处理与施工总承包单位的关系，将成为压死房地产企业的最后一根稻草，稳定施工单位是非常重要的环节。

在售后委托租赁纠纷群体性危机案例一、二中，房地产公司拖欠数亿元的施工款项，在这异常敏感的阶段，若施工总承包单位提起诉讼，保全冻结房地产公司以及项目资产，必将使房地产公司危机管理加速失败。所幸的是，该案例中房地产企业稳定住了施工单位，两个案例中的施工承担单位均未提起诉讼，保持了最大的克制，为危机管理取得成效起到的较大的作用。但 E 房地产公司未能有效稳定住施工承包单位，导致施工单位在危机期间向法院提起诉讼，要求支付数千万元的工程欠款，加速了危机恶化速度。施工承包单位与银行一样，对危机管理具有催化剂的作用，可以朝着较好方面促进，也可能朝着较坏的方面推进。

因此，关联主体因素在房地产群体性危机中对危机管理影响非常重要，是必须考虑的重要因素。

四、市场经济环境因素

在群体性事件爆发后，危机管理将考虑如何解决危机，如上述售后委托经营群体性危机管理案例研究中，解决群体性危机管理的最好方式之一就是引进新的投资人，将该商业项目全部接收，注入大量资金，盘活该商业项目，确保业主能够收取约定的租金。

在市场经济环境较好的情况下，寻找投资人将会较为容易；在经济环境较差的时期，寻找投资人将非常困难。比如在上文案例中，G 公司售后委托经营的群体性事件中，当时正处于中国实体经济萧条，电商网络经济快速发展时期，实体经济受到巨大冲击，此时若希望快速寻找到大量资金进入实体经济将非常困难。该群体性事件现已持续 3 年仍然未能引入资金投入，整个危机管理处于僵持阶段，尚未进入危机解决阶段。

虽然市场经济环境因素对企业而言难以掌控，但利用或规避该因素来制定切实可行的危机管理措施还是具有可行性。因此，市场经济环境在以上外部因素中属于危机管理中的间接因素。

第四节 房地产企业危机管理影响因素可视化分析

一、危机管理影响因素的可视化图表

(一)影响因素的可视化图表

危机管理影响因素众多,在这些内部因素、外部因素中,在同一危机管理中每一个因素所起到的作用各不相同。不同的危机管理中,同一因素所起到的作用也存在差异。为了更加明确清晰地了解危机管理影响因素在危机管理中的作用、效果,本书采用图表可视化方式对危机管理影响因素进行分析:

表 6-1 危机管理影响因素

	房地产开发阶段		建设工程施工阶段		房地产销售阶段		商业售后委托租赁经营阶段			房屋整体租赁运营阶段	
序号	危机管理		案例一,A公司	案例二,B公司	案例一,C公司	案例二,D公司	案例一,G公司	案例二,J公司	案例三,E公司	案例一,L公司	案例二,R公司
1.	内部因素	影响地位	影响程度(积极、一般、消极)		影响程度(积极、一般、消极)		影响程度(积极、一般、消极)			影响程度(积极、一般、消极)	
(1)	股东关系	核心	积极	积极	积极	积极	积极	积极	消极	积极	积极
(2)	组织机构	重要	积极	积极	积极	积极	积极	积极	消极	积极	积极
(3)	专业律师团队	重要	积极	积极	积极	积极	积极	积极	消极	积极	积极
(4)	财务状况	视情况而定	积极	积极	一般	一般	消极	积极	消极	一般	一般

续表

	房地产开发阶段		建设工程施工阶段		房地产销售阶段		商业售后委托租赁经营阶段			房屋整体租赁运营阶段	
序号	危机管理		案例一，A公司	案例二，B公司	案例一，C公司	案例二，D公司	案例一，G公司	案例二，J公司	案例三，E公司	案例一，L公司	案例二，R公司
(5)	社会道德	视情况而认定	积极	积极	一般	积极	积极	积极	消极	一般	一般
2.	外部因素	影响地位	影响程度（积极、一般、消极）		影响程度（积极、一般、消极）		影响程度（积极、一般、消极）			影响程度（积极、一般、消极）	
(1)	社会政治	重要	积极	一般	一般	一般	积极	积极	消极	一般	一般
(2)	国家法律政策	重要	积极	积极	一般	一般	积极	积极	消极	积极	一般
(3)	关联主体	视情况而定	积极	一般	一般	一般	积极	积极	消极	一般	一般
(4)	市场经济环境	视情况而定	一般	一般	一般	一般	消极	积极	消极	一般	一般
3.	危机管理效果（成功、一般、失败）		成功	成功	成功	成功	一般	成功	失败	一般	一般

（二）危机管理影响因素所起作用程度分级

表6－1将危机管理影响因素所起的作用程度分为三个级别（积极、一般、

消极)：

1. 积极

"积极"表示起到了较好且有利的影响效果。

2. 一般

"一般"表示起到积极作用有限，没有达到较好的程度，但仍然有一定积极效果。

3. 消极

"消极"表示造成了不利的影响效果，起到了负面影响。

以上三个层面比较直观反映了危机管理每个影响因素对每一起危机管理所起到的作用程度。

(三)危机管理影响因素地位分级

危机管理每个影响因素在危机管理中的地位不同，从其地位分为以下三类(核心、重要、视情况而定)：

1. 核心

"核心"是指影响因素在危机管理中起到极为关键的作用，属于每一起危机管理都必不可少的最重要的因素，可以决定危机管理成败的因素。

2. 重要

"重要"是指影响因素在危机管理中起到非常重要的作用，仍然属于每一起危机管理都必不可少的因素，可以在一定程度上对危机管理成败起到作用的因素。

3. 视情况而定

"视情况而定"是指影响因素需要根据具体危机事件中危机管理需求而确定其地位。在某些情况下，该因素对危机管理不起作用，或者仅起到一般作用；在某些情况下，对危机管理又起着非常重要的作用。因此属于视情况而定。

(四)危机管理影响因素对危机管理效果的影响分级

表6-1同时也反映了在危机管理影响因素作用下，最终形成的危机管理效果分级(成功、一般、失败)：

1. 成功

"成功"是指在危机管理影响因素的作用下，取得比较好的危机管理效果。

2. 一般

“一般”是指在危机管理影响因素的作用下，没有达到较好的危机管理效果，但仍然有一定的积极作用。

3. 失败

“失败”是指在危机管理影响因素的作用下，没有达到危机管理效果，危机管理较差。

二、危机管理影响因素在房地产企业危机管理中的影响情况评析

（一）对A公司危机管理影响因素情况评析

表6－1显示：

1. 内部影响因素：股东关系、组织机构、专业律师团队、财务状况、社会道德因素对A公司危机管理均起到了积极的作用，有效地促进了危机管理。对于核心因素、重要因素都起到了应有的积极作用。

2. 外部影响因素：社会政治、国家法律政策、关联主体因素对危机管理均起到了积极作用，较好地促进了危机管理。至于市场经济环境因素之所以仅起到了一般的作用，是因为该案例危机管理中，本身就不太依赖市场经济环境，A房地产公司自身就可以处理。核心因素、重要因素都起到了应有的积极作用。

该案例是一次比较成功的危机管理。

（二）对B公司危机管理影响因素情况评析

表6－1显示：

1. 内部影响因素：股东关系、组织机构、专业律师团队、财务状况、社会道德因素对B公司危机管理均起到了积极的作用，有效地促进了危机管理。相应影响因素也发挥了核心地位、重要地位的作用。

2. 外部影响因素：社会政治、国家法律政策对危机管理均起到了积极作用，较好地促进了危机管理。相应影响因素也发挥了核心地位、重要地位的作用。

至于关联主体、市场经济环境因素之所以仅起到了一般的作用，是因为该案例危机管理中本身就不太依赖关联主体、市场经济环境，B房地产公司自身就可以处理。核心因素、重要因素都起到了应有的积极作用。

该案例是一起比较成功的危机管理。

(三)对C公司危机管理影响因素情况评析

表6－1显示：

1. 内部影响因素：股东关系、组织机构、专业律师团队、社会道德因素对C公司危机管理均起到了积极的作用，有效地促进了危机管理，相应影响因素也发挥了核心地位、重要地位的作用。财务因素对于危机管理没有起到重要作用，因为该危机管理本身不需要充足的财务资金，所以仅起到了一般的影响作用，C公司的财务状况本身属于良好。

2. 外部影响因素：社会政治、国家法律政策、关联主体因素、市场经济环境因素对于C公司危机管理起到了一般的作用。因为在该危机管理中，对外部因素需求本身不大，C公司危机管理做得比较好，外部因素都没有起到消极作用。

C房地产公司核心因素、重要因素都起到了应有的积极作用，最终圆满完成了危机管理。

该案例是一起比较成功的危机管理。

(四)对D公司危机管理影响因素情况评析

表6－1显示：

1. 内部影响因素：股东关系、组织机构、专业律师团队、社会道德因素对D公司危机管理均起到了积极的作用，有效地促进了危机管理，相应影响因素也发挥了核心地位、重要地位的作用。特别是社会道德因素发挥了较好的积极作用。财务因素对于危机管理没有起到重要作用，因为该危机管理本身不需要充足的财务资金，所以仅起到了一般的影响作用，D公司的财务状况本身属于良好。

2. 外部影响因素：社会政治、国家法律政策、关联主体因素、市场经济环境因素对于D公司危机管理起到了一般的作用。因为在该危机管理中，对外部因素需求本身不大，D公司危机管理内部因素做得比较好，同时外部因素保持了一般情况，没有起到消极作用。

D房地产公司核心因素、重要因素都起到了应有的积极作用，最终圆满完成了危机管理。

该案例是一起比较成功的危机管理。

（五）对G公司危机管理影响因素情况评析

表6－1显示：

1. 内部影响因素：股东关系、组织机构、专业律师团队、社会道德因素对G公司危机管理均起到了积极的作用，有效地促进了危机管理，相应影响因素也发挥了核心地位、重要地位的作用。但财务因素对危机管理却没有起到较好的作用，因为G公司财务状况比较糟糕，没有资金用于解决危机管理，起到了消极作用。

2. 外部影响因素：社会政治、国家法律政策、关联主体因素对于G公司危机管理起到了积极的作用，但市场经济环境因素却起到了消极作用。

G房地产公司核心因素、重要因素都起到了应有的积极作用，而财务状况因素在本项目中需要起到积极作用，但实际中却起到了消极作用，没有能够发挥财务积极影响因素。因此本次危机管理在积极作用与消极作用的相互抵消下，仅达到了一般的危机管理效果，但至少没有继续恶化，保持了稳定的缓慢积极发展。

该案例危机管理效果一般，但在朝着好的方向缓慢发展。

（六）对J公司危机管理影响因素情况评析

表6－1显示：

1. 内部影响因素：股东关系、组织机构、专业律师团队、财务状况、社会道德因素对J公司危机管理均起到了积极的作用，有效地促进了危机管理，相应影响因素也发挥了核心地位、重要地位的作用。

2. 外部影响因素：社会政治、国家法律政策、关联主体因素、市场经济环境对于J公司危机管理起到了积极的作用。

J房地产公司核心因素、重要因素都起到了应有的积极作用，特别是股东关系、律师团队、财务状况、市场经济环境因素各自起到了最大的积极作用，确保了本次危机管理成功。

该案例是一起危机管理非常成功的案例。

(七)对E公司危机管理影响因素情况评析

表6-1显示:

1.内部影响因素:股东关系、组织机构、专业律师团队、财务状况、社会道德因素对E公司危机管理均起到了消极作用,未能有效促进危机管理。具有核心地位的影响因素、重要地位的影响因素均未能发挥积极作用。

2.外部影响因素:社会政治、国家法律政策、关联主体因素、市场经济环境对于E公司危机管理同样均起到了消极作用。

E房地产公司内部影响因素、外部影响因素都没有起到积极作用,一般作用都没能发挥,全部起到了消极作用,造成了很大的负面影响,导致了此次危机管理失败。

该案例是一起危机管理非常失败的案例。

(八)对L公司危机管理影响因素情况评析

表6-1显示:

1.内部影响因素:股东关系、组织机构、专业律师团队对L公司危机管理均起到了积极作用,财务状况、社会道德因素为一般作用。具有核心地位的影响因素、重要地位的影响因素均发挥积极作用。

2.外部影响因素:国家法律政策发挥了积极因素作用,但社会政治、关联主体因素、市场经济环境对于L公司危机管理起到了一般作用。

L公司内部影响因素中起核心作用的股东关系,起重要作用的组织机构、专业律师团队因素起到了积极作用。其他因素没有产生负面影响,没有起消极作用。

该案例危机管理基本达到危机管理目标,为一般效果。

(九)对R公司危机管理影响因素情况评析

表6-1显示:

1.内部影响因素:股东关系、组织机构、专业律师团队对R公司危机管理均起到了积极作用,财务状况、社会道德因素为一般作用。具有核心地位的影响因素、重要地位的影响因素均发挥积极作用。

2.外部影响因素:社会政治、国家法律政策因素、关联主体因素、市场经济环境对 R 公司危机管理起到了一般作用。

R 公司内部影响因素中起核心作用的股东关系,起重要作用的组织机构、专业律师团队因素起到了积极作用。其他因素起到了一般作用,至少没有产生负面影响,没有起消极作用。

该案例危机管理基本达到危机管理目标,为一般效果。

第七章　危机管理指引

危机管理需要分步骤，按阶段进行，实行模块化管理。危机管理阶段可分为危机识别、风险识别、制定危机管理方案、危机管理执行四个阶段。以上四个阶段是基于管理与法律的思维角度对危机管理进行的阶段划分，这四个阶段的整合就构成了危机管理。具体阶段划分见图 7－1 的模型：

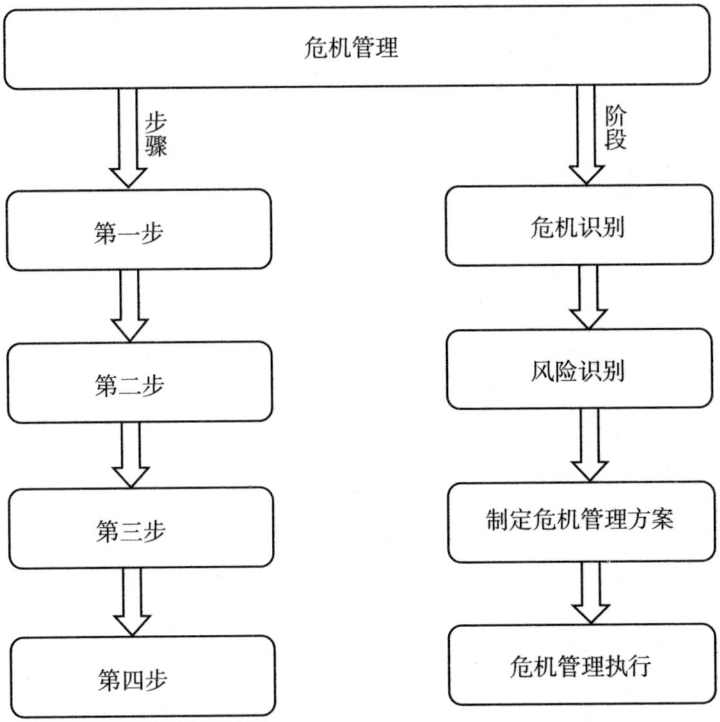

图 7－1　危机管理四个阶段模型

房地产企业群体性事件危机管理同样适用以上四阶段划分，将危机管理以上四个阶段运用于房地产企业危机管理当中，结合房地产企业开发建设阶段实际情况针对性进行危机管理。

第一节
危机识别

危机识别是危机管理的第一步，首选需要识别危机，然后才能进一步更好地进行危机管理。房地产企业群体性危机识别通常需要识别是否具备以下五大危机特征：第一，紧急；第二，决断；第三，重大风险；第四，负面影响范围广；第五，人数众多。只有符合以上五个特征才能称为房地产企业群体性危机。

房地产企业开发建设是分阶段进行的，不同开发建设阶段出现的群体性危机情况存在较大差异，因此需要针对性地根据房地产企业开发建设的不同阶段分别进行识别。

一、建设工程施工阶段危机识别

建设工程施工阶段主要为质量类群体性危机，涉及工程质量类危机管理。如何识别工程质量类危机，需要根据危机的特征并结合建设工程质量特征进行综合判断，相互联系判断，并非单独就某一识别要素孤立判断。

（一）紧急

建设工程质量存在多种情形，只有具备紧急性的工程质量问题才具备确认为危机的条件之一。危机识别中的紧急包括以下识别要素：

1. 涉及人身、重大财产安全的紧急

案例评析中建设工程质量阶段发生的群体性危机案例为两件，第一件为 A 公司开发的某房地产项目已竣工验收交付使用房屋的地基出现质量问题导致地面及房屋出现裂缝,可能出现房屋垮塌的风险,危及人身安全、重大财产安全。此种情况下的紧急就是非常得紧急,一刻也不容耽误。案例二为深基坑施工过程中出现质量问题,导致临近房屋及地面出现裂缝,同样可能导致房屋垮塌的风险,危及人身安全、重大财产安全,属于非常紧急的质量问题。

对于其他一般的质量问题,不会危及人身安全、重大财产安全的质量问题,如房屋室内一般的墙体空鼓,或者房屋地板起砂,或者房屋门窗变形等,这些质量问题都属于普通质量问题,属于房地产开发企业在约定时间内进行整改的情况,不属于危及人身、财产安全的紧急,不属于危机识别中的紧急。

因此,本阶段危机识别中的紧急是对涉及人身、重大财产安全的紧急,并非普通的维修处理紧急。

2. 决断紧急

决断紧急为对出现的质量问题需要立即作出决策的紧急性,对于可以稍缓决断,或者后续决断的质量问题,也不属于危机识别中的紧急。

比如,在上文的案例评析中,A 房地产公司在地基发生质量问题后,必须立即作出决断。如何向业主解释、如何应对业主提出的诉求、如何面对政府等,这些都属于立刻需要决断的紧急。

因此,本阶段危机识别中的紧急是在发生涉及人身、重大财产安全事件后,面对向业主解释、应对业主提出诉求、面对政府的决策处理紧急。

3. 重大风险发生紧急

重大风险发生紧急,比如,涉及民事赔偿风险、刑事犯罪风险,社会政治风险等,这些风险都是可能立即发生的,时间非常紧迫,没有更多的时间考虑,必须快速应对各项风险。

4. 人数聚集迅速

群体性事件发生后,业主群体将在短时间内聚集几百人乃至上千人,围堵房地产企业办公场所以及政府部门、交通道路,整个过程非常迅速。

(二)决断

1. 涉及人身、重大财产安全的决断

建设工程质量类群体性危机的决断是需要对涉及人身、重大财产安全的质量事件进行的决断,其他普通类的质量事件通常不属于危机识别中的决断。比如,在建设工程质量类群体性危机管理案例评析中,案例一、案例二出现的重大质量问题均为涉及人身、重大财产安全的危机决断。

2. 重大风险决断

在本阶段发生的重大风险，可能会涉及民事经济赔偿风险、刑事犯罪风险、社会政治风险等重大风险，面对这些风险需要房地产企业作出决断，如何面对、解决、规避。

危机识别中决断是需要具备以上重大风险的决断，一般的风险不属于危机决断。

（三）重大风险

本阶段群体性危机识别中所指的重大风险如下：

1. 民事经济赔偿风险

发生建设工程质量类群体性事件时，若确实存在质量问题，则房地产企业将承担民事经济赔偿责任，如房屋修复、加固责任。

2. 刑事责任风险

刑事责任风险为比较严重的重大风险，主要可能包括：工程重大安全事故罪。当然也可能因该危机事件引发其他刑事犯罪被追诉，包括虚开发票罪、挪用资金罪等。

3. 社会政治风险

因群体性事件可能引起社会不稳定，导致政府干预，从而可能引发社会政治风险。

（四）负面影响范围广

业主在发生房屋质量问题后，通过人数聚集、非法游行、阻断交通等方式引起政府、社会关注，并通过网络媒体发布关于房屋质量问题的信息，制造了巨大的社会负面影响。

（五）人数众多

人数众多是房地产企业群体性危机的重要识别要素，如在上文的案例评析中，房地产企业A公司、B公司所面对的建设工程质量危机事件涉及的业主都是整个小区的居住业主，达到上千户，数千人的群体性危机。

如果涉及人数仅几户、几人的事件，通常不属于群体性危机。

二、房地产销售阶段危机识别

房地产销售阶段主要涉及虚假宣传、不实承诺类的群体性危机。需要根据危机的特征并结合房地产销售过程中涉及的虚假宣传、不实承诺的特征进行综合判断，并非单独就某一识别要素孤立判断，在具备以下要素的情况下基本可以认定属于房地产群体性危机：

（一）紧急

本阶段群体性危机识别中的紧急包括以下识别要素：

1. 决断紧急

决断紧急为出现群体性事件后对重大事项需要快速作出决策，不容迟延的决断，需要对业主提出诉求是否同意的决断紧急。如D房地产公司对业主提出要求回购股权的诉求，D房地产企业必须立即作出决断是否同意回购。

2. 重大风险发生紧急

该阶段的重大风险包括民事经济赔偿重大风险、刑事犯罪重大风险。如涉嫌虚假宣传、不实承诺的，将承担民事经济赔偿；如涉嫌虚假广告的，将可能构成虚假广告罪。这些风险的发生通常比较紧急，特别是涉嫌刑事犯罪的，可能在短时间内就被公安机关追诉。

3. 人数聚集迅速

群体性事件发生后，业主群体将在短时间内聚集几百人乃至上千人，围堵房地产企业办公场所以及政府，交通道路，整个过程非常迅速。

只有具备以上紧急要素的情况，才能称之为房地产群体性危机识别中的紧急。当然以上三项要素并非绝对同时具备，具体情况下，也可能仅具备部分要素，要具体情况具体分析。

（二）决断

如前所述，本阶段的决断是需要对重大事项的决断，比如，D房地产企业作出回购股权的决断，就属于重大事项的决断。因为该项决断是直接影响群体性事件是否进一步恶化的重大决断。

危机识别中决断是需要具备以上重大风险的决断，一般的风险不属于决断风险。

(三)重大风险

本阶段群体性危机识别中所指的重大风险,是可能涉及的以下重大风险:

1. 民事经济赔偿风险

一般涉嫌虚假广告、不实承诺群体性事件发生时,若确实存在虚假宣传、不实承诺行为,则房地产企业将承担民事经济赔偿责任。

2. 刑事责任风险

房地产企业不仅需要面对民事经济赔偿风险,还需要面临刑事责任风险,比如虚假广告罪。

3. 社会政治风险

可能因为群体性事件导致社会不稳定,进而引发社会政治风险。

(四)负面影响范围广

本阶段D房地产企业群体性危机中,业主通过堵塞D房地产企业办公场所方式制造社会负面影响,贬低D房地产企业名誉,D房地产企业在该地区的社会影响力迅速降低。业主通过制造社会负面影响给D房地产企业施加了巨大压力。

(五)人数众多

人数众多是房地产企业群体性危机的重要识别要素,如在上文的案例评析中,房地产企业C公司、D公司所面对的群体性事件涉及的业主数量都达到数百人次。如果涉及人数仅几户、几人的事件,通常就不属于群体性危机。

三、商业物业售后委托租赁经营阶段危机识别

需要根据危机特征并结合房地产售后委托租赁经营特征综合判断,并非单独就某一识别要素孤立判断:

(一)紧急

本阶段群体性危机识别中的紧急包括以下识别要素:

1. 决断紧急

决断紧急为出现群体性事件后对重大事项需要快速作出决策,不容迟延的决断,需要对业主提出诉求是否同意的决断紧急。

如商业管理公司在张贴停止支付租金的公告当天,就开始有部分业主向售楼部聚集,人数逐渐增多,第二天就提出各种诉求。G 房地产公司必须面对众多业主群体,应当立即作出应对并作出决断,属于作出决断的紧急性。

2. 重大风险发生紧急

该阶段的重大风险包括民事经济赔偿重大风险、刑事犯罪重大风险。比如民事经济赔偿风险,需要房地产公司立即就此作出回应。另外可能涉嫌非法吸收式公共存款罪、挪用资金罪、虚开发票罪等刑事风险,这些风险的发生通常比较紧急,可能在短时间内就被公安机关追诉。

3. 人数聚集迅速

群体性事件发生后,业主群体将在短时间内聚集几百人乃至上千人,围堵房地产企业办公场所以及政府,交通道路,整个过程非常迅速。人数迅速聚集实际上就加剧了紧急性。

只有具备以上紧急要素的情况下,才能称之为房地产群体性危机识别中的紧急。当然以上三项要素并非绝对同时具备,具体情况下,也可能仅具备部分要素,要具体情况具体分析。

(二)决断

如前所述,本阶段的决断是需要对重大事项的决断,包括民事经济赔偿事项的决断、涉嫌刑事责任事项的决断、社会政治事件的决断,这些事项都需要房地产企业果断决策,作出判断。

危机识别中决断是需要具备以上重大风险的决断,但不一定同时具备以上全部风险,可以是其中某一项或几项重大风险。对于一般的风险不属于危机决断。

(三)重大风险

本阶段群体性危机识别中所指的重大风险,是可能涉及的以下重大风险:

1. 民事经济赔偿风险

因为本阶段的群体性危机,通常属于商业管理公司、房地产公司存在违约行为引发,因此房地产公司、商业管理公司将承担相应违约责任、损失赔偿责任,该赔偿通常是上千万元、上亿元的金额,对于本身资金链就出现问题的房地产企业而言,将是非常巨大的民事经济责任。

2. 刑事责任风险

该环节的群体性事件,还会涉嫌相关的刑事犯罪,比如非法吸收公众存款罪、挪用资金罪、非法经营罪等罪名,存在重大刑事风险。

3. 社会政治风险

对于群体性危机,一旦不能较好地稳定业主群体,将造成社会不稳定,进而引发社会政治风险。本阶段群体性危机非常容易引发社会政治风险。

(四)负面影响范围广

本阶段群体性危机涉及人数众多,同时涉及巨额民事经济赔偿风险,甚至刑事风险。比如,在G房地产企业群体性危机中,上千名群体业主通过非法游行、聚集、静坐、集体向政府请愿、通过网络媒体传播等都是为了制造广泛的负面社会影响。群体业主通过以上方式确实制造了巨大的社会负面影响,导致政府、社会给予房地产企业非常巨大的压力。

(五)人数众多

人数众多是房地产企业群体性危机的重要识别要素,如在上文的案例评析中,房地产企业G公司、J公司所面对的群体性事件涉及的业主数量都是达到上千人次,如果涉及人数较少,通常就不属于群体性危机。

四、商业物业整体租赁运营阶段

需要根据危机的特征并结合商业物业整体租赁运营阶段特征进行综合判断,并非单独就某一识别要素孤立判断:

(一)紧急

本阶段群体性危机识别中的紧急包括以下识别要素:

1. 决断紧急

决断紧急为出现群体性事件后对重大事项需要快速作出决策,不容迟延的决断,需要对业主提出诉求是否同意的决断紧急。

比如,商业公司张贴要求小商家退场的通知时,房地产企业就需要根据业主群体的反映及诉求作出相应决策,必须是快速的,不能迟延的。一旦迟延就可能导致矛盾升级。

2. 重大风险发生紧急

该阶段的重大风险主要为民事经济赔偿重大风险,一般不涉及刑事重大风险。比如,民事经济赔偿风险需要房地产公司及商业管理公司立即就此作出回应,这些风险的发生通常比较紧急。

3. 人数聚集迅速

群体性事件发生后,业主群体将在短时间内聚集几百户,围堵房地产企业办公场所以及政府,交通道路,整个过程非常迅速。人数迅速聚集实际上就加剧了紧急性。

只有具备以上紧急要素的情况下,才能称之为房地产群体性危机识别中的紧急。当然以上三项要素并非绝对同时具备,具体情况下,也可能仅具备部分要素,要具体情况具体分析。

(二)决断

本阶段的决断是需要对重大事项的决断,包括民事经济赔偿事项的决断、社会政治事件的决断,这些事项都需要房地产企业、商业管理公司果断决策,作出判断。

危机识别中决断是需要具备以上重大风险的决断,一般的风险不属于危机决断。

(三)重大风险

本阶段群体性危机识别中所指的重大风险,是可能涉及的以下重大风险:

1. 民事经济赔偿风险

因为本阶段的群体性危机,通常属于商业管理公司存在违约行为引发,因此商业管理公司将承担相应违约责任、损失赔偿责任,该赔偿通常在几百万元、上千万元的金额,该笔金额对于商业运营管理公司而言,将是非常巨大的民事经济责任。

2. 社会政治风险

对于群体性危机一旦不能较好稳定业主群体,将造成社会不稳定,进而引发社会政治风险。

(四)负面影响范围广

因群体性危机人数众多,同时涉及民事经济赔偿风险,影响小商家切身利益,因此小商家通常会制造大范围的负面影响,希望通过社会舆论左右群体性危机朝着小商家有利的方向发展。小商家通过非法游行、聚集、静坐、集体向政府请愿、通过网络媒体传播等都是为了制造广泛的负面社会影响。通常在事件发生地区,甚至全省、全国都可能知晓。

(五)人数众多

人数众多是房地产企业群体性危机的重要识别要素,如案例评析中,商业管理公司所面对的群体性事件涉及的业主数量通常达到数百人次。如果涉及人数较少,通常不属于群体性危机。

综上所述,在群体性危机管理中,识别危机是非常重要的一个环节,只有正确识别危机,才能更好地进行危机管理。而识别危机通常需要从以上几个要素进行识别并结合每起事件的特征分析,识别是否属于群体性危机。

第二节
风险识别

危机管理在进行危机识别后,就需要进行风险识别,识别危机中存在哪些风险,并针对风险进行危机管理。风险识别在危机管理中有着极其重要的地位,风险将给房地产企业以及股东造成巨大损失,准确地识别风险并进行有效地危机管理可以将这种损失降低到最低点,帮助企业及股东渡过危机。

房地产开发分为若干阶段,不同阶段发生的群体性危机可能产生不同的重大风险,为了准确识别重大风险,就需要分别针对每个阶段群体性危机的实际情况进行风险识别。

本书主要介绍两种风险识别途径:一种是通过业主群体诉求进行风险识别;

另一种是通过群体性危机进行风险识别。两种不同风险识别途径所识别的风险也不同。业主诉求途径风险识别主要是针对业主在群体性危机中提出的各种诉求进行风险识别。群体性危机途径风险识别主要是针对危机事件中除业主群体诉求以外的重大风险进行识别。

一、通过业主群体诉求进行风险识别

业主诉求是基于业主利益需求或利益主张提出,对于业主而言是利益,对于房地产企业而言就可能是责任、风险。但具体是否存在风险、存在何种风险、多大风险就需要进行识别。因此业主诉求风险识别主要是识别业主诉求:(1)是否存在风险;(2)存在何种类型的风险;(3)风险程度。

业主诉求风险识别需要由专业律师团队通过针对业主诉求以及危机事件具体情况进行深入的法律分析,提出法律风险。

(一)建设工程施工阶段业主诉求风险识别

1. 业主诉求

结合本书建设工程施工阶段案例评析一为例,业主提出诉求如下:

(1)要求承担外住酒店费用;

(2)退房、退款;

(3)或者修复房屋;

(4)赔偿房屋因维修造成的贬值损失。

2. 风险识别

(1)关于外住酒店费用风险识别。

第一,是否存在风险。

律师将通过《合同法》《民法总则》《侵权行为法》等相关法律规定,并结合建设工程质量事件发生情况,进行综合分析判断。在案例评析一中,发生大面积房屋墙体裂缝、地面裂缝的情况下,为了人身安全、财产安全,业主要求 A 公司给予暂住酒店费用是具有合理性的。

因此,通过以上风险识别,可以初步判断业主诉求成立的情况下,房地产公司存在承担赔偿责任的风险。

第二，承担何种类型风险。

从法律上分类，该种风险为经济责任类风险，房地产企业需要承担经济赔偿责任。包括侵权法律关系、合同违约法律关系，都可能导致经济赔偿责任。

第三，风险程度。

根据法律规定以及建设工程质量事件实际情况合法、合理地分析房地产企业需要承担多大的风险程度。A 房地产企业在事发当日就立刻聘请了具有合法资质的工程质量鉴定机构就房屋工程质量问题进行鉴定。一周后，鉴定机构出具鉴定报告认为房屋结构具有安全性，但需要加固维修。根据鉴定报告鉴定结论，房屋结构具有安全性的情况下，房屋质量问题就不会危及业主人身安全、财产安全。因此，A 房地产企业就没有责任继续承担业主外住酒店补偿费用。

A 房地产企业承担业主群体酒店住宿费用的风险程度就是在鉴定报告认为结构安全的时间点；若鉴定报告认为结构存在不安全性，需要撤离人员、财产的，A 房地产企业将继续承担酒店住宿费用以及其他赔偿责任。

（2）关于退房、退款风险识别。

第一，是否存在风险。

律师将根据相关法律法规以及商品房买卖合同并根据本阶段危机事件实际情况，对商品房买卖合同相关约定进行法律分析。对该起建设工程质量事件是否足以导致业主有权要求退房、退款进行分析。

比如，在上文的案例评析一中，A 房地产公司所发生的建设工程质量事件，根据相关法律法规规定、商品房买卖合同约定以及鉴定结论，律师认为业主尚未达到退房、退款的条件，商品房买卖合同应当继续履行。

因此，通过以上分析风险识别，可以初步判断，对于业主该项诉求，A 房地产公司不存在风险，当然也就不存在后续的风险种类、风险程度问题。A 房地产公司就不必对业主该项诉求过多考虑。

第二，存在何种风险。

不存在风险。

第三，风险程度。

不存在风险。

（3）维修加固房屋的风险识别。

第一，是否存在风险。

对于业主该项诉求，同样需要根据相关法律法规规定并结合质量危机事件的实际情况进行分析。地基基础存在质量问题是客观事实,房屋及地面出现大面积裂缝也是客观事实。

在不属于不可抗力的情况下,房地产公司将承担相应修复、赔偿损失的法律责任;如果是不可抗力导致,房地产公司可以免责。案例评析中,本阶段的案例一并非属于不可抗力造成,为此 A 房地产公司应承担房屋加固、修复的赔偿责任。

因此,通过以上分析风险识别,可以初步判断,业主该项诉求将存在风险。

第二,承担何种风险。

根据法律关系,房地产公司将承担修复、加固所需要花费的经济费用,以及给业主造成损失的赔偿风险。

第三,风险程度。

根据鉴定报告结论,房地产公司需要将地基基础进行修复加固,对出现裂缝的房屋、地面进行修复。风险程度为承担修复责任,风险程度在加固、修复的范围内。

(4)赔偿房屋因维修造成的贬值损失风险识别。

第一,是否存在风险。

该项诉求风险识别同样需要依据法律规定、质量事故情况以及当地房地产市场情况判断。实际中,在主体结构安全的情况下,对房屋加固、修复后,房屋的安全性能、居住品质没有受到实质影响。

因此,通过以上风险识别,可以初步判断业主该项诉求通常不存在风险,房地产公司无须因业主该项诉求过多考虑。

第二,存在何种风险。

不存在风险。

第三,风险程度。

不存在风险。

(二)房地产销售阶段风险识别

1. 根据本书房地产销售阶段案例评析案例一为例,本阶段的业主诉求为:

(1)要求 C 房地产企业赔偿损失;

(2)要求退房、退款。

2. 风险识别

(1)关于要求C房地产企业赔偿损失的风险识别。

第一,是否存在风险。

根据业主诉求以及法律规定并结合是否涉及虚假宣传、不实承诺的销售行为,是否视为商品房买卖合同约定内容。如果视为商品房买卖合同约定内容,则房地产公司属于违约行为,将存在风险;反之则不属于违约行为,不构成风险。

因此,通过以上风险识别,可以初步认为不存在风险。

第二,存在何种风险。

不存在风险。

第三,风险程度。

不存在风险。

(2)要求退房、退款的风险识别。

第一,是否存在风险。

基于对损失赔偿的风险识别,损失赔偿风险都不存在的情况下,通常也不存在退房、退款的风险。

第二,存在何种风险。

不存在风险。

第三,风险程度。

不存在风险。

(三)商业物业整体招商运营阶段风险识别

1. 以本书商业物业整体招商运营阶段案例一为例,本阶段的业主诉求为:

(1)部分业主提出要求G房地产公司退房、退款或回购房屋;

(2)部分业主提出要求G房地产公司交付房屋,办理房屋不动产登记证书;

(3)要求G房地产公司、H商业管理公司支付租金、赔偿违约金。

2. 风险识别

(1)部分业主提出要求G房地产公司退房、退款或回购房屋的风险识别。

第一,是否存在风险。

根据相关法律法规,商品房买卖合同、委托经营协议约定以及危机事件情况综合分析。商品房买卖合同与委托经营协议属于两个不同的法律关系。商品房买卖合同是由G房地产企业与业主签署,委托经营协议是由商业运营公司与业主签署。G 房地产企业与商业管理公司属于不同的法律主体签署,基于合同相对性原则,因商业管理公司依据委托经营协议不能支付到期租金,与业主向 G 房地产企业购买房屋没有法律关联性。

因此,通过以上分析风险识别,可以初步判断业主不能以商业管理公司不能支付租金为由,要求解除商品房买卖合同,退房、退款的诉求不能成立,不存在该项风险。

第二,存在何种类型风险。

不存在风险。

第三,风险程度。

不存在风险。

(2)部分业主提出要求 G 房地产公司办理房屋不动产登记证书的风险识别。

第一,是否存在风险。

根据相关法律法规以及商品房买卖合同并结合该项目开发建设实际情况综合分析。该项目建设工程已经完毕并通过竣工验收,规划验收,达到了交付房屋的条件。办理不动产登记证书是 G 房地产企业应有的法定义务以及约定义务,但由于 G 房地产企业资金链断裂,没有资金办理房屋不动产登记证书,所以没有办理不动产登记证书。

因此,通过以上分析风险识别,可以初步判断业主诉求办理不动产登记证书具有合法性、合理性,本来属于 G 房地产公司应该处理的事项,本身不是风险,但在危机管理中却可能成为一种风险。

第二,何种类型风险。

因 G 房地产企业没有资金办理不动产登记证书,业主通过法院诉讼的方式,要求法院判决 G 房地产公司履行办理不动产登记证书的义务。业主获得胜诉判决后,立即申请强制执行,由法院强制执行办理不动产登记证书。

因此,通过以上分析风险识别,可以初步判断对于 G 房地产企业而言,将承担诉讼风险,强制执行风险。

第三,风险程度。

此种风险将导致房地产企业产生大量诉讼案件,执行案件,对房地产企业造成比较大的负面影响,房屋资产被查封冻结。

(3)要求G房地产公司、H商业管理公司支付租金、赔偿违约金的危险识别。

第一,是否存在风险。

依据相关法律法规以及商品房买卖合同、租金支付担保协议、委托经营协议约定,并结合危机事件实际情况,G房地产企业、H商业管理公司确实存在违约行为,依据约定需要承担支付租金责任并支付违约金。

为此,G房地产企业、H商业管理公司存在该项诉求风险。

第二,存在何种风险。

依据相关法律规定以及租金支付担保协议、委托经营协议约定,将承担违约赔偿责任风险。

第三,风险程度。

虽然委托经营协议是H商业管理公司与业主签署,但G房地产企业向业主出具了租金支付担保协议,房地产企业将承担相应的租金及违约金支付担保责任。S商业管理公司将在委托经营协议约定的范围内承担赔偿责任。

(四)商业物业整体租赁运营阶段

1. 本书以商业物业整体租赁运营阶段案例一为例,本阶段业主诉求为:

(1)要求L商业运营公司继续履行租赁合同;

(2)若不能继续履行,需要赔偿小商家装修损失、经营损失;

(3)给予搬迁缓租期,不收取租金。

2. 风险识别

(1)要求L商业运营公司继续履行租赁合同风险识别。

第一,是否存在风险。

根据相关法律法规规定以及房地产企业与L商业运营公司签署的房屋租赁合同,以及小商家与L商业运营公司签署的商铺租赁协议相关约定,并结合停止租赁实际情况综合分析。小商家与L商业运营公司签署的商铺租赁协议关于租赁期限约定为一年,每年到期后L商业运营公司有权决定是否续签。为此L商业运营管理公司有权在商铺租赁协议到期后不再与小商家续签。

因此,通过以上风险识别,可以初步判断业主群体提出的该诉求不存在风险。

第二,存在何种风险。

不存在风险。

第三,风险程度。

不存在风险。

(2)若不能继续履行,需要赔偿小商家装修损失、经营损失。

第一,是否存在风险。

对于该诉求风险识别同样需要依据法律规定,L 商业运营公司与小商家签署的商铺租赁协议相关约定,以及实际情况进行风险识别。

该商铺租赁协议约定租赁期限到期后,L 商业运营公司有权不再续租,小商家由此导致的装修损失等损失由小商家自行承担。

因此,基于以上法律规定及合同约定的风险识别,可以初步判断不存在该诉求风险。

第二,存在何种风险。

不存在风险。

第三,风险程度。

不存在风险。

(3)给予搬迁缓租期,并不收取租金。

第一,是否存在风险。

对于小商家该项诉求的风险识别,需要根据法律相关规定,以及合同约定,并结合实际情况进行综合分析。该案例中,L 商业公司要求小商家搬迁前,已提前 3 个月告知解除商铺租赁合同。小商家完全有充足时间进行搬离,只是因为小商家不愿搬离,所以没有搬离,耽误了预留的搬迁时间。

因此对于小商家该项诉求,从法律层面分析不具有合法性,小商家应当为因自己责任耽误的搬离时间承担法律后果。

小商家该项诉求通过以上风险识别,可以初步判断 L 商业运营公司不存在风险。

第二,是否存在风险。

不存在风险。

第三,是否存在风险。

不存在风险。

（五）业主诉求风险识别模型

表7－1　业主诉求风险识别模型

房地产企业开发阶段	业主诉求风险识别	风险识别	风险种类	风险程度
一、建设工程施工阶段	1. 要求A公司承担外住酒店费用	存在	经济赔偿	在合理范围内
	2. 退房、退款	不存在	不存在	不存在
	3. 或者修复房屋	存在	修复、加固	工程修复、加固范围内
	4. 赔偿房屋因维修造成的贬值损失	不存在	不存在	不存在
二、房地产销售阶段	1. 要求C公司赔偿损失	不存在	不存在	不存在
	2. 要求退房、退款	不存在	不存在	不存在
三、商业物业整体招商运营阶段	1. 部分业主提出要求G房地产公司退房、退款	不存在	不存在	不存在
	2. 部分业主提出要求G房地产公司交付房屋，办理房屋不动产登记证书	存在	违约责任（诉讼、执行）	合同约定范围
	3. 要求G房地产公司、S商业管理公司支付租金、赔偿违约金	存在	违约责任（诉讼、执行）	合同约定范围内
四、商业物业先整体租赁运营阶段	1. 要求L商业运营公司继续履行租赁合同	不存在	不存在	不存在
	2. 若不能继续履行，需要赔偿小商家的装修损失、经营损失	不存在	不存在	不存在
	3. 给予搬迁缓租期，并不收取租金	不存在	不存在	不存在

表7－1业主诉求风险识别模型可以清晰地反映通过对业主诉求进行风险识别的过程情况，可以了解房地产企业每一阶段特定案例中群体性危机业主诉求最大的风险是什么诉求，以及风险种类、程度。

1. 建设工程施工阶段案例一的风险识别

通过对业主诉求风险进行识别，可以清楚知晓该阶段案例一中业主诉求最大的风险在于房屋修复风险，以及合理范围的酒店住宿赔偿风险。业主其他诉求不存在风险。

2. 房地产销售阶段案例一的风险识别

通过对业主诉求风险进行识别，可以清楚知晓该阶段案例一中业主诉求没有风险。

3. 商业物业整体招商运营阶段案例一的风险识别

通过对业主诉求风险进行识别，可以清楚知晓该阶段案例一中业主诉求最大风险在于交付房屋、办理不动产登记证书；向业主支付租金、违约金。

4. 商业物业整体租赁运营阶段案例一风险识别

通过对业主诉求风险识别，可以清楚知晓该阶段案例一中业主诉求没有风险。

这里需要说明的是以上对业主诉求风险识别是在特定案例的情况下，根据业主提出诉求进行的针对性识别，并不能适用于其他案例，包括同一阶段的不同案例，因业主诉求不同、事件情况不同而产生不同的风险，因此以上关于业主诉求风险识别具有特定性，需要具体案件具体识别风险。

二、非业主群体性诉求风险识别

以上是针对群体业主诉求进行风险识别，但在实际群体性危机案例中，除此之外，还有刑事风险识别、社会政治风险识别、社会信誉风险识别，这些风险就需要通过群体性危机进行识别。在危机管理中，必须能够识别各种重大风险，才能针对性地进行危机管理，提高危机管理质量，达到危机管理目的。

房地产企业群体性危机管理中，通常可能涉嫌刑事犯罪，房地产企业及股东、高层管理人员须对其刑事风险进行识别。

（一）刑事风险识别

刑事风险识别需要专业律师团队，特别是刑事专业律师运用其职业敏锐度，根据相关法律规定并结合群体性危机特点针对性地进行刑事法律分析，并针对性进行刑事风险识别。

1. 建设工程施工阶段群体性危机刑事风险识别

（1）刑事风险

该阶段可能发生的刑事风险主要为：工程重大安全事故罪。

（2）刑事风险识别特征

比如，本书建设工程施工阶段案例一中，地基基础出现质量问题，导致地面、房屋出现大面积裂缝，但房屋未垮塌，未造成人员伤亡，未造成财产损失。

（3）刑事风险识别

本阶段群体性危机主要是由于建设工程质量问题导致，需要深入分析建设工程质量事故危害程度、刑事风险识别特征并根据工程重大安全事故罪的构成要件进行法律分析识别。本案例根据以上风险识别，可以初步判断不构成刑事风险。

2. 房地产销售阶段群体性危机刑事风险识别

（1）刑事风险

该阶段可能发生的刑事风险主要为：虚假广告罪。

（2）刑事风险识别特征

本阶段群体性危机因涉嫌虚假宣传、不实承诺引发。比如，本书房地产销售阶段群体性危机案例一，房屋销售宣传单中关于部分园林、绿化的宣传内容，在房屋交付时没有相应绿化区域，业主认为房地产企业存在虚假宣传，不实承诺。

（3）刑事风险识别

专业律师根据该阶段实际发生情况的行为识别特征，并结合相关法律法规进行分析，对群体性危机刑事风险进行识别，初步认为不构成虚假广告罪。

3. 商业物业整体招商运营阶段刑事风险识别

（1）刑事风险

本阶段主要涉嫌的罪名可能会有非法吸收公众存款罪。

(2)刑事风险识别特征

比如本书关于商业物业整体招商运营阶段案例一的评析中,G 房地产公司通过售后委托租赁方式销售房屋过程中,存在真实销售房屋的行为,房屋已经建设修建完毕,并通过验收合格达到交付的条件,且具备为业主办理房屋不动产权证书的条件,商业管理公司不能支付租金属于商业经营失败的经济违约行为。

(3)刑事风险识别

本阶段罪名相对复杂,对于以上刑事犯罪的风险识别,需要深入研究群体性危机事件的各个细节情况,全面了解涉案情况,通过专业律师的敏锐度对罪名进行识别,是否涉嫌构成犯罪。本案例中,通过风险识别,可以初步认为不构成刑事风险。

4. 其他罪名的刑事风险识别

对于其他罪名,如挪用资金罪、非法经营罪、高利转贷罪、虚开发票罪等,都需要通过对房地产公司、股东等实际情况进行深入了解、分析并结合相关法律规定综合分析,对刑事犯罪风险进行识别。

(二)社会政治风险识别

社会政治风险识别更是需要组织机构团队具有高度政治觉悟,站在政治的高度去识别群体危机中的社会政治风险,为危机管理提供政治保障。

1. 国内社会政治风险识别

(1)国内社会政治风险的社会行为特征

群体性危机通常具有众多业主非法聚集游行、阻断交通、围堵政府机关、房地产企业办公场所等非法行为,这些非法行为往往会造成局部社会不稳定,引起社会连锁反应。

(2)国内社会政治风险识别

作为危机管理主体,需要通过对影响社会稳定的因素、行为特征进行分析,该行为可能给社会造成负面影响、给政府造成负面影响,甚至社会政治影响。因此,需要通过群体性危机事件的社会特征识别社会政治风险。通过对房地产企业群体性事件的社会行为识别,可以初步认为通常会造成国内社会政治风险。

2. 国际社会政治风险识别

(1)国际社会政治风险识别特征

某种情况下,群体性事件特征社会政治风险不仅是国内社会政治风险,还涉及国外社会政治风险。这更需要高度的政治敏感度,通过群体行为特征识别是否存在国际社会政治风险,并更好地进行危机管理。

比如,商业物业整体招商运营阶段案例一中,某业主准备通过某外国驻当地领事馆反映群体性危机事件,要求外国领事馆参与解决危机事件。该行为特征已超出国内社会政治事件,涉及国外社会政治事件。

(2)国际政治风险识别

危机管理主体必须根据群体性危机中的国际性特征识别出是否存在国际社会政治风险。对于某些案例一旦涉及国际关系,很可能被识别为存在国际社会政治风险。

(三)社会信誉损失风险识别

1. 社会信誉损失风险识别特征

群体性危机行为特征决定了房地产企业面临社会信誉风险,但危机管理主体需要在危机事件中识别出社会信誉风险。社会信誉风险识别与刑事风险识别、社会政治风险识别一样,需要根据群体性事件的社会行为特征去识别风险。

比如,房产企业群体事件中,通常存在业主通过网络媒体扩散事件经过、通过非法集聚游行、上访、围堵政府、房地产企业办公场所的方式制造巨大的社会负面影响。

2. 社会信誉损失风险识别

房地产企业群体性危机的社会行为特征通常将导致房地产企业信誉遭受巨大的负面影响,危机管理主体必须通过对以上特征的识别发现其风险。房地产开发建设过程中,各个阶段发生的群体性事件基本都可以识别为房地产企业存在社会信誉风险。

(四)非业主诉求危机风险识别模型

根据以上针对房地产企业危机风险识别分析,可以总结出以下非业主诉求危机风险识别模型。该模型可以更为直观清晰地反映危机风险识别过程情况(见表7-2)。

表 7－2 非业主诉求风险识别模型

危机风险	房地产企业开发阶段	非业主群体性诉求危机风险识别	风险特征	风险程度
一、刑事风险识别	一、建设工程施工阶段(案例一)	工程重大安全事故罪	未造成人员伤亡、财产损失	不存在
	二、房地产销售阶段(案例一)	虚假广告罪	未构成虚假广告	不存在
	三、商业物业整体招商运营阶段(案例一)	非法吸收公众存款罪	存在真实房地产销售,不以非法吸收资金为目的	不存在
	四、相关刑事风险识别	挪用资金罪、非法经营罪、高利转贷罪、虚开发票罪	需要根据房地产企业具体实际情况分析识别	存在或不存在
二、社会政治风险识别	房地产开发各阶段	国内社会政治风险	社会不稳定	存在或不存在
		国际社会政治风险	涉及国际影响	
三、社会信誉风险识别	房地产开发各阶段	企业信誉损失风险	舆论负面传播	存在

根据表 7－2 危机识别模型,可以清楚知晓针对以上三个阶段案例一的非业主群体性风险识别情况:

1. 刑事风险识别结果为均不存在刑事风险。但对于其他刑事罪名的风险识别需要进一步根据房地产企业实际情况并根据相关法律规定进行刑事风险识别。

2. 但在房地产开发阶段中,每个阶段因业主群体性危机均构成国内社会政治风险,国际社会政治风险需要根据实际情况识别风险。

3. 房地产企业每个阶段均存在房地产企业的社会信誉风险。

第三节

制定危机管理方案

危机管理方案是危机管理的纲领,统领危机管理,是危机管理的根本,决定危机管理的成败。因此制定切实可行的最佳的危机管理方案极为重要,本章主要讨论如何才能制定切实可行的危机管理方案。不同的危机有着不同的特点,针对不同的特点制定相应的危机管理方案,在房地产开发的不同阶段,发生的群体性危机也存在不同,房地产企业制定群体性危机管理方案也需要根据不同的特点予以制定。

危机管理方案制定分为两个步骤:第一,制定危机管理目标;第二,制定危机管理具体方案。

一、制定危机管理目标

确定危机管理目标是制定危机管理方案的前提,危机管理方案应围绕危机管理目标制定,没有危机管理目标,就不能制定出切实可行的危机管理方案。因此确定危机管理目标极为重要,确定切实可行的危机管理目标更为重要。本章根据房地产开发建设阶段发生的群体性事件案例,具体讨论如何制定危机管理目标。

危机管理本质上是消除风险,恢复原有状态。因此,确定危机管理目标,就必须通过危机风险识别,发现危机风险,并针对危机风险制定危机管理目标。通常情况下,制定房地产企业群体性危机管理目标,首先需要对危机管理目标进行分级,可以分为两级:(1)一级危机管理目标;(2)二级危机管理目标。

一级危机管理目标为总体性终极目标,对危机管理具有统领性、指引性的目标;二级危机管理目标为具体分项目标,是在一级危机管理目标之下制定的具体管理目标。根据二级危机管理目标的重要程度,可以将二级管理目标分为核心目标、首要目标、其次目标、再次目标、最次目标五类,其中核心目标为最为重要的目标,其他目标的重要性以此递减。

(一)建设工程施工阶段危机管理目标制定

本书以建设工程施工阶段发生的案例一为例。

1. 一级总体危机管理目标

危机管理一级目标的制定,必须从危机整体角度并从以下几方面要素考虑:

(1)危机开始的原因

房屋地基基础受外力原因突然出现质量问题,如结构柱出现裂缝,导致地面及房屋也出现裂缝。

(2)业主群体最核心的担忧

小区业主群体担心房屋出现垮塌等危险,导致人身伤亡、财产损失。

(3)业主群体提出的诉求

业主群体在事发后提出了三项诉求:①要求房地产企业支付酒店费用,直到房屋安全并修复为止;②要求房地产企业赔偿由此给业主造成的损失,包括房屋价值贬低损失;③要求退房、退款。

(4)地基基础质量事件的发展趋势或结果

虽然地基基础出现质量问题导致房屋、地面出现裂缝,但房屋未垮塌,未造成人员伤亡,未造成财产损失,房屋结构具有安全性。

一级管理目标:基于整体性考虑,并结合以上四个要素综合分析,本次危机管理的一级总体目标,以最小代价恢复小区房屋安全性,消除业主担忧。

2. 二级危机管理目标

二级危机管理目标需要在一级危机管理目标基础上,根据危机重大风险类型制定。依据建设工程施工阶段危机事件风险识别的重大风险,可以制定以下二级分项危机管理目标,且根据风险重要程度可以划分为核心目标、首要目标、次要目标、再次目标。

(1)以最小的经济代价化解业主群体诉求

业主群体在危机事件发生后要求A房地产公司:①承担外住酒店费用;②退房与退款;③修复房屋;④赔偿因维修房屋造成的贬值损失等诉求。通过以上风险识别后,A房地产公司可以作出基本判断,认为第①、③项诉求可能会构成一定风险;第②、④项诉求不会构成风险。

二级危机管理目标:以最小的经济代价解决业主群体诉求第①、③项。

重要程度:核心目标。

（2）不出现社会政治风险

根据危机管理的风险识别分析，该危机事件可能存在社会政治风险，而社会政治风险又分为国内社会政治风险、国外社会政治风险两种。根据本案例情况风险识别分析，发生国际社会政治风险的可能性不大，但是发生国内社会政治风险的可能性还是比较大。

二级危机管理目标：防止出现国内政治风险。

重要程度：首要目标。

（3）降低社会信誉损失风险

在群体性危机中，面对业主群体大范围的网络负面宣传，房地产企业出现社会信誉风险是非常有可能性的。

二级危机管理目标：降低业主群体负面宣传带来的社会信誉损失风险。

重要程度：次要目标。

（4）不出现刑事风险

按照案例一的实际情况，通过风险识别，在没有出现人身伤亡、没有出现财产损失的情况下，基本不会出现刑事风险。

二级危机管理目标：防止出现刑事风险。

重要程度：再次目标，基本可以不用管理。

（二）房地产销售阶段危机管理目标制定

本书以房地产销售阶段发生的案例一为例。

1. 一级危机管理目标

危机管理总体目标的制定，必须从危机整体角度并从以下几方面要素考虑：

（1）危机开始的原因

C 房地产公司在房屋销售阶段作出了一些涉嫌虚假宣传、不实承诺的行为，导致房屋交付时，业主群体认为实际交付房屋园林绿化与销售时宣传广告中写明的小区园林绿化、景观相差巨大。

（2）业主群体最核心的担忧

房地产企业存在故意欺骗销售的行为。

（3）业主群体提出的诉求

业主群体在事发后提出了两项诉求：①要求 C 房地产企业赔偿损失；②要求退房、退款。

(4)房地产企业在危机事件中的违约性

本案例中,依据相关法律法规规定以及合同约定,房地产企业并不存在违约行为,也不存在违法行为。

一级管理目标:基于以上要素综合深入分析,C 房地产企业一级总体危机管理目标可以制定为,在不承担业主诉求经济责任的前提下,最大限度降低 C 房地产企业社会负面影响。

2. 二级危机管理目标

二级危机管理目标需要在一级危机管理目标基础上,根据危机重大风险类型制定。根据房地产销售阶段危机事件风险识别的重大风险,可以制定以下二级分项危机管理目标,且根据风险重要程度可以划分为核心目标、首要目标、次要目标、再次目标。

(1)降低社会信誉损失风险

在群体性危机中,面对业主群体大范围的网络负面宣传,无论 C 房地产企业是否真实存在虚假宣传、不实承诺的行为,通过业主群体大范围的负面宣传,都会给 C 房地产企业社会信誉造成较大的损失。

二级危机管理目标:必须尽可能地降低社会信誉损失风险。

重要程度:核心目标。

(2)不出现社会政治风险

根据危机管理风险识别分析,因群体性危机群体性非法行为,可能存在社会政治风险,而政治风险又分为国内社会政治风险、国外社会政治风险两种。本案例中业主群体与房地产企业之间的矛盾实际上并没有达到非常尖锐的程度,没有造成业主群体根本性利益受损,仅为预期利益有所降低,部分区域的园林绿化、景观没有达到预先期望的程度。

因此本案例中出现国际社会政治风险的可能性不大,国内社会政治风险存在一定可能性。

二级危机管理目标:防止出现国内社会政治风险。

重要程度:首要目标。

(3)不承担业主群体诉求的经济责任

业主群体认为 C 房地产企业存在虚假宣传、不实承诺的行为,提出了:①要求 C 房地产企业赔偿损失;②要求退房、退款的诉求。根据业主群体诉求的风险识别结果分析,业主诉求①不存在风险,诉求②也不存在风险。

二级危机管理目标:不承担业主诉求经济责任。

重要程度:其次目标。

(4)不出现刑事风险

按照案例一的实际情况,通过风险识别认为不构成虚假广告罪,因此基本不会出现刑事风险。

二级风险管理目标:防止出现刑事风险。

重要程度:再次目标,基本可以不用管理。

(三)商业物业整体招商运营阶段危机管理目标制定

本书以商业物业整体招商运营阶段发生的案例一为例。

1. 一级总体危机管理目标

危机管理一级目标的制定,必须从危机整体角度并从以下几方面要素考虑:

(1)危机开始的原因

G房地产企业采用售后委托租赁经营的方式销售商业物业后,商业管理公司不能向业主群体支付到期租金,同时G房地产企业承担租金支付的连带保证责任。业主群体要求G房地产企业承担支付租金的责任。

(2)业主群体最核心的担忧

业主群体最为担忧的是G房地产企业破产、股东跑路,没有任何经济支付能力。

(3)业主群体提出的诉求

业主群体提出了三项诉求:①部分业主提出要求J房地产公司退房、退款;②部分业主提出要求G房地产公司交付房屋,办理房屋不动产登记证书;③要求G房地产公司、商业管理公司支付租金、赔偿违约金。

本案例中,依据相关法律法规规定,以及合同约定,G房地产企业存在根本性违约行为,不能承担支付租金,不能承担保证责任。

一级管理目标:基于以上要素综合深入分析,G房地产企业一级总体危机管理目标可以制定为,以最小的代价平息危机事件,并盘活商业项目。

2. 二级危机管理目标

二级危机管理目标需要在一级危机管理目标基础上,根据危机重大风险类型制定。根据商业物业整体招商运营阶段危机事件风险识别的重大风险,可以制定以下二级分项危机管理目标,且根据风险重要程度可以划分为核心目标、首要目标、次要目标、再次目标、最次目标。

(1)招商引资、盘活商业物业

G房地产公司开发的是商业物业,因为没有能够招商,没有开业,导致不能向业主支付租金,最终导致出现业主群体性危机。所以盘活商业物业,招商引资,吸引资金投入到商业物业项目为比较重要的管理目标。

二级危机管理目标:招商引资、盘活商业物业。

重要程度:核心目标。

(2)不出现社会政治风险

根据危机管理的风险识别分析,因群体性危机的群体性非法行为,可能存在社会政治风险,而社会政治风险又分为国内社会政治风险、国外社会政治风险两种。本案例中业主群体与房地产企业之间的矛盾非常尖锐,甚至有的业主出现自杀等行为进行威胁,社会不稳定因素非常明显。同时有些业主扬言要到当地外国领事馆伸张权利,通过制造国际负面影响,给房地产企业施加压力。

因此本案例中出现国内社会政治风险、国际社会政治风险的可能性均较大。

二级危机管理目标:防止出现国内、国际政治风险。

重要程度:首要目标。

(3)降低业主群体诉求的经济责任

业主群体向G房地产企业提出:①部分业主提出要求G房地产公司退房、退款;②部分业主提出要求G房地产公司交付房屋,办理房屋不动产登记证书;③要求G房地产公司、商业管理公司支付租金、赔偿违约金。根据业主群体诉求风险识别,业主诉求①不成立;诉求②虽然成立,但属于G房地产企业本身就应当履行的义务;诉求③属于G房地产企业应承担的违约责任与支付责任,属于需要处理的危机管理目标。

二级危机管理目标:尽可能降低违约赔偿金。

重要程度:其次目标。

(4)不出现刑事风险

按照案例一的实际情况,通过风险识别认为不构成非法吸收公共存款罪,但不排除是否还构成其他刑事犯罪的可能性。

二级风险管理目标:防止出现刑事风险。

重要程度:再次目标。

(5)降低社会信誉损失风险

在群体性危机中,面对业主群体大范围的网络负面宣传,G房地产企业大面积违约,不能兑现租金支付承诺,其企业社会信誉将遭受巨大损失,即使后期能够盘活商业项目,也将给G房地产企业造成难以弥补的损失。

二级危机管理目标:尽可能降低社会信誉损失风险。

重要程度:最次目标。

(四)商业物业整体租赁运营风险

本书以商业物业整体租赁运营阶段发生的案例一为例。

1. 一级危机管理目标

危机管理总体目标的制定,必须从危机整体角度并从以下几方面要素考虑:

(1)危机开始的原因

L商业运营管理公司与M房地产企业签署了租赁期限为10年的整体商业物业房屋租赁合同,同时L商业运营公司将整体商业物业拆分为若干小物业分别出租给若干个小商家,租赁期限为1年,可续签。在房屋租赁合同履行过程中,L商业运营管理公司与M房地产企业又签署了补充协议,将整体商业租赁期限减少了2年。但L商业运营公司没有向小商家如实告知整体租赁期限减少了2年的情况。小商家在得知租赁期限提前2年到期时,认为还存在2年的租赁期限没有履行完毕,不同意搬离商业物业,由此产生了群体性危机。

(2)业主群体最核心的担忧

业主群体最为担忧的是L商业管理公司、M房地产企业不再继续履行租赁合同,提前收回租赁物业。

(3)业主群体提出的诉求

业主群体提出了三项诉求:①要求L商业运营公司继续履行租赁合同;②若不能继续履行,需要赔偿小商家的装修损失、经营损失;③给予搬迁缓租期,并不收取租金。

一级危机管理目标:基于以上要素的综合整体深入分析,M房地产企业一级总体危机管理目标可以制定为,L商业运营公司以最小的经济代价,尽早地促使小商家搬迁物业,并向M房地产企业交还商业物业。

2. 二级危机管理目标

二级危机管理目标需要在一级危机管理目标基础上,根据危机重大风险类型制定。根据商业物业整体租赁运营阶段危机事件风险识别的重大风险,可以制定以下二级分项危机管理目标,且根据风险重要程度可以划分为核心目标、首要目标、次要目标、再次目标。

(1)要求小商家尽快搬离商业物业

根据合同约定,小商家应当在L商业运营管理公司与M房地产企业签署的租赁合同到期后搬离租赁场地,同时L商业运营管理公司才能向M房地产企业交付房屋。为了避免L商业运营管理公司向M房地产企业出现逾期交付房屋的违约行为,L商业管理公司必须按期要求小商家搬离商场物业。

二级危机管理目标:尽快促使小商家搬离租赁物业。

重要程度:核心目标。

(2)不出现社会政治风险

根据危机管理风险识别分析,因群体性危非法行为可能存在社会政治风险,而政治风险又分为国内社会政治风险、国外社会政治风险两种。本案例中小商家群体与L商业运营公司、M房地产公司的矛盾并没有非常尖锐,小商家仅希望能继续再租赁2年,因此本案例中出现国内社会政治风险相对较小,国际社会政治风险基本没有。

二级危机管理目标:防止出现国内政治风险。

重要程度:首要目标。

(3)降低小商家群体诉求的经济责任

业主群体向L商业运营管理公司、M房地产公司提出:①要求L商业运营公司继续履行租赁合同;②若不能继续履行,需要赔偿小商家的装修损失、经营损失;③给予搬迁缓租期,并不收取租金。根据本书关于小商家群体诉求风险识别,对于第①项诉求基本没有风险,第②项诉求基本没有风险,第③项诉求基本没有风险。

二级危机管理目标:不承担小商家诉求的经济赔偿。

重要程度:其次目标。

(4)降低社会信誉损失风险

在群体性危机中,面对业主群体大范围的网络负面宣传,通过风险识别认为L商业管理公司将面临较大的社会负面影响。M房地产企业的社会负面影响相对较小。

二级危机管理目标:L商业运营管理公司需要尽可能地降低社会信誉损失风险。

重要程度:再次目标。

(5)不出现刑事风险

按照案例一的实际情况,通过风险识别认为不构成刑事犯罪。

二级风险管理目标:防止出现刑事风险。

重要程度:最次目标,基本不用管理。

(五)制定危机管理目标模型

表7-3为制定危机管理目标的基本模型,可以非常清晰地反映制定危机管理目标的流程及方式。

表7-3　危机管理目标制定模型

危机管理阶段	一级危机管理目标	二级危机管理目标	重要程度
一、建设工程施工阶段危机管理目标制定(以案例一为例)	以最小代价恢复小区房屋安全性,消除业主担忧	(1)以最小的经济代价化解业主群体诉求	核心目标
		(2)不出现社会政治风险	首要目标
		(3)降低社会信誉损失风险	其次目标
		(4)不出现刑事风险	再次目标
二、房地产销售阶段危机管理目标制定(以案例一为例)	在不承担业主诉求经济责任的前提下,最大限度地降低C房地产企业的社会负面影响	(1)降低社会信誉损失风险	核心目标
		(2)不出现社会政治风险	首要目标
		(3)不承担业主群体诉求的经济责任	其次目标
三、商业物业整体招商运营阶段危机管理目标制定(以案例一为例)	以最小的代价平息危机事件,并盘活商业项目	(1)招商引资、盘活商业物业	核心目标
		(2)不出现社会政治风险	首要目标
		(3)降低业主群体诉求的经济责任	其次目标
		(4)不出现刑事风险	再次目标
		(5)降低社会信誉损失风险	最次目标

续表

危机管理阶段	一级危机管理目标	二级危机管理目标	重要程度
四、商业物业整体租赁运营风险(以案例一为例)	L商业运营公司以最小的经济代价,尽早促使小商家搬迁物业,并向M房地产企业交还商业物业	(1)要求小商家尽快搬离商业物业	核心目标
		(2)不出现社会政治风险	首要目标
		(3)降低小商家群体诉求的经济责任	其次目标
		(4)降低社会信誉损失风险	再次目标
		(5)防止出现刑事风险	最次目标

以上危机管理目标制定模型,根据房地产开发四个阶段涉及的案例为例进行分析,反映了每一个群体性危机对应的一级危机管理目标制定、二级危机管理目标制定以及每一个危机管理目标的重要程度。通过该危机管理目标制定模型可以很好地制定危机管理目标。

二、制定危机管理方案

危机管理需要从危机识别到风险识别,到制定危机管理目标,再到制定危机管理方案的步骤进行。危机管理方案需要根据危机管理目标来制定,只有明确且可行的危机管理目标,才能制定出明确且可行的危机管理方案。就一级危机管理目标与二级危机管理目标关系而言,实现二级管理目标就实现了一级管理目标。

一级危机管理目标的实现需要二级管理目标来具体体现,因此无须针对一级危机管理目标单独制定危机管理方案,只须就二级危机管理目标制定危机管理方案即可。

本书同样根据以上房地产开发四个阶段的危机管理部分案例为例进行评析,如何制定明确且可行的危机管理方案。

(一)制定建设工程施工阶段危机管理具体方案

根据本阶段案例一为例制定危机管理方案。

一级危机管理目标：以最小代价恢复小区房屋安全性，消除业主担忧。

二级危机管理目标：(1)以最小的经济代价化解业主群体诉求；(2)不出现政治风险；(3)降低社会信誉损失风险；(4)不出现刑事风险。

根据以上危机管理目标，可以制定以下危机管理方案：

1. 以最小的经济代价化解业主群体诉求的危机管理方案

根据业主群体诉求的风险识别结果，存在风险的诉求有：(1)要求A公司承担业主群体外住酒店的费用；(2)修复房屋。不存在风险的有：退房、退款。

因此，为实现以上危机管理目标，需要针对业主群体存在风险的具体诉求制定应对方案，可以采取以下危机管理方案：

(1)要求A公司承担业主群体外住酒店费用的危机管理方案

因房屋地基基础存在质量问题，导致房屋、地面出现裂缝，可能影响业主群体人身安全、财产安全。因此，在鉴定报告出具之前，对房屋结构安全影响性没有作出科学判断之前，业主群体要求A公司承担酒店住宿期间的费用具有一定合法性、合理性。

因此，对于业主群体该项诉求危机管理方案：

①A公司可以在鉴定报告出具之前承担一定期限内的酒店住宿补偿，以出具报告结果时间为限；

②需要考虑业主是否确实外住酒店，有些业主根本不会外住酒店，仅为获得一笔补偿费。因此，对于此种情况，需要根据实际情况统一标准，灵活处理，如具体支付给个人，还是支付给酒店，包括酒店住宿费用标准、补偿人数(按照户数为单位，还是按照人数为单位计算)、补偿时间等都需要根据实际情况确定。

(2)修复房屋的危机管理方案

①A公司必须勇于承担维修责任，不能推脱；

②A公司需要根据鉴定报告要求进行房屋维修，需要积极与鉴定机构、设计单位进行沟通，确定质量问题、维修方案。

(3)退房、退款的危机管理方案

因为该诉求没有风险，因此针对该诉求的危机管理方案是拒绝业主群体提出退房、退款诉求。

2. 不出现社会政治风险的危机管理方案

群体性危机的特征之一就是非法聚集大量人员，并采取非法游行、静坐等方式制造负面社会影响，引起社会不稳定，逼迫政府干预，通过行政手段解决民事经济纠纷。

危机管理方案：

(1)积极与政府沟通，提供针对业主群体诉求的解决方案，积极与业主协商、沟通，取得政府的理解；

(2)同时在合法、合理的范围内适当同意业主的群体诉求，缓解彼此之间的矛盾程度。

3. 降低社会信誉损失风险危机管理方案

(1)通过与业主群体代表协商、沟通的方式取得业主群体对解决方案的认可、理解与支持。

(2)展现A公司敢于面对、敢于承担的责任态度，体现公司的社会责任。

(3)必要时可以通过新闻媒体发布一些正面的、积极的危机管理信息。

4. 不出现刑事风险危机管理方案

(1)需要根据可能涉及的刑事犯罪罪名进行梳理，并根据犯罪构成要件与危机事件的特征进行法律分析、判断。

(2)对可能存在涉嫌犯罪的风险点采取相应补救措施。如存在人员受伤的，应积极治疗，防止出现死亡或重伤，最好能痊愈；如存在财产损失的，尽量避免财产损失进一步扩大，或采取补救措施，对财产损失进行修复等。

(二)制定房地产销售阶段危机管理具体方案

根据本阶段案例一为例制定危机管理方案。

一级危机管理目标：在不承担业主诉求经济责任的前提下，最大限度地降低C房地产企业的社会负面影响。

二级危机管理目标：(1)降低社会信誉损失风险；(2)不出现社会政治风险；(3)不承担业主群体诉求的经济责任。

根据以上危机管理目标，可以制定以下危机管理方案：

1. 降低社会信誉损失风险危机管理方案

(1)通过C房地产企业与业主群体代表协商、沟通的方式取得业主群体对解决方案的认可、理解与支持；

(2)展现C房地产企业敢于面对、敢于承担的责任态度，体现公司社会责任；

(3)必要时可以通过新闻媒体发布一些正面的积极的危机管理信息。

2. 不出现社会政治风险的危机管理方案

危机管理方案：

(1)积极与政府沟通，表明C房地产企业对于危机事件的法律处理依据，并取得政府理解；

(2)针对业主群体诉求进行法律解释，积极与业主协商、沟通，取得业主群体的理解。

3. 不承担业主群体诉求经济责任的危机管理方案

根据业主群体诉求的风险识别结果，业主群体主张的两个诉求：(1)要求C公司赔偿损失；(2)要求退房、退款。均不存在风险。

因此，为实现以上危机管理目标，在业主两个诉求均不存在风险的情况下，可以采取以下危机管理方案：

①通过与业主积极沟通，表明C公司的立场；

②向业主解释法律依据、合同约定依据。

(三)制定商业物业整体招商运营阶段危机管理具体方案

根据本阶段案例一为例制定危机管理方案。

一级危机管理目标：以最小的代价平息危机事件，并盘活商业项目。

二级危机管理目标：(1)招商引资、盘活商业物业；(2)不出现社会政治风险；(3)降低业主群体诉求的经济责任；(4)不出现刑事风险；(5)降低社会信誉损失风险。

根据以上危机管理目标，可以制定以下危机管理方案：

1. 招商引资、盘活商业物业危机管理方案

(1)广泛发布针对性招商引资信息；

(2)提供多种招商引资的合作模式；

(3)提供较为优惠的招商引资合作条件。

2. 不出现社会政治风险的危机管理方案

危机管理方案：

(1)积极与政府沟通，提供针对业主群体诉求的解决方案，积极与业主协商、沟通，取得政府的理解；

(2)同时在合法、合理的范围内适当同意业主的群体诉求，缓解彼此之间的矛盾程度；

(3)尽量避免出现极端、大规模的业主群体非法游行、示威、静坐等行为。

3. 降低业主群体诉求经济责任的危机管理方案

根据业主群体诉求的风险识别结果,存在风险的诉求:(1)部分业主提出要求G房地产公司交付房屋,办理房屋不动产登记证书;(2)要求G房地产公司、H商业管理公司支付租金、赔偿违约金。不存在风险的诉求:部分业主提出要求G房地产公司退房、退款。

因此,为实现以上危机管理目标,需要针对业主群体存在风险的具体诉求制定应对方案,可以采取以下危机管理方案:

(1)部分业主提出要求G房地产公司交付房屋,办理房屋不动产登记证书的危机管理方案。

交付房屋以及办理房屋不动产登记证书属于G房地产企业必须履行的法定义务及合同约定义务。

①向业主交付房屋;

②同意协助业主群体办理房屋不动产登记证书;

③在具备办理不动产登记证书的法定条件下,因G房地产公司没有任何资金可以用于办理房屋不动产登记证书,故可以由业主向法院申请诉讼判决,然后申请强制执行的方式办理不动产登记证书。

(2)要求G房地产公司、H商业管理公司支付租金、赔偿违约金的危机管理方案:

①对于违约事实必须认可,表明态度立场;

②违约责任必须依据合同约定及司法实践承担;

③违约金标准应与业主群体进行协商,包括支付时间、支付方式等。

(3)部分业主提出要求G房地产公司退房、退款的危机管理方案:

因为该诉求没有风险,因此针对该诉求的危机管理方案是拒绝业主群体提出退房、退款的管理方案。

4. 不出现刑事风险危机管理方案

(1)根据可能涉及的刑事犯罪罪名进行梳理,并根据犯罪构成要件与危机事件的特征进行法律分析,提出解决建议。

(2)对可能存在涉嫌犯罪的风险点采取相应补救措施。比如涉嫌的非法吸收公共存款罪,需要进行相应梳理,若未能达到房屋交付条件的,应尽快想法完成工程建设,达到交付房屋的条件,向业主交付房屋并争取达到可以办理不动产登记证书的法定条件,为业主办理不动产登记证书。

5. 降低社会信誉损失风险危机管理方案

(1)通过与业主群体代表协商、沟通的方式取得业主群体对解决方案的认可、理解与支持。

(2)展现 G 公司敢于面对、敢于承担的责任态度,体现公司的社会责任。

(3)必要时可以通过新闻媒体发布一些正面的积极的危机管理信息。

(4)G 公司专门建立了一个业主微信群,由 G 公司危机管理专职人员作为群主,随时向业主群体发送 G 公司危机处理方案、进展等信息;同时业主群体也通过微信群向 G 公司提出各种要求,传递各类信息。这种相互沟通,保持了 G 公司与业主群体之间的良好互动,避免了信息不畅导致的各种误会,双方建立了一定的信任。

(四)制定商业物业整体租赁运营阶段危机管理具体方案

根据本阶段案例一为例制定危机管理方案。

一级危机管理目标:L 商业运营公司以最小的经济代价,尽早地促使小商家搬迁物业,并向 M 房地产企业交还商业物业。

二级危机管理目标:(1)要求小商家尽快搬离商业物业;(2)不出现社会政治风险;(3)降低小商家群体诉求的经济责任;(4)降低社会信誉损失风险。

根据以上危机管理目标,可以制定以下危机管理方案:

1. 要求小商家尽快搬离商业物业危机管理方案

(1)向业主提出搬离的撤场时间;

(2)因业主欠付 L 公司物业管理费,提出用欠付的物业服务费作为搬迁优惠进行奖励,部分减免业主的物业服务费;

(3)包括通过诉讼方式,由法院判决强制执行。

2. 不出现政治风险的危机管理方案

L 公司存在政治风险的可能性,危机管理方案:

(1)积极与政府沟通,提供针对业主群体诉求的解决方案,积极与业主协商、沟通,取得政府理解;

(2)同时在合法、合理的范围内适当同意业主群体诉求,缓解彼此之间的矛盾程度;

(3)尽量避免出现极端、大规模的业主群体非法游行、示威、静坐等行为。

3. 降低小商家群体诉求经济责任的危机管理方案

根据业主群体诉求的风险识别结果，不存在风险的诉求：(1)要求 L 商业运营公司继续履行租赁合同；(2)若不能继续履行，需要赔偿小商家的装修损失、经营损失；(3)给予搬迁缓租期，并不收取租金。

因以上诉求都不存在风险，因此制定危机管理方案仅需要通过协商、沟通的方式，向业主解释法律规定、合同约定。

4. 不出现刑事风险危机管理方案

(1)L 商业公司不存在该项风险，故没有针对性地制定管理方案。

(2)通常情况下，应对刑事风险的危机管理方案：

①根据可能涉及的刑事犯罪罪名进行梳理，并根据犯罪构成要件与危机事件的特征进行法律分析，提出解决建议；

②对可能存在涉嫌犯罪的风险点采取相应补救措施。

5. 降低社会信誉损失风险危机管理方案

(1)L 公司虽然存在信誉损失风险，但没有针对性采取相应的危机管理方案，导致 L 公司的社会信誉损失较为严重。

(2)通常情况下的危机管理方案为：

①通过与业主群体代表协商、沟通的方式取得业主群体对解决方案认可、理解与支持；

②展现公司敢于面对、敢于承担的责任态度，体现公司的社会责任；

③必要时可以通过新闻媒体发布一些正面的积极的危机管理信息；

④建立一个业主微信群，由公司危机管理专职人员作为群主，保持公司与业主群体之间的良好互动，避免信息不畅导致的各种误会。

第四节

危机管理执行

对发生的事件进行危机识别，确认属于危机之后，再进行风险识别，确认风险之后，再制定危机管理方案，制定危机管理方案之后，就需要制定执行方案。

因此,危机管理方案的执行是最后确保危机管理方案体现效果的步骤,只有有效地执行危机管理方案,才能获得较好的危机管理效果。本章以房地产企业群体性危机管理部分案例制定的二级危机管理方案进行分析。

一、针对业主群体诉求危机管理方案执行

根据建设工程施工阶段群体性危机案例,针对业主群体诉求制定危机管理方案的执行,主要需要运用以下执行方式:一是协商;二是诉讼。以上两种方式可以适用于房地产企业各个环节的群体性危机管理。

(一)协商

协商分为两个层面的协商,一是面对面会议协商;二是通过现代通讯工具进行协商,如建立微信群。

第一层面:面对面的会议协商。

面对面的会议协商,是指房地产企业与业主群体进行面对面的会议协商。此种协商方式是协商的主要方式,但难度较高、组织管理较为复杂,需要考虑诸多要素,稍有不慎,将可能导致危机进一步恶化;当然如果协商较好对危机处理也会起到积极作用。具体而言,房地产企业与业主群体面对面的会议协商需要注意以下事项:

1. 双方推选代表参与协商

面对面的会议协商不是房地产企业与数百人业主群体开大会的方式协商,需要双方各选出一定人数的代表,在会议室进行平等协商。

(1)房地产企业指派代表人数

房地产企业代表在3~6人,不宜太多,也不宜一个人参加。需要有不同职责分工参与。

(2)业主群体推选代表人数

通常情况下,要求业主群体推选10~20人的代表参加,人数太多将难以有效进行会议商谈。业主群体人数通常有数百人,甚至上千人,公司不可能同时组织这么多的业主进行商谈,必须由业主自行推荐10~20名代表参加商谈。业主推选的代表仅为形式上的推荐,并没有相应法律委托手续,大多为自愿的方式进

行推荐。因此实践中,业主代表也会经常更换人员,并不固定。

2. 房地产企业指派人员注意事项

房地产企业需要指派合适的人员参与协商,需要考虑五个要素:(1)每个人必须分工明确;(2)主协商人员职位;(3)主协商人员的适应性;(4)主协商人员职责;(5)相关参与人员。

(1)指派人员必须分工明确

需要确定一个主协商人,其他协助协商人。由主协商人员主要与业主代表进行协商,作出回复、答复等。其他人员为协助人员,根据会谈情况适时参与,如涉及法律问题,就需要律师参与回答等。

(2)主协商人员职位

这里的合适职位非常重要,该人员在公司所担任的职位不能太高,如主要负责股东、董事长等,这类职位不宜直接首次出现与业主群体商谈,公司必须留有回旋余地。但该人员在公司担任的职位也不能太低,如由一个普通员工出面向业主群体正面回应也不行,由此显得公司对业主群体诉求一点不重视。最合适的人员职位为公司一般的高层管理人员,如公司总监、副总经理等职位。

案例一中,A公司从危机管理组织机构中指派公司分管行政的副总经理与业主群体代表沟通,对业主要求给予酒店住宿费用补偿的诉求进行正面回复。A公司指派人员的该职位比较合适。

当然根据协商进展情况,会谈达到一定成果时,在后期的关键会谈中,也可以由房地产企业主要负责股东、董事长等人员参与并作为主会谈人员。比如,G房地产企业与业主代表共计进行大规模的正式会谈数十余次,公司主要负责股东共计参加约三次,双方会谈总体趋于良好,具有一定积极效果。在正式会谈之外,还进行了数十次的小范围会谈。这些协商会谈的有效执行对危机管理起着极其重要的积极作用。

(3)主协商人员的适应性

确定了主协商人员的职位,还需要指派合适的人员。指派人员必须具备以下条件:①思维灵活;②具有较丰富的工作及生活阅历;③对整个危机事件非常清楚了解;④具有较好的口头表达能力。A公司、G公司、J公司在选派人员参与协商时,都充分考虑了以上条件。

(4)主协商人员职责

指派主协商人员必须完成以下职责:①不能激化公司与业主代表之间的矛

盾;②收集业主代表意见;③传递公司危机管理方案需要表达的信息;④代表公司与业主代表就核心问题进行协商、沟通,争取达到预定目的;⑤不能随意表态,应根据预案处理,必须谨言慎行。

(5)相关参与人员

当然公司指派人员与业主商谈,不能仅指派一人,还需要指派相关人员一同参与。比如专业律师、公司其他关联人员一同参与,人数在 3 ~ 6 人。相关参与人员一般情况下不用发言,不用与业主代表直接沟通,但在特殊情况下,若涉及相关问题,如法律问题,专业团队律师可以直接与业主代表沟通,解释法律规定及适用。

A 公司、G 公司、J 公司在指派人员与业主代表商谈时,专业律师团队也指派了律师全程陪同参与,随时提供法律支持,为业主解释法律规定,较好地辅助公司指派人员与业主代表进行沟通。

在协商过程中,房地产企业首先一定要保持协商人员的稳定性,特别是主协商人员,一定不能轻易更换;其次是协助协商人员,需要保持协商团队的稳定性。因为业主群体本身对房地产企业就缺乏信任,存在极度的不信任,若在协商解决过程中,房地产企业随意更换协商人员,将使业主群体更加缺乏信任感,将使协商难以有效进行。G 房地产企业在这一点上做得非常好,自始至终都是一个协商团队与业主代表进行协商,协商团队与业主群体建立了较好的信任,双方能够比较和平、友好地进行协商,对于一些重大问题也能够基本达成一致意见。

3. 协商要素

通过公司与业主群体协商的方式需要在政府部门主持下协商、沟通,不能由公司单方与业主群体进行协商回复。主要需要考虑以下要素:

(1)安全性

业主群体大多情绪非常激动,很容易做出违法的事情。因此,必须在政府部门主持下,包括公安等相关单位在场的情况下与业主群体进行协商、沟通,不能单独与业主群体沟通。

(2)不能激化矛盾

不激化矛盾在协商过程中非常重要,协商会谈可以不能达成任何效果,但是不能激化矛盾,这一点非常重要。特别是房地产企业一方在协商会谈时,一定需要注意控制情绪,注意用词用语。因为业主群体的心理在危机事件中是非常脆弱、非常激动的,很容易被某一句话点燃,激化矛盾。

比如,G 房地产公司在与业主协商会谈中,其中某一个工作人员没有能够很好地控制情绪,导致会谈矛盾进一步升级,双方立即终止会谈。

(3)由政府把控全局

群体性事件往往涉及社会稳定,涉及民生等重大社会问题。政府部门应当对整个事态的发展进行全局把控,了解整个事件的发展情况、处理情况。

(4)会谈地点选择

会谈地点也非常重要,通常情况下会谈地点在政府机关的会议室进行,少数情况在公司经营所在地。最好的会谈地点是在政府机关会议室。

①若在政府机关会议室商谈,可以有效地防止业主群体采取过激行为,对公司人员造成伤害。

②若在公司经营所在地,需要在公安机关充分保障安全的情况下会谈。

案例一中,A 房地产公司是在公司销售部进行商谈,但政府多部门工作人员,包括公安机关、房管局、建委等部门均派人参加,充分维护了商谈秩序,确保了商谈顺利进行。

可通过现代通讯工具进行协商,如建立微信群。

通过微信等通讯工具协商作为会场面对面协商的补充,建立微信群,由公司人员进行维护,并与业主互动信息,该种协商方式可以作为面对面会议协商的补充方式,可以将会议协商的后续问题,相关问题进一步处理,可以为下一步会谈提供准备材料,起着非常重要的补充作用。建立微信群,公司需要注意以下事项:

第一,群主人员职位。

群主人员不需要在公司太高的职位,普通员工或主管职位或经理职位都可以,最为合适的职位是主管、经理职位。

本书中 G 房地产企业指派了危机管理团队中的一个普通员工作为群主,主要负责发布信息、收集业主信息。J 房地产企业指派了部门经理作为群主,主要负责发布信息,收集业主信息,回答业主提出一些问题。

第二,群主人员要求。

作为微信群的群主将代表公司发布、收集信息,因此该人员必须要求:①谨言慎行,不能随意作出表态、承诺;②不能激化与业主群体之间的矛盾,需要能忍住气、沉住气;③需要有非常好的服务意识。

G 房地产企业、J 房地产企业指派人员都具备以上要求,起到了较好的积极执行作用。

第三，群主工作职责。

①群主需要起到收集业主群体表达的信息的作用；②将公司危机管理方案需要披露给业主群体的信息进行发布；③起到连接公司与业主群体的作用。

G 房地产企业、J 房地产企业指派的群主均较好完成了以上工作职责，为危机管理执行起到了较好的促进作用。

（二）诉讼

当协商方式无法达成一致意见时，往往会引入诉讼方式解决。诉讼方式执行包括两方面：一是业主群体起诉房地产企业；二是房地产企业（商业管理公司）起诉业主。危机管理诉讼方式的执行主要需要专业律师团队负责完成，特别是房地产行业专业律师，专业律师需要针对业主诉讼请求进行全面分析，提出法律意见并参与诉讼。

1. 业主群体起诉房地产企业

此种方式为被动诉讼方式，比如，商业物业售后委托经营阶段的群体性危机，在房地产企业与业主群体无法就办理房屋不动产登记证书、支付违约金达成一致协商意见的情况下，部分业主向法院提起诉讼，要求法院判令房地产企业协助办理不动产登记证书、要求商业管理公司支付租金及逾期违约金。在危机管理执行中，此种方式也属于危机管理方案执行的一种情形。对于业主提起的此类诉讼，房地产企业应注意以下事项：

（1）积极参与业主群体提起的诉讼

如果房地产企业消极应对，不参与诉讼，将导致诉讼周期变长，业主最基本的诉求不能实现，将进一步激化矛盾，导致危机管理恶化。因此必须积极应对业主提起诉讼。

（2）根据业主诉讼请求的合法性分别处理

①业主诉讼请求合法的处理

业主诉讼请求通常为要求办理不动产登记证书、支付租金及逾期违约金，对于这些诉求在法律规定范围内的事项，房地产企业应当予以承担。此时需要专业律师就其诉讼请求的合法性、合理性进行专业判断。

②业主诉讼请求没有法律依据的处理

业主诉讼请求要求支付逾期租金违约金的主张中，有时可能存在超过诉讼时效、没有合同约定依据、主张违约金过高等情形。此时就需要专业根据业主诉讼主张中没有法律依据、不合理的部分进行剔除,予以抗辩。

执行诉讼方式,律师将承担大量的法律诉讼工作,特别是在售后委托租赁群体性危机中,大量业主提起诉讼,多的情况下可以达到数百件诉讼案件。律师需要根据业主诉讼请求针对性地对房地产相关法律关系进行分析,深入了解房地产企业实际情况,提出代理思路,作出抗辩意见,最大化地充分维护委托人的合法权益。

2. 商业管理公司起诉小商家

房地产企业群体性危机中,房地产企业一般情况下不会直接起诉小业主。在商业物业整体租赁经营阶段,商业管理公司会根据具体案件情况起诉小商家。起诉的目的在于作为一种手段,针对商家提起的诉讼进行回应,以达到双方协商的目的,并不在于一定能够胜诉或者获取赔偿金额。

二、不出现社会政治风险危机管理方案执行

在房地产企业各个阶段的群体性危机中都不同程度的存在社会政治风险,对于该项风险危机管理方案执行需要考虑以下要素:

(一)向政府部门上报危机处理方案

房地产企业应将危机处理方案上报政府部门,取得政府部门对方案的认可,在政府的全局把控下进行,不能自己单方擅自实施。公司与政府部门沟通的人员选择同样需要有所考虑。

1. 选择人员职位

公司需要选取总经理及以上的人员,最好为公司总经理、董事长或者主要负责股东。高职位首先代表公司对政府的尊重,同时房地产企业最高层管理人员可以直接了解政府部门关于危机管理的一手态度,可以更好地制定、调整危机管理方案。

A公司在与政府协商沟通中指派人员为公司总经理,同时也是主要负责股东,能够很好地与政府进行沟通。

2. 选择参与人员

公司与政府沟汇报沟通人员除了总经理、董事长或者主要负责股东外,还需

要由相关人员陪同前往，共同参与。如专业律师团队人员，公司相关管理人员，人数在3人左右，不宜太多。

A房地产公司在危机发生后，立即将危机管理方案上报当地政府部门，并取得政府部门的认可，然后才继续实施。政府部门是社会矛盾的解决者，政府部门拥有各项公共权力，可以较好地把控事态发展，因此危机管理方案执行必须在政府统一掌控下进行。

（二）在合法、合理范围内满足业主适当诉求

当决定给予业主适当经济补偿的情况下，一定要考虑采取何种形式支付、支付时间、经济补偿范围、经济补偿期限等内容。在执行过程中，这些问题都需要与业主进行协商并明确。

A房地产企业给予业主一个星期的外住酒店经济补偿，无论业主是否实际外住酒店，都按照统一确定的标准在危机发生第二天就一次性向业主群体支付。G房地产企业同意协助业主办理不动产登记证书等，房地产企业在合法合理的范围内满足业主一定诉求，可以较好地平息业主情绪，可以缓解社会矛盾，降低社会政治风险。当然房地产企业同意该部分诉求也是在法律规定范围内的满足，不合法、不合理的诉求坚决不能满足。

（三）协商

协商方式也是防止出现社会政治风险的执行方案之一，协商注意事项可以参见以上关于针对业主诉求危机管理执行要求。协商是给予业主解决诉求的通道，可以缓解业主激动情绪，可以稳定社会秩序，可以防止业主从事非法集会、游行等。

三、降低社会信誉损失风险危机管理方案执行

房地产企业群体危机中，房地产企业基本都会面临社会信誉损失风险，危机管理方案的有效执行，降低损失信誉损失风险较为重要。为此，将采取以下执行方案：

(一)协商

房地产企业与业主进行协商处理危机事件,可以给予业主一定的信心和希望,表明房地产企业具有解决问题的诚意、态度,并在积极地执行。

业主群体将根据协商的积极程度,相应地恢复对房地产企业的认可度。本书中的J房地产企业通过与业主群体的较好协商,使业主群体逐步恢复了对J房地产企业的信任,房地产企业的社会损失信誉也逐步恢复。

(二)建立微信群进行沟通

建立微信群,由公司人员进行维护,并与业主互动信息。建立微信群,公司需要注意事项,可以参见上文关于协商的叙述。

(三)在合法、合理的范围内适当同意业主群体的诉求

此种执行方式同样可以降低房地产企业社会信誉损失风险。业主群体诉求在一定程度上得到满足,可以缓解业主与房地产企业之间的矛盾,可以给予业主群体一定信心。当然房地产企业给予业主一定诉求的满足,必须是在合法、合理的范围内,不能任意满足,此点非常重要,否则将会适得其反。

(四)可以通过新闻媒体发布正面消息

在危机管理取得一定成效,朝着积极有效的方向发展的情况下,公司可以通过新闻媒体公开向社会发布相关信息,向社会说明危机管理进展情况,取得积极的正面效应。

四、不出现刑事风险危机管理方案执行

针对该管理方案需要采取执行措施如下:

(一)由专业律师团队进行法律分析

律师团队中需要有刑事案件专业律师,由刑事案件律师对公司整个危机事件过程进行梳理,发现可能涉及刑事犯罪的事项,并进行对应的法律分析。

A公司聘请的律师团队中除了专业危机管理律师、房地产行业律师之外,还有专门从事刑事案件的律师共同参与。刑事案件律师对A公司危机事件进行全面刑事法律梳理后,认为不构成刑事犯罪。G房地产公司聘请专业律师团队就公司情况进行梳理,并提出刑事法律分析。

(二)采取相应补救措施

通过风险识别,认为可能存在刑事犯罪,就必须采取合法的应对方式进行补救。如E房地产公司在通过风险识别后,认为可能构成相应的刑事犯罪,刑事律师建议公司在合法的范围内采取相应措施避免被追究刑事责任,但该公司基于某些主客观情况未能有效实施补救措施,最终导致部分股东被追究刑事责任。

第八章　危机管理基本原则实施指引

危机管理需要遵循特定的基本原则,在遵守相应原则的基础上才能确保合法、合理、有效地进行危机管理,才能实现危机管理目标,基本原则具体实施可参照以下指引方式。

第一节
专业管理原则

专业管理原则体现了危机管理的专业性,包括两方面:一方面为决策流程专业化;另一方面为组织机构人员专业化。危机管理的专业性原则要求房地产企业面对危机进行危机管理时需要有专业决策流程,必须成立专门的危机管理组织机构,提供专业的危机管理。

一、决策流程专业化

房地产企业危机管理主体为房地产企业,房地产企业在危机管理过程中通常涉及三个层面主体机构。第一层股东会、第二层危机管理专门组织机构、第三层具体实施主体。三层主体机构自上而下,股东会为顶层决策,组织机构为制定管理方案，具体实施主体负责实际执行。三层机构必须分工履职、紧密配合、形成整体才能形成专业的决策流程。

（一）股东会

股东会为房地产企业最高权力机构，是危机管理最高决策机构，危机管理思路、方针必须有股东会决定。比如，A 房地产企业、J 房地产企业对于重大危机决策均由股东会作出决议。

（二）组织机构

组织机构为危机管理的核心机构，上传股东会决议，下制定危机管理方案，并负责具体执行，属于危机管理的中坚机构。

（三）具体实施主体

具体实施主体为房地产企业各相关部门，如工程部、销售部、行政部、设计部等，此部门为危机管理方案具体实际实施主体。

二、危机管理组织机构

危机管理组织机构是危机管理的核心，是危机管理的核心主体。组织机构最重要的是配备相应组成人员，由组长、组员组成。对组长、组员的专业化要求如下：

（一）危机管理组织机构组长

组长人选应由公司主要负责股东或者董事长、总经理担任。

危机管理组织机构组长是危机管理组织机构的核心，起着领导、指挥的作用，必须由公司主要负责股东或者董事长、总经理担任。该类人员属于公司的顶层人员，他们可以针对危机管理作出顶层设计，可以确定危机管理方向，对危机管理起着最高的指导作用。组长需要具备的危机管理要素：

1. 对处理突发事件及危机事件具有较强的把控性

要求组长具有果断决策能力，以及对事态及发展具有宏观洞察力，能够着眼全局。

比如,A 房地产企业、G 房地产企业、J 房地产企业危机管理组织机构组长都具有较强处理突发事件及对危机事件的把控性。能够从全局、整体性、发展的角度看待危机事件,并进行相应管理。

2. 具有政治观念

危机管理需要具有政治观念,能够随时保持社会政治立场,与政府、社会保持一致性。这一点对于危机管理非常重要,作为组长决策危机管理方案时应充分考虑社会政治因素。

比如,J 房地产企业虽然资金状况已非常紧张,但为了维护两会期间、春节期间的社会稳定,防止出现重大群体性危机事件,通过多渠道借款,也要确保在该期间向业主支付固定租金,维护社会政治稳定。

3. 尊重专业人员及专业知识

组长必须依赖相应的专业人员及专业知识进行危机管理,只有专业人员运用专业知识才能提供专业管理。

比如,A 房地产企业、G 房产企业、J 房地产企业均聘请了专业律师团队参与危机管理,为危机管理提供专业法律意见及建议。危机管理组织机构组长非常重视律师意见及建议,特别是在制定二级危机管理方案的情况下,针对业主诉求危机管理方案、刑事风险危机管理方案等充分听取了专业律师意见,均取得了较好的危机管理效果。

除了专业律师之外,还有工程师、销售人员、财务人员等专业人员,危机管理组织机构组长同样应充分听取这些专业人员的意见及建议。

(二)危机管理组织机构成员

危机管理机构组员需要根据危机事件的实际情况确定组成成员,组员包括两类:一类为公司高层管理人员;另一类为专业人员。

1. 公司高层管理人员

公司高层管理人员,如副总经理也需要作为组织机构成员,其工作职责包括:

(1)高层管理人员可以起到连接股东与专业人员,为组织机构高效运营起到桥梁作用。

(2)协助组长完成危机管理方案的顶层设计,协助组长开展危机管理工作。

(3)必要时代表公司、代表组长完成对外的协商、汇报、解答等各项工作。

A 房地产企业、G 房地产企业、J 房地产企业都指派有相应的高层管理人员作为组员参与危机管理组织机构。

2. 专业人员

专业人员需要根据不同危机事件安排相应的专业人员,如建设工程施工质量群体性危机,就需要专业律师、工程师、销售人员、行政人员等组成。售后委托租赁经营群体性危机,就需要专业律师、销售人员、行政人员等组成,不要工程师参与。通常无论何种类型的危机事件都必须聘请专业律师人员,由律师作为组成人员参与危机管理组织机构。

如 A 房地产企业、B 房地产企业、C 房地产企业、D 房地产企业、G 房地产企业、J 房地产企业、W 商业管理公司、M 商业管理公司均聘请了专业律师作为组织机构成员,全程参与危机管理。

第二节
合法性原则

合法性原则要求房地产企业进行危机管理必须依法进行,群体性危机本身就因巨大矛盾引发,矛盾非常尖锐。若房地产企业危机管理出现违反法律规定行为,将导致危机管理进一步恶化,甚至房地产企业及相关人员可能承担相应法律责任。合法性原则需要注意以下几方面:

一、依法制定危机管理方案

依法制定危机管理方案的前提是要聘请专业资深的律师团队,包括房地产行业律师、刑事专业律师等。通过专业律师对房地产企业危机事件全面梳理,并提供法律意见或建议,确保依法制定危机管理方案,并依法实施危机管理方案。

比如,危机管理中的危机风险识别就需要专业律师根据法律规定并结合危机事件情况对危机进行风险识别,区分危机风险,以及风险程度。风险识别的重要作用之一就是确保制定合法、合理的危机管理方案。必须对业主群体提出的诉求进行风险识别,对于合法的诉求,房地产企业如何应对;对于业主群体提出非法的诉求,房地产企业如何应对。如果出现错位将导致危机管理出现混乱,很可能导致危机事件进一步恶化。因此必须依法制定危机管理方案。

二、依法执行危机管理方案

依法执行危机管理方案重点在于依法,如何才能依法执行同样需要依赖专业律师提供法律支持。

比如,A 房地产企业准备向业主群体支付外住酒店补偿费用,该方案执行中就涉及支付多长时间的补偿费用、补偿标准,后期拒绝继续支付补偿费用的法律依据,如何向业主解释。这些都需要依据法律规定实施,在法律规定范围内向业主支付补偿,向业主解释法律规定,业主群体容易接受。如果没有法律依据,业主群体是不会同意该方案,该危机事件又将继续升级恶化。

再如,G 房地产企业与业主签署不能支付租金及违约金、逾期办理房屋所有权证书违约金的补偿协议时,对于业主群体而言当然是希望补偿费用越高越好,对于房地产企业而言当然是希望补偿越少越好。但如何找到双方都认同的平衡点,将是非常难处理的,任一方都不会轻易接受,唯有通过法律规定,在合法范围内双方进行协商,依据法律规定才能找到平衡点。如逾期支付租金的违约金计算标准,合同约定为逾期支付租金万分之五按日计算,G 房地产企业提出该违约金虽然为双方通过合同约定,但依据《合同法》第 114 条第 2 款以及最高人民法院《关于适用〈中华人民共和国合同法〉若干问题的解释(二)》第 27 条、第 28 条的规定,房地产企业认为违约金过高的,可以要求法院予以降低,且司法实践中,法院也是这样适用法律。

协商中,房地产企业通过法律条文向业主群体解释该违约金过高,要求降低补偿违约金标准,业主群体在理解法律条文后,并结合实际情况,大多业主都同意降低标准,最终达成了双方认为都比较合适的比例,达到了双方利益的平衡点。

第三节
积极面对原则

积极面对原则是房地产企业处理危机事件的重要原则，当危机发生后，房地产企业作为危机管理主体，不应回避，应当积极面对，采取合法有效的应对方案。积极面对原则对危机管理起着以下积极作用。

一、体现房地产企业的社会责任担当

一家企业应当具有社会责任，房地产企业应当具有社会责任，当房地产企业出现危机事件后，应第一时间积极处理危机事件。

比如，G房地产企业在出现危机事件后，法定代表人即公司主要负责股东第一时间与业主代表见面，就G房地产企业目前财务现场、公司经营现状、物业项目状况向业主进行了详细说明，同时表明G房地产企业正积极竭尽全力想办法解决目前的危机困难。公司没有逃避责任，股东也没有逃避责任，都将积极采取措施寻找解决办法。事实上，G房地产企业股东兼法定代表人从没有逃避，始终待在物业项目上处理解决危机事宜，与业主群体同在，由此稳定了业主群体的心态，危机没有进一步恶化。

当然也有逃避责任的股东，如E房地产企业在面对危机时，其中一个股东就外逃，躲避业主群体，躲避危机事件。股东的外逃更加加剧了业主群体的恐慌，更加认为股东卷款逃走，危机事件由此进一步恶化，股东逃避责任是最终导致该项目危机管理失败的因素之一。

二、为危机管理提供主观能动性

房地产企业只有主观上具有积极面对业主的思想，才能在危机管理方案中尽可能地制定出切实有效的危机管理方案，有效解决危机。

相反如果主观上都处于任意发展，消极应对的态度，则难以有效进行危机管

理。因为股东的消极行为,也将进一步激化与业主群体的矛盾,导致危机事件升级。比如A房地产企业、G房地产企业、J房地产企业在危机事件发生后,在主观上均非常积极地应对,寻找解决方案,没有让危机矛盾恶化,而是逐渐平息、化解矛盾。

第四节 态度诚恳原则

房地产企业处理危机管理事件应保持态度诚恳的原则,在危机管理中,态度诚恳是房地产企业最基本的危机处理原则。无论房地产企业在危机事件中是否存在违约行为,面对危机事件都必须态度诚恳。态度诚恳体现在以下几方面。

一、尊重业主群体

尊重他人是最为基本的礼貌,当发生危机后,业主一方往往属于被动受害一方,房地产企业作为危机管理主体,更应该尊重业主群体。尊重业主群体主要体现为:

1. 考虑业主群体遭受危机的失落心情

当出现危机事件后,业主群体心情通常是非常低落、愤怒甚至出现焦虑,此时房地产企业不能事不关己高高挂起,作出一副与自己没有关系的态度,而应表达出同情、抱歉的态度。

比如,G房地产企业在与业主群体协商沟通时,房地产企业一方某员工与业主代表协商赔偿方案时,表现出与自己无关的冷漠表情,此时业主代表就非常激动,认为该员工缺乏诚恳的态度,没有考虑业主群体的心理感受,业主群体顿时非常激动,要求该员工立即退出会谈室。

2. 具有应有的礼节礼貌

虽然业主群体在危机事件中表现非常激动,甚至言语伤人,但房地产企业仍然应表现出应有的礼貌,对待业主有礼有节。反之,如果房地产企业因业主情绪激动,言语伤人就采取强硬措施,硬碰硬,必将激化矛盾,让危机管理恶化。

比如,A 房地产企业、G 房地产企业、J 房产企业在出现危机事件后,大量业主到公司办公场所、售楼部聚集,甚至滞留。房地产企业保持了最大的克制,为每个业主倒水,找椅子,自始至终都保持较好的态度与业主解释、交流,没有让矛盾进一步激化。业主群体对员工的行为也表示非常理解,并没有再继续为难员工。

二、信守承诺

信守承诺无论是法律规定,还是危机管理实际需要,都要求房地产企业应信守承诺。

1. 从法律规定层面分析:《民法总则》第 7 条规定:民事主体从事民事活动,应当遵循诚信原则,秉持诚实、恪守承诺。这是民事法律关于诚信的法律规定,房地产企业也应当信守承诺,遵守法律规定。

2. 从危机管理需求层面分析:房地产企业危机事件大多情况为房地产企业违反合同约定造成,属于违约行为。因此业主群体对房地产企业的信任降低为零点,完全没有任何信任可言。但在危机管理期间,房地产企业一定不能再次食言,特别是在协商沟通阶段,如果再次食言将进一步导致业主群体对房地产企业信任再次为零,后续很难进行协商沟通。

比如,G 房地产企业在与业主协商沟通期间,保持了非常谨慎的态度,对于可能不能实现的事项,坚决不作出承诺,防止再次违约,再次丧失信任,对自己一定能够实现的事项才作出承诺。危机管理中房地产企业必须一点一滴地信守承诺,慢慢建立业主群体对房地产企业的信任,为危机管理提供信任基础。

第五节
实事求是原则

实事求实原则是危机管理最为基础的原则,房地产企业在出现危机事件后一定要实事求是地面对客观事实,不要狡辩,不要推脱,敢于面对事实。在面对危机事件实事求是的基础上,在危机管理中更需要实事求是。实事求是原则需要做到以下几方面。

一、危机事件的实事求是

危机事件对房地产企业、业主群体都是巨大的伤害,没有受益者。面对突如其来的重大危机事件,任一方都难以面对。此时更需要实事求是地面对危机事件。房地产企业需要针对危机事件发生的原因、过程实事求是,不能歪曲解释。业主群体对危机发生的原因、过程有着独立判断,不会因房地产企业歪曲解释就会相信,就会被误导,这是不可能的。反之还不如实事求是地向业主群体解释。

比如,A 房地产企业在房屋地基基础出现质量问题后,根据鉴定机构出具鉴定报告解释的事故原因,如实向业主群体公布,公开承认属于质量问题,没有作出任何隐瞒。业主群体也能够正面面对该问题,不会进一步激动。反之,若 A 房地产企业作一些无谓的隐瞒,将会弄巧成拙,引起业主群体更加愤怒,更加不信任房地产企业,危机事件将可能进一步恶化,为危机管理增加难度。

再如,G 房地产企业没有资金向业主群体支付租金时,也实事求是向业主讲明资金链断裂,没有资金支付租金。虽然业主对不能支付租金事宜非常愤怒,但对于 G 房地产企业能够实事求实告知的态度予以理解。

二、危机管理的实事求是

危机管理的实事求是要求房地产企业在危机管理中必须基于客观事实,不能歪曲、掩盖真相,否则危机管理将难以取得成效。

比如,G 房地产企业在危机管理过程中,如实告知业主群体公司目前的财务现状、经营现状、招商引资现状、股东现状,没有任何隐瞒,业主群体对 G 房地产企业非常清楚了解。很多业主还通过其他途径进行核实,核实结果与告知内容一致。如果业主群体发现房地产企业告知内容与事实不一致,肯定会更加激动、愤怒,认为房地产企业再次进行欺骗,此时的危机管理将难以继续。

比如,L 商业管理公司就是因为没有提前告知小商家群体变更后的租赁期限,才导致危机事件发生。在危机管理过程中继续对某些事项进行隐瞒,导致群体业主对L商业管理公司彻底失去信任，长期强行封锁L商业管理公司办公室，包括L商业管理公司印章、合同等证件都不能拿取，让L商业管理公司危机管理更加被动。

第六节
公开透明原则

公开透明原则是要求房地产企业在危机管理过程中，必须将涉及影响业主群体利益的信息公开告知，不得隐瞒，业主群体享有知情权。

《消费者权益保护法》第8条规定：消费者享有知悉其购买、使用的商品或者接受的服务的真实情况的权利。消费者有权根据商品或者服务的不同情况，要求经营者提供商品的价格、产地、生产者、用途、性能、规格、等级、主要成分、生产日期、有效期限、检验合格证明、使用方法说明书、售后服务，或者服务的内容、规格、费用等有关情况。

业主群体向房地产企业购买房屋，也属于消费者，该条款主要是针对业主群体对产品本身享有的知情权。扩展到危机管理中，房地产企业需要将危机事件发生原因及房地产企业相关状况向业主群体公开，让业主知晓情况。

比如，A房地产企业发生危机事件之后，聘请具有资质的设计单位提供加固维修方案，并将方案及时向业主公示并征求业主意见，业主群体对地基基础质量问题加固维修情况非常清楚。同时A房地产企业还将加固维修方案上报政府部门，整个加固维修过程非常公开、透明，打消了业主群体对加固维修的顾虑。A房地产企业还指派了专业工程师在项目现场针对业主提出各种疑虑进行解答，让业主群体充分知晓如何加固维修，如何才能确保房屋安全。

此种信息公开的方式，可以很好地建立业主群体对A房地产企业的信任，可以更好地进行危机管理，对最终成功完成危机管理起到了非常积极的作用。

第七节
利益平衡原则

《民法总则》第6条规定:民事主体从事民事活动,应当遵循公平原则,合理确定各方权利和义务。民法法律确定的公平原则与危机管理利益平衡原则具有一致性。

危机事件根本上为利益冲突,因为利益不平衡导致,一方认为另一方侵害了其利益。房地产群体性危机同样如此,业主群体认为房地产企业侵害了其利益,包括安全利益、经济利益等。

危机管理的本质就是实现利益平衡,让已经失衡利益重新平衡。房地产企业群体性危机中,大多数情况为房地产企业违约导致,业主群体利益遭受巨大侵犯。因此在危机管理中,就需要对业主利益进行补偿,实现利益平衡。

比如,A房地产企业向业主群体支付一定期限范围内的业主外住酒店费用,无论业主是否真实外住酒店,都给予补偿。该行为就是实现利益平衡而作出的危机管理措施,但一定要把握时间期限及范围,不能长期或者无范围限制的给予。

再如,G房地产企业在与业主群体代表协商补偿协议时,双方就补偿金额进行了激烈的争论,最终双方达成了彼此都认可的金额,该金额既不过高地偏向业主群体,也不过低地偏向于房地产企业,双方通过无数次的协商,达成了利益平衡,对该补偿金额予以认可。对于补偿金支付方式,双方仍然争论非常激烈,业主群体希望一次性支付,房地产企业希望延长分期支付。同样经过无数次的反复争论,最终达成了合理期限内的分期支付,实现了各方利益平衡。

危机管理中,房地产企业与业主群体,如果任一方仅考虑自身利益,不考虑对方利益,将难以实现有效的危机管理,只有利益平衡的危机管理才是有效的危机管理。

第八节
借助外力原则

借助外力原则是危机管理中的辅助性原则，房地产企业是房地产群体性危机管理的主体，单纯由房地产企业进行危机管理难以取得较好效果，特别是在某些事件中根本不可能取得较好效果。此时就需要借助外力，通过外在力量帮助，实现有效危机管理。借助外力原则可以细分为以下外力因素。

一、招商引资

招商引资属于借用外在力量促使危机管理成功的重要因素。比如，J房地产企业自身已没有任何经济力量完成危机管理，已经无法通过银行贷款、自身经营的方式完成资金筹集，增强经济实力。此时最好的方式就是借助外在力量，招商引资，将J房地产公司股权出让给投资人，由投资人收购J房地产企业，引入大笔资金用于解决危机事件。

J房地产企业在危机管理中，非常有幸地引入了投资人，引入了大笔资金，继续按照委托经营管理协议的约定按期向业主支付固定租金，稳定了业主群体，为最终成功解决危机事件赢得了充足的宝贵时间。

二、依靠政府

房地产企业群体性事件往往由业主群体非法聚集、非法游行、非法围堵的行为构成。这些行为严重影响了房地产企业正常经营活动、社会活动，甚至影响了社会稳定以及其他人员社会安定。单独由房地产企业去面对业主群体以上非法行为，是不可能有效解决的，房地产企业没有实力去解决业主群体非法行为，此时就需要借助政府力量来实现危机管理。

因为业主群体的以上非法行为，根本上是侵犯了社会公共利益，影响社会稳定。政府作为公共权力机构，有责任维护社会稳定，保护社会公共利益。在此基础上，房地产企业与政府具有共同的利益诉求，可以依靠政府公共权力平息业主群体的非法行为，维护自身利益。

第九章　危机管理预防措施指引

危机预防措施主要是针对实施行为后果进行预判，是否可能因此产生危机事件？若可能产生危机事件的情况下，采取相应的防范措施，防止后期出现危机。

危机预防需要危机管理主体具有较好预防意识，并建立完善的预防体系，将危机管理前置。在危机发生之前的经营管理过程中就需要考虑、分析每一项决策及行为是否会造成后期的危机，是否成为发生危机的可能因素。对于可能造成危机的因素进行规避、替换，尽可能避免危机发生，将危机管理前置，进行事前预防管理。

具体而言，房地产企业危机预防措施可以根据不同开发建设阶段的特定类型危机事件，分别制定危机预防措施。危机预防可以采取以下两种防范措施：一种为根本性预防措施，另一种为部分预防措施。无论哪种预防措施，都需要对危机发生原因进行分析，并针对危机发生原因进一步分析预防措施或者选择哪一种预防措施。

第一节
建设工程施工阶段危机预防措施

一、危机发生原因分析

房地产开发建设最根本的就是房屋质量问题，房屋质量中最为关键的是地基基础。地下室工程建设中,基坑施工、降水护壁施工、地下室结构柱施工尤为重要。因此在施工环节中,房地产企业应当更加注重地基基础施工的质量把控,甚至包括设计环节。

如A房地产企业开发建设的某项目,该项目已建设完毕且房屋已交付使用,在遇到突如其来的外力影响,导致地下室结构柱破裂、地面及房屋出现裂缝,最终引发群体性危机事件,其原因为当初地下室工程施工时降水施工出现质量问题导致。

B房地产企业施工在基坑施工过程中,因降水护壁施工出现质量问题,导致紧临基坑附近的房屋、地面出现裂缝,从而引发群体性事件。

二、危机预防措施

(一)根本性预防措施

必须加强建设工程施工质量管控,确保不存在任何质量问题。

以上案例均因为地下室工程施工质量问题导致危机事件发生,从产生原因角度分析,要根本性预防危机发生,必须严格按图施工,必须严格把控施工过程质量,不能出现任何纰漏。根本性预防措施需要重点加强以下主体的质量管理:

1. 房地产开发企业

房地产开发企业是建设工程施工的主体单位,是第一责任人,负责整个房地产开发建设的全过程管理,为业主单位,为项目工程第一所有人。房地产企业开发建设应当对每一个施工环节进行质量检查。通常每一家房地产企业都设置有工程部门、设计部门。工程部门包括了土建工程师、安装工程师、给排水工程师、暖通工程师等各个专业的工程师。设计部门包括了建筑设计师、景观设计师、装饰设计师等,这些专业工程人员需要担当其工作职责,履行质量管理第一责任。

2. 工程监理单位

每个房地产建设项目都必须聘请工程监理单位,由专门具有监理资质的监理单位负责对建设工程项目施工进行监督。监理单位作为独立于房地产企业、施工建设单位之外的第三方监理机构,其设置目的就在于独立地对建设工程进行监督、管理,进一步确保工程施工质量。

3. 项目管理单位

项目管理单位,通常称为项管单位,其职责在于对项目进行全面管理,同样独立于房地产开发企业。项管单位需要履行自身管理职责。

4. 施工单位

工程施工单位为建设工程实际修建的施工单位,工程施工单位专业程度直接决定工程施工质量程度。工程施工单位施工质量的程度也取决于房地产企业、工程监理单位、项目管理单位的监督控制程度。

因此,以上主体均应积极认真履行其职责,只有完全达到设计要求、施工质量要求,才能从根本上预防此类危机事件发生。

(二)部分性预防措施

此类危机事件没有部分性预防措施,房地产企业没有选择权,只能按照根本性预防措施处理。

第二节
房地产销售阶段危机预防措施

一、危机发生原因分析

该类危机事件主要为涉嫌虚假宣传行为导致,房地产企业可能在销售宣传中所承诺内容与实际交付房屋展现内容不一致,如绿化、景观、配套设施设备等,导致发生群体性危机。

二、危机预防措施

(一)根本性预防措施

实事求是发布宣传广告,不作夸大、误导性宣传,实际施工必须与宣传承诺一致。

该预防措施是预防发生本阶段群体性危机最为有效的措施，没有其他方式，这要求房地产开企业必须实事求是。

比如，C 房地产企业宣传广告中宣传的绿化、景观与实际建设展现的存在差异。虽然从法律层面通过法律解释，可以规避房地产企业法律责任，但难以规避危机事件，C 房地产企业仍然面临危机管理。

比如，D 房地产企业在销售阶段宣传该房产项目为 D 房地产企业开发建设，但业主后来发现 D 房地产企业将持有项目公司股权全部转移给其他房地产企业，业主认为该项目房地产开发与 D 房地产企业没有关联性。因此，作为 D 房地产企业而言，规避危机的最好措施就是在遵守销售宣传承诺，至少在房屋交付完毕之前，不转让所持有项目公司股权。当然在项目公司房屋交付业主之后，D 房地产企业仍然可以转让股权。

（二）部分性预防措施

通过法律技术上处理，确保在法律层面上不承担法律违约责任。

该种方式仅为法律层面的规避处理，不能从根本性上预防危机发生。比如，B 房地产企业采取了一些法律措施处理，在法律上可以不向业主承担法律责任，但不能避免业主群体性危机其他风险，B 房地产企业仍然面临危机管理。

第三节 商业物业整体招商运营阶段危机预防措施

一、危机发生原因分析

该类群体性危机事件发生主要由于商业管理公司、房地产企业不能按照约定向购买房屋业主支付固定租金回报，导致危机事件发生。比如，本书案例评析中的 G 房地产企业、J 房地产企业、E 房地产企业均属于此种原因导致。

二、危机预防措施

（一）根本性预防措施

根本性预防措施有三种，第一种，放弃有可能产生危机的商业销售模式；第二种，暂时停止商业物业开发；第三种，拒绝获取该类商业用地。

1. 放弃有可能产生危机的商业销售模式

不采取售后委托租赁经营的方式销售房屋，采用其他方式进行商业房屋销售。此种方式可以从根本上防止发生此类群体性事件，无须进行后续的危机管理。

比如，G 房地产企业在销售前，就应当对售后委托租赁经营方式销售商业物业的后期风险，如招商风险、租金支付风险、回购风险等进行全面评估后再决定是否采取此种商业模式。如果认为发生以上风险可能性比较大，就放弃此种商业模式。这样就可以从根本性上预防危机事件发生，但在实际商业物业销售中，房地产企业要作出此项决定是非常艰难的。

通常情况下，对于大型商业体的建设需要加大资金投入，如果不进行拆分销售，房地产企业难以收回投资，所有建设资金全部需要自筹，对于中小房地产企业而言，这是不可能达到的条件。即使中小房地产企业侥幸自筹资金建设完毕商业物业，但招商、运营也是一个巨大的困难，对于没有品牌号召力的中小房地产企业同样难以达到开业运营的条件。只有全国性大型品牌房地产开发企业才具有这种实力，能够自筹资金将整个大型商业物业开发建设完毕，不用拆分销售，同时在建设完毕之后能够成功招商并运营获取收益。

因此，对于中小房地产企业而言，面对大型商业物业开发建设，通常做法就是拆分销售，采取售后委托租赁经营的方式销售商业物业。此种销售方式必将面临后期不能招商、开业的危机事件。比如，本书所列案例中 G 房地产企业、J 房地产企业、E 房地产企业都属于中小型房地产企业，甚至有的此前从来没有做过房地产开发，盲目进入大型商业物业开发建设，最终导致出现危机。

全国性大型品牌房地产企业拥有充足的资金、超强号召力的商业运营品牌，他们不会采取拆分售后委托租赁经营的方式销售商业物业，自然也就不会出现此类危机事件。从现实售后委托租赁经营危机事件的案例分析，大多数为中小房地产企业。

比如，G 房产企业为区域性中小型房地产企业，自身没有大型商业物业开发建设经验，没有招商运营品牌。在招商环节也没有聘请具有品牌号召力的商业管理公司进行招商，最终导致危机发生。

比如，J房地产企业虽然具有较好的商业运营品牌，属于商业品牌运营公司，具有较好的招商品牌号召力。但该公司没有进行过房地产开发建设，缺乏相应开发经验，导致对房地产运营市场定位存在较大错位。商业物业建设完毕，也进行大规模招商，但未能成功运营，最终因多种因素导致没有商业运营收益，无法向业主支付租金。

E房地产企业属于中小房地产企业，具有一定的开发经验，但没有商业品牌号召力，不能有效招商运营。即使有效招商运营，商业物业还需要有一定时期培育期，最终因资金问题，未能度过该培育期，导致危机出现。

因此，对于中小房地产企业而言，要作出根本性危机预防措施的决策将非常困难，而大型品牌房地产企业选择根本性危机预防措施相对容易。

2. 暂时停止商业物业开发

此种方式也是根本性预防商业物业群体性危机措施之一，商业房地产市场中，也存在不少房地产企业在没有十足把握销售、运营的情况下，就选择了暂时停止开发，等待市场经济好转或其他有利条件成熟的情况下再开发建设，避免出现危机事件。此种措施对于中小企业而言，由于资金压力，同样难以作出决策。

3. 拒绝获取该类商业用地

此种方式对于中小企业而言，可能相对容易作出决策，不获取该类商业用地土地使用权。此种方式完全属于彻底解决危机的措施，房地产企业在作出商业用地的决策判断前，就需要对后期建设、销售、运营情况进行评估，如果无法解决这些问题，就最好选择放弃获取土地使用权。

（二）部分性预防措施

选择可以相对规避危机的商业行为。

部分性预防措施为采取一些技术性措施防止危机事件扩大，尽量减少危机程度。比如，可以采取以下措施：

1. 房地产企业不就租金支付协议提供担保，从法律上尽量避免与商业管理公司关联性，保护房地产企业在法律层面不受牵连影响；

2. 确保将销售资金全部用于房地产开发建设，完成房屋竣工验收，按时交付房屋，为业主办理完毕房屋不动产登记证书；

3. 选择具有品牌号召力的运营商专门负责招商运营，力求完成招商，并有效运营，用商业运营租金收益覆盖需要向业主支付的固定租金回报。现实状况中能够做到此种情况的商业项目比较少见。

以上方式只能在一定层面或者一定程度上避免危机带来的损害后果，减轻危机程度，但不能根本性解决危机事件。

第四节

商业物业整体租赁运营阶段预防措施

一、危机发生原因分析

该类群体性事件危机主要为商业运营过程中商业运营管理公司隐瞒真实租赁期限，商业物业业主单位要求收回租赁房屋，导致实际租赁届满期限早于小商家知晓的租赁期限，进而引发群体性危机。

此类危机与商业物业整体招商运营阶段发生的售后委托租赁经营群体性危机不同，他由专业商业运营管理公司向房地产企业整体承租商业物业，然后由商业运营管理公司独立招商，并将商业物业划分为若干小商铺，由商业运营管理公司分别与若干小商家签署商铺租赁协议，然后再由商业运营管理公司统一运营。

二、危机发生前预防措施

（一）根本性预防措施

商业运营管理公司应实事求实，充分告知业主实际租赁运营相关情况。

此类预防措施比较简单，但实际操作中，为了经济利益的最大化，商业管理公司考虑招商等经营问题，可能不会将变更后的租赁期限如实告知小商家。比如本书案例评析中的，L 商业管理公司、R 商业管理公司均隐瞒了租赁期限缩短的重大事实，最终导致危机事件发生。

从危机预防角度分析，最好的预防措施就是实事求是，充分告知业主实情。

(二)部分预防措施

可以通过提高运营管理，提高商场运营价值等方式保持租赁期限内商家的稳定性，防止商家提前流失。此种方式具有不确定性，且实际操作难度较大，对商业运营管理公司运营能力要求较高。

后　记

2020年为泰和泰成立第20周年，也是我从事法律职业第16个年头，也是我从事房地产法律服务的第16年。在事务所号召下，律所需要出版泰和泰20周年庆系列丛书，借此机会，我选取了近几年代理过的几项重大房地产企业群体性事件专项法律服务案例作为写作素材。我认为有必要对房地产企业群体性事件作进一步深入研究，甚至可以扩展到危机管理的层面对各种类型的危机管理深入研究。

2020年初春，正当本小书出版之际，恰好遇上新冠肺炎全球爆发，新冠肺炎属于全球性公共卫生危机事件，属于公共危机管理范畴。群体性事件危机管理与公共卫生事件危机管理都属于危机管理范畴，只是危机事件类型不同。本小书提出的危机管理整体解决四步法完全可以结合实际情况应用到各种类型的危机管理中。春节期间，我尝试性的写了《新型冠状病毒性肺炎突发公共事件与危机管理》这篇文章，这更加坚定了我进一步对危机管理深入研究的想法，为各类型的危机管理提供切实有效的法律解决方案。

本小书写作过程历经了大半年时间，由于白天工作繁忙，只能抽出晚上、节假日等零星时间写作，整个过程既辛苦又充满了激情，每次提笔之前不知如何下笔，在心静之后又思涌如泉。

由于长期从事大量的实务律师工作，学术研究较少，本小书着重展现实务操作，理论研究较为肤浅，若有不当之处，还请各位专家及同行指正、交流。

本书得以顺利完成，得到了很多人的大力支持、帮助，在此表示真诚的感谢。

非常感谢泰和泰律师事务所的前辈律师对我的指导，促使我对代理的重大案件进行总结、分析。

非常感谢泰和泰律师事务所，给了我代理案件、写作本书的机会。

非常感谢我的家人对我工作以及写作的理解与大力支持。

非常感谢出版社工作人员对本书提出较好的建议，以及辛苦付出。